古典文獻研究輯刊

二二編

潘美月・杜潔祥 主編

第6冊

唐御史臺職官編年彙考（初盛唐卷）

霍志軍 著

國家圖書館出版品預行編目資料

唐御史臺職官編年彙考（初盛唐卷）／霍志軍 著 ── 初版 ──
新北市：花木蘭文化出版社，2016〔民 105〕
目 8+284 面；19×26 公分
（古典文獻研究輯刊 二二編；第 6 冊）
ISBN 978-986-404-499-3（精裝）
1. 職官表 2. 唐代
011.08   105001914

ISBN-978-986-404-499-3

9 789864 044993

古典文獻研究輯刊
二二編　第 六 冊　　　　　ISBN：978-986-404-499-3

唐御史臺職官編年彙考（初盛唐卷）

作　　者　霍志軍
主　　編　潘美月　杜潔祥
總 編 輯　杜潔祥
副總編輯　楊嘉樂
編　　輯　許郁翎
企劃出版　北京大學文化資源研究中心
出　　版　花木蘭文化出版社
社　　長　高小娟
聯絡地址　235 新北市中和區中安街七二號十三樓
　　　　　電話：02-2923-1455／傳真：02-2923-1452
網　　址　http://www.huamulan.tw 信箱 hml810518@gmail.com
印　　刷　普羅文化出版廣告事業
初　　版　2016 年 3 月
全書字數　189225 字
定　　價　二二編 15 冊（精裝）新台幣 28,000 元

唐御史臺職官編年彙考（初盛唐卷）

霍志軍 著

作者簡介

霍志軍，甘肅天水人，文學博士，甘肅天水師範學院教授。2001 年考入江蘇師範大學師從著名學者孫映逵先生攻讀碩士學位，2004 年獲文學碩士學位。2007 年考入陝西師範大學師從傅紹良先生攻讀博士學位，2010 年獲得文學博士學位。主要研究方向爲唐代文學、隴右地方文學。迄今在《文藝研究》、《晉陽學刊》、《唐史論叢》、《光明日報》等刊物發表論文 50 餘篇。代表著作有《唐代御史制度與文人》、《唐代御史與文學》（上、下卷）等。代表論文有《唐代彈劾文文體及源流研究》、《陶藝與文藝——陶器製作與古代文論關係初探》、《涼州「賢孝」藝術的文化淵源及特色》等。社會兼職有中國人文社會科學核心期刊評審專家、甘肅省古代文學學會理事、甘肅省唐代文學學會理事及中國韻文學會、遼金史研究會等多個學會會員。

提　要

　　御史臺是唐王朝中央監察機構，包括御史大夫，御史中丞，侍御史，殿中侍御史，監察御史及各種供奉、裏行官，留臺及外臺御史等。由於唐代御史的雄峻地位和在國家政治生活中的特殊作用，唐代御史制度一直是唐史研究的「熱門」領域之一。以考證精審、搜集史料宏富的《唐御史臺精舍題名考》收錄唐代御史總計題名 1100 餘人次，尤以武后至開元年間題名居多，向來被視爲研究唐代監察制度和唐代御史生平的重要文獻，是研治唐代文史必備的重要工具書之一。

　　本書在《唐御史臺精舍題名考》等先賢時彥研究的基礎上，廣搜博取歷史文獻、出土金石拓片、佛道二藏、詩文總集、作家別集等各方面資料，對初唐至盛唐時期百餘年間的御史資料詳加考證，新增初盛唐時期御史 400 餘人次；對初盛唐御史資料進行相應的排比、編年；對唐代御史的沿革、職能、品階、職權、兼官、別稱以及與中書門下、尚書六部的關係進行梳理闡發。本書使治唐代文史的學者免除遍檢典籍而不得之苦，爲學界提供便於檢索的工具書。同時，本書有助於傳統廉政文化的開展，有助於當代中國的民主、法制建設，彰顯出當代中國人文學者的學理感知所具有的人文氣息與正義質性。

目次

前　言

　　「唐自貞觀以法理天下，故御史復爲雄要。」唐代御史制度是唐代監察制度的重要組成部分，唐代御史制度體系嚴密完備、職能清晰，選任制度規範，監察方式多樣，它不僅在監察百僚、澄清吏治、維護統治秩序、保證國家機器正常運轉等許多方面，發揮了積極、重要作用，而且豐富了中國廉政文化，爲後世的廉政建設提供了寶貴經驗。

　　清代著名學者趙鉞（1788～1849）、勞格（1820～1864）所撰《唐御史臺精舍題名考》是研究唐代監察制度、法律制度和法治思想的重要著作，問世以來一直受到學術界的充分重視和廣泛好評。張忱石先生在《唐御史臺精舍題名考》點校本（中華書局 1997 年 6 月版）的《點校說明》中，對該書的重要學術價值作了充分評價，概括起來，有以下幾點：

　　一、收錄唐代御史資料全面。全書收錄唐代侍御史並內供奉 124 人，殿中侍御史並內供奉 185 人，監察御史 315 人，此外，碑陰下層、碑左右棱、碑左右側等三院御史題名混雜，有 499 人，共計題名 1100 餘人次，尤以武后至開元年間題名居多。《唐御史臺精舍題名考》爲現存唐人石刻題名人數僅次於唐郎官石柱題名者。該書與《唐尙書省郎官石柱題名考》、《元和姓纂》合成「唐代三大縉紳錄」，是研治唐代文史必備的重要工具書之一。

　　二、搜集文獻資料宏富。《唐御史臺精舍題名考》的取材包括史籍文獻、詩文總集、作家別集、類書文獻、筆記雜史、方志文獻、金石文獻、姓氏文獻、佛藏文獻等。資料搜集不可謂不宏富。而且，趙鉞、勞格對待資料並非單純的羅列，而是對眾多資料仔細辨析，根據不同情況作不同處理，誠如忱石先生所言：

　　　　兩《唐書》中有傳者，只記其姓氏里居及與題名相同或相近之
　　職官；兩《唐書》雖有傳但未及題名之職官者，則徵引其它史籍證
　　之，並注明兩《唐書》本傳失載；不見載兩《唐書》者，則廣爲引
　　錄其它史籍，尤爲注重製詞、碑刻、方志、姓氏族譜等史料，並旁
　　及筆記小説所載趣聞軼事。〔註1〕

　　這就是說，趙鉞、勞格絕不是信手抄錄，而是僅僅摘取與御史制度相關
者和能夠說明其任御史職務者部分加以摘錄，對浩繁的史料採取極其嚴謹愼
重之態度。前人此種嚴謹審愼之治學態度和做法，對於我們今天從事古籍整
理、考證、點校等也具有十分重要的啓示、借鑒意義。

　　三、考證精審、辨析縝密，校訂之功，堪爲卓著。趙鉞、勞格不僅廣爲
搜集各方面文獻資料，且考證精審、辨析縝密，既運用文獻資料訂正了《題
名碑》之題名訛誤和泐闕。此外，還運用《唐御史臺題名考》之人名題名來
訂正兩《唐書》及其它史籍、筆記記載訛誤的地方亦頗多見，這些都是今人
整理有關古籍應當重視的研究成果。同時，《唐御史臺精舍題名考》收錄有唐
一代御史題名達千人之多，經過趙鉞、勞格的艱苦努力，絕大多數都進行了
考證，無考者僅數十人。這在百餘年前，尚無人名索引之類工具書、更無電
腦可資檢索，全憑個人記憶翻檢有關史料的情況下，《唐御史臺精舍題名考》
能臻如此精審縝密之境，是今人難以想像的。從上述可以看出，《唐御史臺精
舍題名考》作爲清代乾嘉考據學派的重要成果之一，其作用已遠遠超出其本
身的範圍，它實際上是一部相當完備的、經過考訂的唐代監察制度史料彙編，
對於研治唐代歷史、文學都是很重要的參考書。

　　然正可謂「校書如掃落葉，掃已落葉復至。」《唐御史臺精舍題名考》因
所涉文獻至廣，巨璧微瑕、在所難免，仍有其不足：

　　首先，《唐御史臺精舍題名考》所收主要是武后至玄宗時期的御史，至於
唐高祖、太宗時期御史，中、晚唐御史則較少收錄。

　　其次，該書所收全部爲侍御史、殿中侍御史、監察御史，未收錄御史大
夫、御史中丞等御史臺官員。另外，該書對所收御史未能編年，這給學者翻
檢帶來不便。

　　再次，該書所收部分御史資料有誤，部分資料尚可補充。勞格未能對此

─────────────

〔註1〕〔清〕趙鉞、勞格撰、張忱石點校：《唐御史臺精舍題名考·前言》，中華書
　　　局1997年版，第7頁。

書增訂補遺，這與勞格英年早逝，未能競稿有關。

　　近幾十年來，學界在唐代御史的考證方面有長足進步，主要表現在以下幾方面：

　　一是出版了一批研究中國古代監察制度、唐代監察制度的專著。如彭勃、龔飛《中國監察制度史》，〔註2〕邱永明《中國監察制度史》，〔註3〕關文發、于波《中國監察制度研究》，〔註4〕賈玉英《中國古代監察制度發展史》，〔註5〕胡滄澤《唐代御史制度研究》，〔註6〕胡寶華《唐代監察制度研究》〔註7〕等。這些專著均涉及一些唐代御史的研究。

　　二是出版了諸多唐代文史考證方面的專書。自清代以來，唐代重要官員的考證，經數代學者努力，取得了重大成果。舉起犖犖大者，考證宰相及其世系的，有清人沈炳震的《唐書宰相世系表訂訛》，〔註8〕今人趙超《新唐書宰相世系表集校》。〔註9〕考證中央六部長官及九卿的，有嚴耕望先生《唐僕尚丞郎表》，〔註10〕郁賢皓、胡可先《唐九卿考》。〔註11〕考證各省郎官的，有清人趙鉞、勞格《唐尚書省郎官石柱題名考》〔註12〕，岑仲勉先生《郎官石柱題名新考訂》。〔註13〕考證方鎮長官的，有吳廷燮《唐方鎮年表》。〔註14〕考證方鎮幕僚的，有戴偉華《唐方鎮文職僚佐考》。〔註15〕考證州郡長官的，有郁賢皓《唐刺史考》〔註16〕及《唐刺史考全編》。〔註17〕考證翰林學士的，有岑仲勉先生《翰林學士壁記注補》〔註18〕等。這些專書中有不少關於唐代

〔註2〕彭勃、龔飛：《中國監察制度史》，中國政法大學出版社1989年版。
〔註3〕邱永明：《中國監察制度史》，華東師範大學出版社1992年版。
〔註4〕關文發、于波：《中國監察制度研究》，中國社會科學出版社1998年版。
〔註5〕賈玉英：《中國古代監察制度發展史》，人民出版社2004年版。
〔註6〕胡滄澤：《唐代御史制度研究》，福建教育出版社2000年版。
〔註7〕胡寶華：《唐代監察制度研究》，商務印書館2005年版。
〔註8〕〔清〕沈炳震：《唐書宰相世系表訂訛》，中華書局1955年版。
〔註9〕趙超：《新唐書宰相世系表集校》，中華書局1998年版。
〔註10〕嚴耕望：《唐僕尚丞郎表》，中華書局1986年版。
〔註11〕郁賢皓、胡可先：《唐九卿考》，中國社會科學出版社2003年版。
〔註12〕〔清〕趙鉞、勞格：《唐尚書省郎官石柱題名考》，中華書局1992年版。
〔註13〕岑仲勉：《郎官石柱題名新考訂》，上海古籍出版社1984年版。
〔註14〕〔清〕吳廷燮：《唐方鎮年表》，中華書局1955年版。
〔註15〕戴偉華：《唐方鎮文職僚佐考》，廣西師範大學出版社2007年版。
〔註16〕郁賢皓《唐刺史考》，江蘇古籍出版社1987年版
〔註17〕郁賢皓：《唐刺史考全編》，安徽大學出版社2000年版。
〔註18〕岑仲勉：《翰林學士壁記注補》，上海古籍出版社1984年版。

御史考證的成果。

三是出版的唐代文史研究的一些專著，如傅璇琮先生主編《唐才子傳校箋》（1～5 冊），〔註 19〕日本學者池田溫《論韓琬〈御史臺記〉》〔註 20〕等專著都涉及不少唐代御史的考證。胡滄澤先生《唐代御史制度研究》〔註 21〕書末專門附有《唐御史大夫表》、《唐御史中丞表》、《唐侍御史表》、《唐殿中侍御史表》及《唐監察御史表》。近年來出版的唐代諸家別集的校注本等也涉及一些唐代御史的考證。

四是發表了一些唐代御史制度研究方面的論文，如徐連達、馬長林《唐代監察制度述論》，〔註 22〕《唐代前期的地方監察制度》，〔註 23〕《唐代巡院及其在唐後期監察體系中的地位和作用》，〔註 24〕勾利軍《唐代東都御史臺研究》，〔註 25〕杜文玉《五代御史職能的發展與變化》〔註 26〕等，這些論文同樣是唐代御史制度、唐代御史考證的重要資料。

五是臺灣地區黃寶道先生《唐代御史臺與大理寺》，〔註 27〕王壽南先生《唐代御史制度》，〔註 28〕李福登《唐代監察制度》〔註 29〕，張碧珠《唐代御史臺組織與職權的研究》〔註 30〕等，做了系統的分析和探討，可謂目前唐代監察制度研究方面頗具理論識力的論著。

六是近幾十年來唐代墓誌大量出土。1991 年天津古籍出版社出版了一套《隋唐五代墓誌彙編》，〔註 31〕收錄墓誌近 4000 件，以原拓片影印。1992 年周紹良編《唐代墓誌彙編》〔註 32〕、《唐代墓誌彙編續集》，〔註 33〕兩書所收唐

〔註 19〕傅璇琮主編：《唐才子傳校箋》（1～5 冊），中華書局 1987 年～1995 年版。

〔註 20〕〔日〕池田溫：《論韓琬〈御史臺記〉》，見池田溫《唐研究論文選集》，中國社會科學出版社 1999 年版，第 336～364 頁。

〔註 21〕胡滄澤：《唐代御史制度研究》，福建教育出版社 2000 年版。

〔註 22〕《歷史研究》，1985 年第 5 期。

〔註 23〕《歷史研究》，1989 年第 2 期。

〔註 24〕《北京師範學院學報》，1989 年第 6 期。

〔註 25〕《華南師大學報》，2006 年第 2 期。

〔註 26〕《文史哲》，2005 年第 1 期。

〔註 27〕臺北《法律評論》1959 年 6 月。

〔註 28〕《勞貞一先生八帙榮慶論文集》，臺灣商務印書館 1986 年版。

〔註 29〕李福登：《唐代監察制度》，台灣私立臺南家政專科學校 1977 年版。

〔註 30〕臺灣《社會科學雜誌》，1975 年第 23 期。

〔註 31〕《隋唐五代墓誌彙編》，天津古籍出版社 1991 年版。

〔註 32〕周紹良主編：《唐代墓誌彙編》，上海古籍出版社出版 1992 年版。

〔註 33〕周紹良主編：《唐代墓誌彙編續集》上海古籍出版社出版 2001 年版。

代墓誌愈 5000 件。洛陽市第二文物工作隊編《洛陽新獲墓誌》，〔註34〕胡戟、
榮新江《大唐西市博物館藏墓誌》〔註35〕等。吳鋼主編《全唐文補編》〔註36〕
也收錄了大量唐代墓誌。此外，零散的唐代墓誌還不斷出土與發佈。此類新出
土的唐代碑刻都是趙鉞、勞格所未見的。

　　這些成果反映了學界在唐代御史研究方面的新進展和新水平。但這些研
究成果散見於各家論著，查閱起來頗不方便。同時，《唐御史臺精舍題名考》
也未能提供有唐一代全部御史的編年資料，也不利於學人翻檢。因此，在趙
鉞、勞格的基礎上充分利用新發現的唐代史料，吸收先賢時彥的研究成果，
編撰有唐一代全部御史的編年資料，無疑有助於唐代文史研究的深人。故余
不揣淺陋、率爾操斛，搜集有關資料，排比參證，草成這部《唐御史臺職官
編年彙考》，由於書稿內容篇幅過大，茲先將書稿的初盛唐部分付梓出版。

　　本書考證唐代御史臺官員並對其任職情況編年。御史大夫，御史中丞，
臺、殿、察三院御史，御史臺裏行，員外及內供奉等均在考證之列。其時限
上自高祖武德元年（618 年），下迄天寶十五載（756 年）。本書編撰體例簡述
如下：

　　一、凡《唐御史臺精舍題名考》所失收者，皆予以新的考證與補充，新
增加的條目前加※號。

　　二、凡有比《唐御史臺精舍題名考》所引更確切可靠的資料，皆予以補
充，新補充部分加「霍按」字樣，對今人新補亦同。

　　三、唐代御史臺官員除授制度複雜，高宗武后時期演變尤爲繁劇。除御
史臺之外，還有東都留臺御史等。御史的授官中，不但有「知雜事」、「內供
奉」、「裏行」等，還有虛位加官時的「攝」、「兼」、「檢校」、「試」、「權知」
等授官形式。或雖非正除，亦爲實職；或爲虛銜，並未實授，不可一概而論。
本書對於純粹的加官、虛職一般不收，有些考慮到有時會行使一定監察職責，
故予以收錄，在具體人名、官職下加以說明。

　　四、本書重在文獻出處及考證結果，對考證過程一般只做簡明扼要的敘
述。由於一些史料如唐人墓誌等記載人物事跡過於簡單，語焉不詳，僅言「侍
御」、「御史」，不詳其具體任職情況；或不詳其具體任職年代，上下文及其它

〔註34〕洛陽市第二文物工作隊編：《洛陽新獲墓誌》，文物出版社 1996 年版
〔註35〕胡戟、榮新江：《大唐西市博物館藏墓誌》，北京大學出版社 2012 年版。
〔註36〕吳鋼主編：《全唐文補編》，三秦出版社 1994 年～2001 年版。

史料亦無相關信息可足參證。凡此之類，皆略以時代爲先後，列入各卷末之「待考錄」，以便今後更進一步考證完善。

　　五、爲節省篇幅，本書常用的文獻資料採用簡稱：〔五代〕劉昫等：《舊唐書》，中華書局 1975 年版，簡稱《舊書》；〔宋〕歐陽修等：《新唐書》，中華書局 1975 年版，簡稱《新書》；〔宋〕王溥：《唐會要》，上海古籍出版社 2006 年版，簡稱《會要》；〔宋〕司馬光等：《資治通鑑》，中華書局 1999 年版，簡稱《通鑑》；〔宋〕李昉等：《文苑英華》，中華書局 1996 年版，簡稱《英華》；〔宋〕李昉等：《太平廣記》，上海古籍出版社 1990 年版，簡稱《廣記》；〔清〕勞格、趙鉞著《唐尚書省郎官石柱題名考》，中華書局 1992 年版，簡稱《郎考》；〔宋〕王欽若：《冊府元龜》，中華書局 1960 年版，簡稱《元龜》；周紹良、趙超主編：《唐代墓誌彙編》，上海古籍出版社 1997 年版，簡稱《墓誌彙編》；周紹良、趙超主編：《唐代墓誌彙編續集》，上海古籍出版社 2001 年版，簡稱《墓誌續編》。

　　爲唐代文史研究提供一個方便查閱的文本，免除學人多方翻檢而不得之苦，是我編撰此書的初衷。然唐代御史制度本身是一個非常複雜的問題，各種不同的史料記載亦存在訛謬散亂之處，研究中稍有不慎便會造成一些新的錯誤。平心而言，像清人勞格、趙鉞如此淵博的學者從事唐代御史研究尚不免有疏漏，況余天資愚陋，學力不能窺前人之萬一，雖竭盡心力，其中錯誤肯定不少，有待今後補充和修改。

唐高祖武德年間

唐高祖武德元年（618）　戊寅

五月甲子，高祖即皇帝位於太極殿。大赦天下，改隋義寧二年爲唐武德元年。《舊書》本紀。

御史臺，秦、漢曰御史府，後漢改爲憲臺，魏、晉、宋改爲蘭臺，梁、陳、北朝咸曰御史臺。武德因之。

大夫一員，正三品。秦、漢之制，御史大夫、副丞相爲三公之官。魏、晉之後，多不置大夫，以中丞爲臺主。隋諱中，復大夫，降爲正四品。《武德令》改爲從三品。

中丞二員，正四品下。漢御史臺有二丞，掌殿內秘書，謂之中丞。漢末改爲御史長史，後漢復爲中丞。後魏改爲中尉正，北齊復曰中丞。後周曰司憲中大夫。隋諱中，改爲持書御史，爲從五品。武德因之。貞觀末，避高宗名，改持書御史爲中丞，置二員。

侍御史四員，從六品下。御史之名，《周官》有之，亦名杜下史。秦改爲侍御史。後周曰司憲中士，隋爲侍御史，品第七。武德品第六也。掌糾舉百僚，推鞫獄訟。侍御史年深者一人判臺事，知公廨雜事，次一人知西推，一人知東推也。凡有別付推者，則按其實狀以奏。若尋常之獄，推訖斷於大理。凡事非大夫、中丞所劾，而合彈奏者，則具其事爲狀，大夫、中丞押奏。大事則冠法冠，衣朱衣纁裳，白紗中單以彈之。小事常服而已。凡三司理事，則與給事中、中書舍人更直，直於朝堂受表。若三司所按而非其長官，則與

刑部郎中、員外、大理司直評事往訊之。

主簿一人，從七品下。錄事二人，從九品下。主簿掌印及受事發辰，勾檢稽失。兼知官廚及黃卷。主事二人，令史十七人，書令史二十三人。

殿中侍御史六人，從七品下，令史八人，書令史十八人。殿中侍御史掌殿廷供奉之儀式。凡冬至、元正大朝會，則具服升殿。若郊祀、巡幸，則於鹵簿中糾察非違，具服從於旗門，視文物有所虧闕，則糾之。凡兩京城內，則分知左右巡，各察其所巡之內有不法之事。

監察御史十員，正八品上。貞觀初，馬周以布衣進用，太宗令於監察御史裏行，自此因置裏行之名。監察掌分察巡視郡縣、屯田、鑄錢、嶺南選補、知太府、司農出納，監決囚徒。監祭祀則閱牲牢，省器服，不敬則劾祭官。尚書省有會議，亦監其過謬。凡百官宴會、習射，亦如之。《舊書》卷四四《職官志三》。

※孫伏伽　治書侍御史

《舊書》卷七五本傳：「武德元年，（孫伏伽）初以三事上諫。……高祖覽之大悅，下詔曰：『……萬年縣法曹孫伏伽，……既懷諒直，宜處憲司，可治書侍御史。』」《大唐新語》卷三「極諫」：「武德初，萬年縣法曹孫伏伽上表，以三事諫。……高祖覽之，悅，賜帛百匹，遂拜為治書侍御史。」《新書》卷一〇三本傳：「孫伏枷，貝州武成人，仕隋，以小史累勞補萬年縣法曹，高祖武德初，上言三事。……帝大悅，即詔：『周、隋之晚，忠臣結舌，是謂一言喪邦者。朕惟寡德，不能性與天道，然冀弼諧以輔不逮，而羣公卿士罕進直言。伏伽至誠慷慨，據義懇切，指朕失無所諱。其以伏伽為治書侍御史，賜帛三百匹。』……始，伏伽拜御史時，先被內旨，而制未出，歸臥於家，無喜色。頃之，御史造門，子弟驚白，伏伽徐起見之。時人稱其有量，以比顧雍云。」又《全唐文》卷一三五小傳：「伏伽，貝州武威人，武德初，上書高祖，擢治書侍御史。」按：《會要》卷六〇「御史中丞」：「隋以國諱，改中丞為治書侍御史。武德初，因隋舊制不改。貞觀二十三年七月三日，避高宗諱，改為御史中丞。」

※柳楚賢　侍御史

《舊書》卷一八九《儒學傳下·柳沖傳》：「柳沖，父楚賢，大業末為河北縣長。時堯君素固守郡城，以拒義師。楚賢進說曰：『隋之將亡，天下皆知。

轉禍爲福，今其時也。』君素不從，楚賢潛行歸國，高祖甚悅，拜侍御史。」
又見《新書》卷一九九《儒學中·柳沖傳》。

※李素立　監察御史

《舊書》卷一八五上《良吏傳上·李素立傳》：「素立，武德初爲監察御
史。……素立尋丁憂，高祖令有司奪情授以七品清要官。所司擬雍州司戶參
軍，高祖曰：『此官要而不清。』又擬秘書郎，高祖曰：『此官清而不要。』
遂授侍御史，高祖曰：『此官清而復要。』」

唐高祖武德二年（619）　己卯

※皇甫無逸　御史大夫

《舊書》卷六二《皇甫無逸傳》：「皇甫無逸字仁儉，安定烏氏人。……
高祖以隋代舊臣，甚尊禮之，拜刑部尚書，封滑國公，歷陝東道行臺民部尚
書。明年，遷御史大夫。」《全唐文》卷二《令裴寂等升殿奏事侍立詔》：「御
史大夫、滑國公無逸等，或歷任前代，職位隆顯；或耆年夙望，德邁老成，
翊戴經綸，功績茂重；或險夷契闊，情兼惟舊；並職司近侍，任兼心膂。恩
禮所加，義從隆渥，特宜褒異，俾越常倫。」《新書》卷九一《皇甫無逸傳》：
「高祖以無逸本隋勳舊，尊遇之，拜刑部尚書，封滑國公。歷陝東道行臺民
部尚書，遷御史大夫。」

※段確　御史大夫

《新書》卷一《高祖本紀》：「武德……二年二月……乙巳，御史大夫段
確勞朱粲於菊潭。」

※孫伏伽　治書侍御史

見「武德九年」條。

唐高祖武德三年（620）　庚辰

※皇甫無逸　御史大夫

《會要》卷四五「功臣」：「（武德）三年二月十日詔曰：『……御史大夫、

滑國公無逸，並職司近侍，……恩禮所加，義從隆渥。……並令升殿。』」

※孫伏伽　治書侍御史

　　見「武德九年」條。

唐高祖武德四年（621）　辛巳

※孫伏伽　治書侍御史

　　見「武德九年」條。

※李素立　侍御史

　　《舊書》卷一八五上《良吏傳上·李素立傳》：「素立，武德初爲監察御史。……素立尋丁憂，高祖令有司奪情授以七品清要官。……遂授侍御史，高祖曰：『此官清而復要。』」唐制，丁憂三年，則李素立任監察御史在武德元年，任侍御史在武德四年。又《會要》卷六〇：「武德四年，李素立爲監察御史，丁憂。高祖令有司奪情，……遂授侍御史。」

唐高祖武德五年（622）　　壬午

※孫伏伽　治書侍御史

　　見「武德九年」條。

※裴矩　殿中侍御史

　　《新書》卷一〇〇本傳：「裴矩字弘大，絳州聞喜人。……建德敗，來朝，擢殿中侍御史，爵安邑縣公。」據《舊書·高祖本紀》：「（武德）四年五月己未，秦王大破竇建德之眾於武牢，擒建德，河北悉平。」蓋泛指。《會要》卷六〇云殿中侍御史「隋末不置，武德五年三月二十二日，置四員。」推知裴矩於武德五年任殿中侍御史，胡滄澤《唐代御史制度研究》附表亦云武德五年，今從之。

唐高祖武德六年（623） 癸未

※孫伏伽　治書侍御史

見「武德九年」條。

唐高祖武德七年（624） 甲申

※孫伏伽　治書侍御史

見「武德九年」條。

張行成　殿中侍御史

《舊書》卷七八本傳：「張行成，定州義豐人也。……大業末，察孝廉，爲謁者臺散從員外郎。王世充僭號，以爲度支尚書。世充平，以隋資補宋州穀熟尉。……秩滿，補殿中侍御史，糾劾不避權戚，太宗以爲能。」《新書》卷一〇四《張行成傳》：「張行成字德立，定州義豐人。……高祖謂吏部侍郎張銳曰：『今選吏豈無才用特選者？朕將用之。』銳言行成，調富平主簿，有能名。召補殿中侍御史，糾劾嚴正。太宗以爲能。」《會要》卷七五：「武德七年，高祖謂吏部侍郎張銳曰：『今年選人之內，豈無才用者？……於是遂以張行成……等數人應命，時以爲知人。』」參之兩《唐書》，知行成本年召補殿中侍御史。

唐高祖武德八年（625） 己酉

※孫伏伽　治書侍御史

見「武德九年」條。

唐高祖武德九年（626） 丙戌

※馮長命　御史大夫

《舊書》卷六〇《宗室傳‧河間王孝恭傳》：「瑊弟瓌，義師克京城，授瓌左光祿大夫。武德元年，封漢陽郡公。五年，進爵爲王。……太宗即位，

例降爵爲公。時長史馮長命曾爲御史大夫，素矜炫，事多專決，瓊怒杖之，坐是免。」《舊書》卷六〇云太宗即位，「時長史馮長命曾爲御史大夫」，則馮任御史大夫當在武德年間，今置於武德九年。

※杜淹　御史大夫

《通鑒》卷一九一「武德九年……秋七月己丑，……以前天策府兵曹參軍杜淹爲御史大夫。」《唐詩紀事》卷五云：「淹始見袁天綱於洛，天綱謂曰：『蘭臺成就，學堂寬廣。』又語曰：『二十年外，終恐責黜，暫去即還。』武德六年，以善隱太子，配流巂州，至九年六月召入，天綱曰：『公至京，即得三品要職。』果拜御史大夫。」《全唐詩》卷三〇有杜淹《召拜御史大夫贈袁天綱》詩：「伊呂深可慕，松喬定是虛。……既逢楊得意，非復久閒居。」《廣記》卷二二一引《定命錄》袁天綱見杜淹事，云杜淹曾任侍御史。

※孫伏伽　治書侍御史

《會要》卷五八「尙書省諸司」：「武德九年，……治書侍御史孫伏伽進曰：『裴受國恩賞，未嘗陳議救恤百姓，則欲苟釣虛名，用心若此，豈當朝寄，請鞫其罪。』太宗從之。」

霍按：孫伏伽武德元年任治書侍御史，本年仍在治書侍御史任。由此知孫伏伽武德元年至九年在治書侍御史任。

※張玄素　侍御史

《通鑒》卷一九二「武德九年，……上聞景州錄事參軍張玄素名，召見，問以政道，……上善其言，擢爲侍御史。」

唐高祖武德年間待考証御史：

※楊纂　侍御史

《舊書》卷七七《楊纂傳》：「義軍渡河，（楊纂）於長春宮謁見。累授侍御史。數上書言事，因被召問，擢爲考功郎中。貞觀初，長安令，賜爵長安縣男。」

唐太宗貞觀年間

唐太宗貞觀元年（627） 丁亥

正月乙酉，改元。《舊書》卷二《太宗紀上》。

※杜淹　御史大夫

《新書》卷六一《宰相表上》：「貞觀元年九月辛酉，御史大夫杜淹檢校吏部尚書，參豫朝政。」又見《新書》卷二《太宗皇帝紀》。《舊書》卷一九〇《文苑傳上・劉胤之傳》：「武德中，御史大夫杜淹表薦之，再遷信都令，甚存惠政。」《舊書》卷六六《杜如晦傳》附傳：「如晦叔父淹。……及（太宗）即位，徵拜御史大夫，封安吉郡公，賜實封四百戶。」《全唐文》卷一三五小傳：「淹，字執禮，貞觀初拜御史大夫。」《全唐文》卷一四五《太子少師中書令開府儀通三司并州都督上柱國安昭公崔敦禮碑》：「其年，奉敕副御史大夫安吉郡公杜淹往武功。」《通鑑》卷一九二：「貞觀元年，……中書令宇文士及罷爲殿中監，御史大夫杜淹參豫朝政。他官參豫政事自此始。」

※溫彥博　御史大夫

《通鑑》卷一九二：「貞觀元年……十二月，……或告右丞魏徵私其親戚，上使御史大夫溫彥博按之，無狀。彥博言於上曰：『存形跡，遠避嫌疑，心雖無私，亦有可責。』上令彥博讓徵，且曰：『宜存形跡。』它日，徵入見，言於上曰：『君臣同體，宜相與盡誠；若上下但存形跡，則國之興喪尚未可知，臣不敢奉詔。』上瞿然曰：『吾已悔之。』徵再拜曰：『臣幸得奉事陛下，願

使臣爲良臣，勿爲忠臣。』上曰：『忠、良有以異乎？』對曰：『稷、契、皋陶，君臣協心，俱享尊榮，所謂良臣。龍逢、比干，面折廷爭，身誅國亡，所謂忠臣。』上悅，賜絹五百匹。」又見《舊書》

※張玄素　侍御史

《舊書》卷七五本傳：「建德平，授（張玄素）景城都督府錄事參軍。太宗聞其名，及即位，召見，訪以政道。……太宗善其對，擢拜侍御史，尋遷給事中。」《新書》卷一○三本傳：「張玄素，蒲州虞鄉人。……竇建德陷景城，執將殺之，邑人千餘號泣請代，……建德命釋縛，署治書侍御史，不拜。聞江都已弑，始爲建德黃門侍郎。賊平，授景州錄事參軍。……拜侍御史，遷給事中。」

※李乾祐　侍御史

《舊書》卷八七《李昭德傳》：「李昭德，……父乾祐，貞觀初爲殿中侍御史。時有鄜令裴仁軌私役門夫，太宗欲斬之，乾祐奏曰：……乾祐尋遷侍御史。……後歷長安令、治書御史，皆有能名，擢拜御史大夫。」《墓誌彙編》總章○二○《大唐故銀青光祿大夫守司刑太常伯李公墓誌銘》：「貞觀惟始，俯從物役，授右武衛倉曹右衛錄事參軍。奉詔慮囚，使還稱旨，擢爲殿中侍御史，尋授奉議郎行侍御史。」又見《通鑑》卷一九二「貞觀元年」。

※李乾祐　殿中侍御史

《通鑑》卷一九二：「貞觀元年，……鄜令裴仁軌私役門夫，上怒，欲斬之。殿中侍御史長安李乾祐諫曰：『法者，陛下所與天下共也，非陛下所獨有也。今仁軌坐輕罪而抵極刑，臣恐人無所措手足。』上悅，免仁軌死，以乾祐爲侍御史。」《墓誌彙編》總章○二○《大唐故銀青光祿大夫守司刑太常伯李公墓誌銘》：「□諱爽，字乾祐。……貞觀維始，俯從物役，授右武候倉曹右衛錄事參軍。奉詔慮囚，使還稱旨意，擢爲殿中侍御史，尋授奉議郎行侍御史。……尋除長安令，……又除御史中丞，……詔授御史大夫，……以總章元年七月四日卒於九成宮中御府之官舍，春秋七十有六。」

※張行成　殿中侍御史

《通鑑》卷一九二：「貞觀元年，……上嘗語及關中、山東人，意有同異。

殿中侍御史義豐張行成跪奏曰：『天子以四海爲家，不當有東西之異；恐示人以隘。』上善其言，厚賜之。自是每有大政，常使預議。」

※崔仁師　殿中侍御史

《通鑑》卷一九二：「貞觀元年，……青州有謀反者，州縣逮捕支黨，收繫滿獄，詔殿中侍御史安喜崔仁師覆按之。仁師至，悉脫去杻械，與飲食湯沐，寬慰之，止坐其魁首十餘人，餘皆釋之。還報，敕使將往決之。大理少卿孫伏伽謂仁師曰：『足下平反者多，人情誰不貪生，恐見徒侶得免，未肯甘心，深爲足下憂之。』仁師曰：『凡治獄當以平恕爲本，豈可自規免罪，知其冤而不爲伸邪！萬一暗短，誤有所縱，以一身易十囚之死，亦所願也。』伏伽慚而退。及敕使至，更訊諸囚，皆曰：『崔公平恕，事無枉濫，請速就死。』無一人異辭者。」《舊書》本傳：「崔仁師，定州安喜人。武德初，應制舉，授管州錄事參軍。五年，侍中陳叔達薦仁師才堪史職，進拜右武衛錄事參軍，預修梁、魏等史。貞觀初，再遷殿中侍御史。」《新書》卷九九本傳：「崔仁師，定州安喜人。武德初擢制舉，調管州錄事參軍。陳叔達薦仁師才任史官，遷右武衛錄事參軍，與修《梁》、《魏史》。貞觀初，改殿中侍御史。」

※汲師　監察御史

《廣記》卷二六五引《御史臺記》：「汲師，滑州人也。自溧水尉拜監察御史。時大夫李乾祐爲萬年令。師按縣獄，乾祐差池而晚出，師怒，不顧而出，銜之。」

※高季輔　監察御史

《舊書》卷七八《高季輔傳》：「高季輔，德州蓚人也。貞觀初，擢拜監察御史，多所彈糾，不避權要。」《新書》卷一○四本傳：「高馮字季輔，德州蓚人。貞觀初，拜監察御史，彈治不避權要。……數上書言得失，辭誠切至。帝賜鐘乳一劑，曰：『爾進藥石之言，朕以藥石相報。』」

※陳師合　監察御史

《舊書》卷一八《武宗紀上》：「貞觀中，監察御史陳師合上書云：『人之思慮有限，一人不可兼總數職。』」又見《貞觀政要》卷六。《會要》卷五三委任：「貞觀元年，尚書右僕射杜如晦奏言：『監察御史陳師合上狀論事……』」

于志寧　御史府長史

《全唐文》卷一三七令狐德棻《大唐故柱國燕國公于君碑銘並序》：「貞觀元年，拜御史府長史。」于君即燕國公于志寧。

唐太宗貞觀二年（628）　戊子

※杜淹　御史大夫

《舊書》卷二《太宗上》：「九月辛酉，命中書侍郎溫彥博、尚書右丞魏徵等分往諸州賑恤。中書令、郢國公宇文士及爲殿中監。御史大夫、檢校吏部尚書、參預朝政、安吉郡公杜淹署位。……三月……丁卯，遣御史大夫杜淹巡關內諸州。出御府金寶，贖男女自賣者還其父母。……貞觀二年……冬十月庚辰，御史大夫、安吉郡公杜淹卒。」

※溫彥博　御史大夫

《舊書》卷六一《溫大雅傳附弟彥博傳》：「貞觀二年，遷御史大夫，仍檢校中書侍郎事。」《新書》卷九一《溫彥博傳》：「彥博字大臨，通書記，警悟而辯。……太宗立，突厥歸款，得還。……復爲中書侍郎，遷御史大夫，檢校中書侍郎事。貞觀四年，中書令，封虞國公。」

※張玄素　侍御史

《會要》卷五八：「（貞觀）二年，侍御史張玄素奏慶州樂蟠縣令叱奴騭盜用官倉，推逐並實，上令決之。」

※崔仁師　殿中侍御史

據《通鑒》卷一九二、《舊書》卷七三有崔仁師貞觀元年、三年任殿中侍御史之記載，崔氏貞觀二年當在殿中侍御史任。

唐太宗貞觀三年（629）　己丑

※溫彥博　御史大夫

據《舊書》卷二《太宗上》有溫彥博貞觀二年、四年任御史大夫之記載，溫氏貞觀三年當在御史大夫任。

※權萬紀　治書侍御史

《會要》卷八一「考上」：「貞觀三年，尚書右僕射房玄齡、侍中王珪掌內外官考，治書侍御史權萬紀奏其不平。」《舊書》卷一八五《良吏傳上·權萬紀傳》：「貞觀中，爲治書侍御史，以公事奏劾魏徵、溫彥博等，太宗以爲不避豪貴，甚禮之。」

※崔仁師　殿中侍御史

《舊書》卷七三《令狐德棻傳》：「貞觀三年，太宗復敕修撰，……德棻又奏引殿中侍御史崔仁師佐修周史，德棻仍總知類會梁、陳、齊、隋諸史。」

唐太宗貞觀四年（630）　庚寅

※溫彥博　御史大夫

《舊書》卷三《太宗紀》：「貞觀四年……二月……甲寅，……御史大夫、西河郡公溫彥博爲中書令。」《舊書》卷七一《魏徵傳》：「太宗新即位，有人告尚書右丞魏徵，……使御史大夫溫彥博案驗無狀。」《貞觀政要》卷二記載同。《新書》卷六一《宰相表上》：「貞觀四年二月甲寅，……御史大夫溫彥博爲中書令。」《墓誌彙編》貞觀〇五二《大唐故特進尚書右僕射上柱國虞恭公溫公墓誌》：「未幾，復爲中書侍郎，遷御史大夫。」又《舊書》卷六七《李靖傳》：「太宗初聞靖破頡利，大悅，……於是大赦天下，酺五日，御史大夫溫彥博害其功，譖靖軍無綱紀。」據《新書》卷二《太宗紀》載，李靖破頡利在貞觀四年二月甲寅。

※蕭瑀　御史大夫

《舊書》卷三《太宗紀》：「（貞觀四年）二月己亥，幸溫湯。甲辰，李靖又破突厥於陰山，頡利可汗輕騎遠遁。丙午，至自溫湯。甲寅，大赦，賜酺五日。民部尚書戴胄以本官檢校吏部尚書，參預朝政。太常卿蕭瑀爲御史大夫，與宰臣參議朝政。」同書卷六三《蕭瑀傳》：「明年，徵授左光祿大夫，兼領御史大夫。與宰臣參議朝政，瑀多辭辯，……由是罷御史大夫。」《新書》卷二《太宗皇帝紀》：「太常卿蕭瑀爲御史大夫，與宰臣參議朝政。」《新書·宰相表上》：「貞觀四年二月甲寅，……太常卿蕭瑀爲御史大夫，參議朝政。」《新書》卷一〇一《蕭瑀傳》：「貞觀初，房玄齡、杜如晦新得君，事

任稍分，瑀不能無少望，乘釁切詆，辭旨疏躁。太宗……帝問瑀：朕欲長保社稷奈……坐與陳叔達忿爭御前不恭，免。歲餘，起為晉州都督。入拜太常卿，遷御史大夫，參預朝政。……會玄齡等小過失，瑀即痛劾，不報，由是自失。」

※權萬紀　治書侍御史

據《會要》卷八一、《通鑑》卷一九三有權萬紀貞觀三年、五年任治書侍御史之記載，權氏貞觀四年當在治書侍御史任。

※王凝　監察御史

《會要》卷六二「御史臺下」：「貞觀四年，監察御史王凝使至益州，刺史高士廉勳戚自重，從眾僚候之陛遷亭，凝不為禮，呵斥之，士廉甚恥恚。至五年，入為吏部尚書，會凝赴選，因出為蘇湖令。」

唐太宗貞觀五年（631）　辛卯

※張亮　御史大夫

《舊書》卷六九《張亮傳》：「貞觀五年，歷遷御史大夫，轉光祿卿，進封郇國公，賜實封五百戶。」

※權萬紀　治書侍御史

《通鑑》卷一九三：「貞觀五年，……河內人李好德得心疾，妄為妖言，詔按其事，大理丞張蘊古奏：『好德被疾有徵，法不當坐。』治書侍御史權萬紀劾奏……」《舊書》卷五〇《刑法志》：「……治書侍御史權萬紀，劾蘊古貫相州，好德之兄厚德，為其刺史，情在阿縱，奏事不實。」《貞觀政要》卷八：「貞觀五年，張蘊古為大理丞，相州人李好德素有風疾，言涉妖妄，詔令鞫其獄，蘊古言：『好德癲病有徵，法不當坐。』……持書侍御史權萬紀劾奏之。」又見《舊書》卷一九〇《文苑傳上・張蘊古傳》。

霍按：貞觀五年，唐太宗在錯殺大理丞張蘊古之後，下詔「凡有死刑，雖令即決，皆須五覆奏」（見《貞觀政要》卷八「論刑法」、《舊書》卷一九〇《文苑傳上・張蘊古傳》），此為唐代「五覆奏」之始。

※李仁發　侍御史

《通鑑》卷一九三：「貞觀五年，……治書權萬紀、侍御史李仁發俱以告訐有寵於上。」《新書》卷一○○《權萬紀傳》：「萬紀與侍御史李仁發既以言得進，頗掉罄自肆。」《貞觀政要》卷二：「貞觀五年，治書權萬紀、侍御史李仁發俱以告訐譖毀，數蒙引見任心彈射，恣其欺罔，令在上震怒，臣下無以自安，」

唐太宗貞觀六年（632）　壬辰

※韋挺　御史大夫

《舊書》卷七○《杜正倫傳》：「（貞觀）六年，正倫與御史大夫韋挺、秘書少監虞世南、著作郎姚思廉等咸上封事稱旨，太宗為之設宴。」《會要》卷三八「辰日」：「貞觀六年，御史大夫韋挺《論風俗失禮表》曰……」《舊書》卷七七本傳：「貞觀初，王珪數舉之，由是遷尚書右丞，俄授吏部侍郎，轉黃門侍郎，進拜御史大夫，封扶陽縣男。……太宗嘗謂挺曰：『卿之任御史大夫，獨朕意耳，左右大臣無為卿地者，卿勉之哉。』……初，挺為大夫時，馬周為監察御史，挺以周寒士，殊不禮之。」《貞觀政要》卷二：「貞觀六年，太宗以御史大夫韋挺……等上封事稱旨……」《新書》九八本傳記載略同。

《文博》一九九四年第四期陳尊祥、郭盼生《唐韋幾墓誌考》引《大唐象州府君第六息韋君之墓誌銘》（1985年出土）：「韋幾，原字敬輿，小字惠子，京兆杜陵人也。……父挺，唐太常卿，扶陽男，出為象州刺史。」《全唐文》卷九有太宗《冊韋挺長女為齊王妃文》：「唯爾太常卿扶風郡開國男韋挺長女。」《舊書·韋挺傳》：「太宗以挺女韋齊王祐妃。」《全唐詩》卷三二褚亮《和御史韋大夫喜霽之作》：「晴天度旅雁，斜影照殘虹。……無因輕羽扇，徒自仰仁風。」韋大夫即韋挺。《會要》卷六二「知班」條：「貞觀六年八月，唐臨為殿中侍御史。大夫韋待價則臨以朝列不整。」

霍按：《舊書》本傳云：「（韋挺）子待價。初為左牽牛備身。永徽中，江夏王道宗得罪，待價即道宗之婿也。」韋待價當為韋挺之誤。

※馬周　侍御史

《舊書》卷七四本傳：「馬周，字賓王，（貞觀）六年，授監察御史，奉

使稱旨。……是歲，周上疏曰：『……臣又伏見明敕，以二月二日幸九成宮……』太宗深納之，尋除侍御史，加朝散大夫。」《新書》卷九八本傳記載略同。

霍按：太宗幸九成宮之事見《舊書》卷三《太宗紀》「貞觀六年」，均可證馬周於貞觀六年二月後任侍御史。

※唐臨　殿中侍御史

《會要》卷六二「知班」條：「貞觀六年八月，唐臨爲殿中侍御史。……大夫韋挺責著位不肅，明日，挺越次與江夏王道宗語，臨進曰：『王亂班』。道宗曰：『與大夫語，何至爾！』臨曰：『大夫亦亂班。』挺失色，眾皆悚伏。」又見《新書》卷一一三本傳。

※馬周　監察御史

《舊書》卷七四本傳：「馬周，字賓王，（貞觀）六年，授監察御史，奉使稱旨。」《新書》卷九八《韋挺傳》：「初，挺爲大夫時，馬周爲監察御史，挺不甚禮。及周爲中書令，帝欲湔拭用之，周言挺很於自用，非宰相器，遂止。」《會要》卷一三「親饗廟」：「貞觀六年，監察御史馬周上疏云：『陛下踐阼已來，宗廟之享，未曾親事，遂使大唐一代之史，不入皇帝入廟之事……』」馬周遷侍御史至早在本年二月以後，則本年一至二月馬周任監察御史。

唐太宗貞觀七年（633）　癸巳

※韋挺　御史大夫

據《會要》卷三八「辰日」：「貞觀六年，御史大夫韋挺《論風俗失禮表》……」《舊書》卷三《太宗紀下》，韋挺於貞觀六年、八年在御史大夫任，據此，參以本年御史大夫員缺，知韋挺本年當在御史大夫任。胡滄澤《唐代御史制度研究》附《唐御史大夫表》「貞觀七年」條材料來源云「《唐會要》卷三八」，誤，今移正。

※馬周　侍御史

據《舊書》卷七四《馬周傳》、《舊書》卷八二《李義府傳》記載，馬周於貞觀六年、八年在侍御史任，據此推知，馬周與本年任侍御史。

唐太宗貞觀八年（634） 甲午

※韋挺　御史大夫

　　《舊書》卷三《太宗紀下》：「（貞觀）八年春正月……壬寅，命尚書右僕射李靖、特進蕭瑀楊恭仁、禮部尚書王珪、御史大夫韋挺、鄜州大都督府長史皇甫無逸、揚州大都督府長史李襲譽、幽州大都督府長史張亮、涼州大都督李大亮、右領軍大將軍竇誕、太子左庶子杜正倫、綿州刺史劉德威、黃門侍郎趙弘智使於四方，觀省風俗。」

※馬周　侍御史

　　《舊書》卷八二《李義府傳》：「李義府，……貞觀八年，……黃門侍郎劉洎、持書御史馬周皆稱薦之，尋除監察御史。」《貞觀政要》卷二同。侍御史，本作治書侍御史，避高宗諱，故改為持書侍御史。據《舊書》卷七四本傳，馬周「貞觀十五年，遷治書侍御史。」貞觀年間尚未有「持書御史」之稱，此「持書御史」當為「侍御史」之誤。

※李義府　監察御史

　　《舊書》卷八二《李義府傳》：「李義府，……貞觀八年，……黃門侍郎劉洎、持書御史馬周皆稱薦之，尋除監察御史。」《大唐新語》：「李義府僑居於蜀，……安撫使李大亮、侍中劉洎等連薦之，召見，試令詠烏，立成，其詩曰：『日裏揚朝彩，琴中半夜啼。上林許多樹，不借一枝棲。』太宗深賞之曰：『我將全枝借汝，豈唯一枝。』自門下典儀超拜監察御史。」

※皇甫德參　監察御史

　　《通鑒》卷一九四「貞觀八年，……中牟丞皇甫德參上言：『修洛陽宮，勞人；收地租，厚斂；俗好高髻髻，蓋宮中所化。』……上乃更加優賜，拜監察御史。」

唐太宗貞觀九年（635）　乙未

唐太宗貞觀十年（636）　丙申

※權萬紀　治書侍御史

《通鑑》卷一九四「貞觀十年十二月，治書侍御史權萬紀上言……」

※劉洎　治書侍御史

《會要》卷五八：「（貞觀）十年，治書侍御史劉洎上書曰：『臣聞尚書萬機，實爲政本尚書左右丞及左右司郎中，如並得人，自然綱維備舉。』」《新書》卷九九《劉洎傳》：「劉洎字思道，荊州江陵人。……貞觀七年，擢給事中，封清苑縣男，轉治書侍御史。」《舊書》卷七四《劉洎傳》：「貞觀七年，累拜給事中，封清苑縣男。十五年，轉治書侍御史。」

嚴耕望《唐僕尚丞郎表》卷八「輯考二下尚書右丞」云：「《舊傳》：『貞觀七年，累拜給事中，……十五年，轉治書侍御史。上疏曰：尚書萬機，實爲政本。……貞觀之初，……左丞戴冑、右丞魏徵並曉達吏方，質性平直，事應彈舉，無所迴避。……比者，綱維不舉，……宜精簡……左右丞……。書奏未幾，拜尚書右丞。十三年，遷黃門侍郎。』《新傳》略而同。兩《傳》皆作右丞，而十三年入相事，《新紀》、《新表》、《通鑑》書銜皆作左丞。按《新傳》拜右丞下云：『洎健於職，於是尚書復治如徵時。』則『右』字非僞，今從之。又十三年遷黃門侍郎，則《舊傳》十五年爲侍御史，『五』字必誤。考《會要》五八左右丞條：『十年，治書侍御史劉洎上疏曰……』即《舊傳》此疏。則《舊傳》衍『五』字。」今從之。

唐太宗貞觀十一年（637）　丁酉

※劉洎　治書侍御史

《貞觀政要》卷三「擇官第七」：「貞觀十一年，治書侍御史劉洎以爲左右丞宜特加精簡，上疏曰……」又《墓誌續編》開元〇三三《大唐故通議大夫沂州司馬清苑縣開國子劉府君神道記》：「公諱敦行，字名實，南陽人。……祖洎，隋代以梁衣冠子拜奉信員外郎，皇朝御史中承、黃門侍郎、侍中、清苑縣開國男。」

※馬周　侍御史

《通鑑》卷一九五：「貞觀十一年，……侍御史馬周上疏，以爲：『三代及漢，歷年多者八百，少者不減四百，良以恩結人心，人不能忘故也。……』

※柳範　侍御史

《通鑒》卷一九五：「貞觀十一年，……安州都督吳王恪數出畋獵，頗損居人，侍御史柳範奏彈之。」《舊書》卷七七《柳亨傳·附族子範傳》：「亨族子範，貞觀中爲侍御史。時吳王恪好畋獵，損居人，範奏彈之。」

唐太宗貞觀十二年（638）　戊戌

※唐臨　侍御史

《舊書》卷八五《唐臨傳》：「再遷侍御史，奉使嶺外，按交州刺史李道彥等，申叩冤繫三千餘人。」《舊書》卷一八八《孝友傳·裴敬彝傳》：「侍御史唐臨爲河北巡察使，敬彝父智周時爲內黃令，爲部人所訟，敬彝詣臨論其冤。」《新書》卷九一《宗室·李道宗傳》：「道宗弟道興，……貞觀九年，爲交州都督，以南方瘴癘，恐不得年，頗忽忽憂悵，卒於官，贈交州都督。」又《新書·太宗紀》：貞觀十二年十一月「己巳，明州山獠反，交州都督李道彥敗之。」又見《元龜》卷九八五，《通鑒·貞觀十二年》。岑仲勉《唐史餘瀋·交州都督李道彥》疑《舊書·唐臨傳》及《新書·太宗紀》皆誤「道興」爲「道彥」。似可從。李道興貞觀九年～十二年任交州都督，唐臨任侍御史必在「明州山獠反」之後，故繫於本年。

唐太宗貞觀十三年（639）　己亥

※馬周　侍御史

《通鑒》卷一九五：「貞觀十三年二月，……上既詔宗室群臣襲封刺史，左庶子于志寧以爲古今事殊，恐非久安之道，上疏爭之。侍御史馬周亦上疏。」

唐太宗貞觀十四年（640）　庚子

唐太宗貞觀十五年（641）　辛丑

※權萬紀　治書侍御史

《新書》卷一〇〇《權萬紀傳》：「權萬紀，其先出天水，後徙京兆，爲萬年人。……萬紀悻直廉約，自潮州刺史擢治書侍御史。……萬紀與侍御史李仁發既以言得進，頗掉罄自肆，……數年，復召萬紀爲持書御史，……久之，由御史中丞進尚書左丞。」嚴耕望《唐僕尚丞郎表》卷七「左丞上」云權萬紀「貞觀十年至十五年間，由御史中丞遷左丞。」《舊書》既言「久之」，則非貞觀十年，其任由御史中丞遷左丞約在貞觀十五年間，姑繫於此。

※馬周　治書侍御史

《舊書》卷七四本傳：「馬周，字賓王，（貞觀）六年，授監察御史，奉使稱旨。……十五年，遷治書侍御史，兼知諫議大夫，又兼檢校晉王府長史。」

※趙仁本　殿中侍御史

《舊書》卷八一本傳：「趙仁本者，陝州河北人也。貞觀中，累轉殿中侍御史。……會有敕差一御史遠使，同列遞相辭託，仁本越次請行，言於治書侍御史馬周曰：『食君之祿，死君之事，雖復跋涉艱險，所不敢辭也。』」馬周於貞觀十五年任治書侍御史，趙任殿中侍御史當在本年前後，今暫錄於此，待詳考。

唐太宗貞觀十六年（642）　壬寅

唐太宗貞觀十七年（643）　癸卯

※馬周　御史大夫

《舊書》卷七六《恒山王承乾傳》：「太宗召承乾幽之別室，命司徒長孫無忌、司空房玄齡、特進蕭瑀、兵部尚書李勣、大理卿孫伏伽、中書侍郎岑文本、御史大夫馬周、諫議大夫褚遂良等參鞫之，事皆明驗。」

※唐臨　治書侍御史

《舊書》卷六三《封倫傳》：「（貞觀）十七年，治書侍御史唐臨追劾倫曰：『臣聞事君之義，盡命不渝。……」《舊書》卷七七《韋挺傳》：「挺至幽州，……以北方寒雪，不可更進，遂下米於臺側權貯之，待開歲發春，方事

轉運，……太宗大怒，令將作少監李道裕代之，仍令治書侍御史唐臨馳傳械挺赴洛陽，依議除名，仍令白衣散從。」《新書》卷九八《韋挺傳》記載同。《新書》卷一〇〇《封倫傳》：「（貞觀）十七年，治書侍御史唐臨追劾姦狀，帝下其議百官。民部尚書唐儉等議：倫寵極生前，而罪暴身後，所歷官不可盡奪，請還贈改諡，以懲憸壬。有詔奪司空，削食封，改諡為繆。」

※汲師　監察御史

《會要》卷六二「出使」：「（貞觀）十七年，監察御史汲師巡獄至長安，縣令李乾祐不知御史至，巡訖，將上馬，乾祐始來，師顧見，不言而去。」

唐太宗貞觀十八年（644）　甲辰

唐太宗貞觀十九年（645）　乙巳

唐太宗貞觀二十年（646）　丙午

※李乾祐　御史中丞

《會要》卷六二「出使」：「（貞觀）十七年，監察御史汲師巡獄至長安，縣令李乾祐不知御史至，巡訖，將上馬，乾祐始來，師顧見，不言而去，乾祐深憾之。二十年四月，李乾祐除御史中丞，遂出為新樂令。」

※李義琛　監察御史

《新書》卷一〇五《李義琰傳》：「義琰從祖弟義琛……擢進士第，歷監察御史。貞觀中，文成公主貢金，遇盜於岐州，主名不立。太宗召群御史至，目義琛曰：『是人神情爽拔，可使推捕。』義琛往，數日獲賊。」《廣記》卷一七一引《御史臺記》：「太宗朝，文成公主自吐蕃貢金數百，至岐州遇盜。前後發使案問，無獲賊者。太宗召諸御史目，之，特命李義琛前曰：「卿神清俊拔，暫勞卿推逐，必當獲賊。」琛受命，施以密計，數日盡獲賊矣。太宗喜，特加七階，賜金二十兩。」《舊書》卷三《太宗本紀下》載，太宗伐遼，貞觀十九年「十一月癸酉，大饗，還師。」又《新書》卷二三〇《吐蕃傳上》：「帝伐遼還，使祿東贊上書曰：『陛下平定四方，日月所照，並臣治之。高麗恃遠，弗率於禮，天子自將度遼，隳城陷陣，指日凱旋，雖雁飛於天，無是

之速。夫鵝猶雁也，臣謹冶黃金爲鵝以獻。』其高七尺，中實酒三斛。」文成公主貢金即指此事。參之唐與吐蕃交通狀況，義琛獲賊當發生在貞觀二十年。

唐太宗貞觀二十一年（647） 丁未

※李乾祐　御史

據《會要》卷六二、卷六〇，李乾祐貞觀二十年爲御史中丞、二十二年爲御史大夫，推知李乾祐本年當在御史臺任中丞或大夫，具體任職待考。

唐太宗貞觀二十二年（648） 戊申

※李乾祐　御史大夫

《會要》卷六〇「殿中侍御史」：「貞觀二十二年十二月九日，大夫李乾祐奏增（殿中侍御史，筆者注）兩員，以李文禮、張敬一爲之。」《墓誌彙編》總章〇二〇《大唐故銀青光祿大夫守司刑太常伯李公墓誌銘》：「君明練憲章，善談得失，籲謨之際，光價頓華，詔授御史大夫。」

※李文禮　殿中侍御史

《會要》卷六〇「殿中侍御史」：「貞觀二十二年十二月九日，大夫李乾祐奏增（殿中侍御史，筆者注）兩員，以李文禮、張敬一爲之。」

※張敬一　殿中侍御史

《會要》卷六〇「殿中侍御史」：「貞觀二十二年十二月九日，大夫李乾祐奏增（殿中侍御史，筆者注）兩員，以李文禮、張敬一爲之。」

唐太宗貞觀二十三年（649）　己酉

隋以國諱，改中丞爲治書侍御史。武德初，因隋舊制不改。貞觀二十三年七月三日，避高宗諱，改爲御史中丞。《會要》卷六〇「御史中丞」，《新書》卷四八《百官志三》。

※李乾祐　御史大夫

據《會要》卷六〇，《舊書》卷七六《蜀王愔傳》，李乾祐於貞觀二十二年、永徽元年在御史大夫任，參之以本年御史大夫員缺，知李乾祐本年在御史大夫任。

唐太宗貞觀年間待考証御史：

※裴明禮　殿中侍御史（貞觀中）

《廣記》卷二四三引《御史臺記》：「唐裴明禮，河東人。貞觀中，自右臺主簿，拜殿中侍御史，轉兵吏員外中書舍人。累遷太常卿。」

※張文琮　治書侍御史（貞觀中）

《舊書》卷八五《張文瓘傳・兄文琮附傳》：「兄文琮，貞觀中爲持書侍御史。」《新書》卷一一三本傳：「張文琮，好自寫書，筆不釋手。子弟諫止，曰：『吾好此，不爲倦。』貞觀中，爲治書侍御史。」

※李延壽　御史臺主簿

《舊書》卷七三《令狐德棻傳・李延壽附傳》：「李延壽者，……貞觀中，……嘗受詔與著作佐郎敬播同修《五代史志》，又預撰《晉書》，尋轉御史臺主簿，兼直國史。延壽嘗撰《太宗政典》三十卷表上之，……調露中，……延壽又嘗刪補宋、齊、梁、陳及魏、齊、周、隋等八代史，謂之《南》、《北史》，凡一百八十卷，頗行於代。」《新書》卷一〇二《李延壽傳》：「李延壽者，世居相州。貞觀中，累補太子典膳丞、崇賢館學士。以修撰勞，轉御史臺主簿，兼直國史。」

※張處平　監察御史（貞觀中）

《墓誌彙編》儀鳳〇二九《唐故尚書史部郎中張府君墓誌銘並序》：「君諱仁禕，字道穆，中山義豐人也。……大父希文，隋定州主簿，門多長者，家有異書，得茂先之博物，同孝威之高尚。□處平，隋博陵郡察孝廉，皇朝監察御史。」從墓主世系來看，張處平應爲仁禕之父，應在貞觀中。

※宋萬壽　侍御史（貞觀中）

《墓誌彙編》長壽○一一《唐故邢州任縣主簿王君夫人宋氏之墓誌銘並序》：「夫人諱尼子，曾祖欽道，齊黃門侍郎。祖萬壽，唐侍御史。」應在貞觀中。

※彭師德　侍御史（貞觀九年前）

《墓誌續編》貞觀○一二《大唐故度支郎中彭府君墓誌銘並序》：「君諱師德，字大師，河南洛陽人也。……繡衣之職，自古稱難。豸冠之司，當今不易。以君在朝正直，處法廉平，於是超遷爲侍御史。遂安公以皇族之貴，作牧交州，……使還稱旨，擢授度支員外侍郎，……尋轉郎中，以彰厥德。……春秋五十有六，以貞觀九年十一月二十七日遇疾，終於雍州萬年縣務本坊之里舍。」

※盧莊道　監察御史（貞觀中）

《廣記》卷一七四引《御史臺記》：「盧莊道，范陽人也，天下稱爲名家。聰慧敏悟，冠於今古。父彥與高士廉有舊。莊道少孤，年十二，造士廉。廉以故人子，引令坐。會上有上書者，莊道竊窺覽，謂士廉曰：『此文莊道所作。』士廉怪……請誦之，果通。復請倒通，又通。士廉稱歎久之。乃跪謝曰：『此文實非莊道所作，向傍窺而記耳。』……太宗召見，策試擢第。年十六，授河池尉，滿二歲，制舉擢甲科。……特授長安尉。太宗將省囚徒，莊道年才二十，縣令以幼年，懼不舉，將以他尉代之。莊道不從。時繫囚四百餘人，俱預書狀。莊道但閒暇，不之省也。令丞等憂懼，屢以爲言，莊道從容自若。翌日，太宗召囚。莊道乃徐書狀以進，引諸囚入，莊道對御評其罪狀輕重，留繫月日，應對如神，太宗驚歎，即日拜監察御史。」

※奚　御史（貞觀六年前）

《全唐文》卷一三四陳子良《爲奚御史彈尙書某入朝不敬文》，文前小傳：「子良，吳人，武德時官右衛率府長史，貞觀六年卒。」其爲奚御史製彈劾文當在此前，待考。

※蔣恒　侍御史（貞觀中）

《朝野僉載》卷四：「貞觀中，衛州板橋店主張迪妻歸寧。有衛州三衛楊眞等三人投店宿，五更早發。夜有人取三衛刀殺張迪，上疑之，……差御史

蔣恒復推。……奏之，敕賜帛二百段，除侍御史。」

※王凝　殿中侍御史（貞觀四年後）

《舊書》卷一六五《王正雅傳‧族孫凝附傳》：「宰相崔龜從奏爲鄂縣尉、集賢校理，遷監察御史，轉殿中。」王凝貞觀四年任監察御史，其任殿中侍御史應在此後。

※孔楨　監察御史

《新書》卷一九九《儒學中》：「孔若思……從父楨，第進士，歷監察御史，門無賓謁，時譏其介。高宗時，再遷絳州刺史。」

霍按：孔楨任監察御史約在貞觀中，待考。

唐高宗永徽元年至永淳二年

唐高宗永徽元年（650）　庚戌

正月辛丑朔，改元。《舊書》本紀。

※唐臨　御史大夫

《舊書》卷八五本傳：「永徽元年，爲御史大夫。」

※李乾祐　御史大夫

《舊書》卷七六《蜀王愔傳》：「愔在州數遊獵，不避禾稼，深爲百姓所怨。典軍楊道整叩馬諫，愔曳而捶之。永徽元年，爲御史大夫李乾祐所劾。」又見《新書》卷八〇《太宗諸子傳》。《新書》卷一一七《李昭德傳》：「李昭德，……父李乾祐，貞觀初爲殿中侍御史，……歷治書侍御史，有能名。永徽初，擢御史大夫。」

※韋思謙　監察御史

《通鑑》卷一九九：「永徽元年……十月……己未，監察御史陽武韋思謙劾奏中書令褚遂良抑賣中書譯語人地，……左遷遂良爲同州刺史。」《舊書》卷八八本傳：「韋思謙，……本名仁約，字思謙，……舉進士，累補應城令，歲餘調選，思謙在官，坐公事微殿，舊制多未敘進。吏部尙書高季輔曰：『自居選部，今始得此一人，豈以小疵而棄大德。』擢授監察御史，由是知名。嘗謂人曰：『御史出都，若不動搖山嶽，震懾州縣，誠曠職耳。』時中書令褚

遂良賤市中書譯語人地，思謙劾奏其事，遂良左授同州刺史。及遂良復用，思謙不得進，……謂人曰：『吾狂鄙之性，假以雄權，處機便發，固宜爲身災也。大丈夫當正色之地，必明目張膽以報國恩，終不能爲碌碌之臣保妻子耳。』」《新書》卷一一六本傳同。

唐高宗永徽二年（651） 辛亥

※唐臨 御史大夫

《會要》卷三九「議刑輕重」：「永徽二年七月二十五日，華州刺史蕭齡之前任廣州都督，受左智遠及馮盎妻等金銀、奴婢等，詔付群臣議奏……御史大夫唐臨奏曰……」

唐高宗永徽三年（652） 壬子

※游楚客 御史中丞

《舊書》卷四《高宗上》：「永徽三年……五月庚辰，詔以周司沐大夫裴融，齊侍中崔季舒、給事黃門侍郎裴澤、尚書左丞封孝琰、隋儀同三司豆盧毓、御史中丞遊楚客等，並門挺忠鯁，其子孫各宜甄擢。」《新書》卷三《高宗紀》：「永徽三年……五月庚申，求齊侍中崔季舒、給事黃門侍郎裴澤、隋儀同三司豆盧毓、御史中丞遊楚客子孫官之。」

※賈敏行 御史中丞

《舊書》卷五〇《刑法志》：「高宗即位，遵貞觀故事，務在恤刑。……三年，詔曰：『律學未有定疏，每年所舉明法，雖無憑準宜廣召解律人條義疏聞奏，仍使中書、門下監定。』於是……朝議大夫守御史中丞賈敏行等，參撰《律疏》，成三十卷，四年十月奏之，頒於天下。自是斷獄者皆引疏分析之。」

唐高宗永徽四年（653） 癸丑

※崔義玄 御史大夫

《通鑑》卷一九九：「永徽四年，睦州女子陳碩真以妖言惑眾，與妹夫章

叔胤舉兵反，……刺史崔義玄發兵拒之，……十一月庚午……獲碩眞、叔胤，斬之，餘黨悉平，義玄以功拜御史大夫。」《舊書》卷七七《崔義玄傳》：「永徽初，累遷婺州刺史。屬睦州女子陳碩眞舉兵反，……及碩眞平，義玄以功拜御史大夫。」

※賈敏行　御史中丞

《舊書》卷五〇《刑法志》：「高宗即位，遵貞觀故事，務在恤刑。……三年……朝議大夫守御史中丞賈敏行等，參撰《律疏》，成三十卷，四年十月奏之，頒於天下。自是斷獄者皆引疏分析之。」《新書》卷五八《藝文志二》：「《律疏》三十卷，無忌、李勣、刑部尚書唐臨、大理卿段寶賢、尚書右丞劉燕客、御史中丞賈敏行等奉詔撰，永徽四年上。」《全唐文》卷一三六長孫無忌《進律疏議表》：「朝議大夫守御史中丞上柱國賈敏行。」《律疏》於永徽四年編成，長孫無忌《進律疏議表》云「朝議大夫守御史中丞上柱國賈敏行」，當在永徽四年。

唐高宗永徽五年（654）　　甲寅

※崔義玄　御史大夫

據《通鑑》卷一九九載，永徽四年、六年，崔義玄在御史大夫任，參之永徽五年御史大夫闕，推知崔義玄本年任御史大夫。

唐高宗永徽六年（655）　　乙卯

※崔義玄　御史大夫

《通鑑》卷一九九：「永徽六年，……中書舍人饒陽李義府爲長孫無忌所惡，左遷壁州司馬。敕未至門下，義府密知之，問計於中書舍人幽州王德儉，德儉曰：『上欲立武昭儀爲后，猶豫未決者，直恐宰臣異議耳。君能建策立之，則轉禍爲福矣。』義府然之，是日，代德儉值宿，叩閣上表，請廢皇后王氏，立武昭儀，以厭兆庶之心。上悅，召見，與語，賜珠一斗，留居舊職。昭儀又密遣使勞勉之，尋超拜中書侍郎。於是衛尉卿許敬宗、御史大夫崔義玄、中丞袁公瑜皆潛布腹心於武昭儀矣。」《舊書》卷八二《李義府傳》：「如意元

年，則天以義府與許敬宗、御史大夫崔義玄……等六人，在永徽中有翊贊之功，追贈……義玄益州大都督。」即指此事。

※劉祥道　御史中丞

《舊書》卷八一《劉祥道傳》：「祥道少襲父爵。永徽初，歷中書舍人、御史中丞、吏部侍郎。顯慶二年，遷黃門侍郎，仍知吏部選事。」《新書》卷一〇六《劉祥道傳》：「劉祥道字同壽，魏州觀城人。……少襲爵，歷御史中丞。顯慶中，遷吏部黃門侍郎，知選事。」嚴耕望《唐僕尚丞郎表》卷一〇云劉氏「永徽末，由御史中丞遷吏侍。」可從。胡滄澤《唐代御史制度研究》附《御史中丞表》云「永徽初」，非是，今移正。

※袁公瑜　御史中丞

《通鑑》卷一九九：「永徽六年，……衛尉卿許敬宗、御史大夫崔義玄、中丞袁公瑜皆潛布腹心於武昭儀矣。」

唐高宗顯慶元年（656）　丙辰

正月壬申，大赦，改元爲顯慶。《舊書》本紀。

※王義方　侍御史

《舊書》卷一八七《忠義傳上・王義方傳》：「顯慶元年，遷侍御史。……時中書侍郎李義府職權用事，婦人淳于氏有美色，坐事繫大理，義府悅之，託大理丞畢正義枉法出之。高宗又敕給事中劉仁軌、侍御史張倫重按其事。」《舊書》卷八二《李義府傳》：「顯慶元年，……侍御史王義方廷奏義府犯狀，……義府云：『王御史妄相彈奏，得無愧乎？』義方對云：『仲尼爲魯司寇七日，誅少正卯於兩觀之下。義方任御史旬有六日，不能去姦邪於雙闕之前，實以爲愧。』」《新書》卷一一二《王義方傳》：「顯慶元年，擢侍御史，……義方爲御史時，買第，後數日，愛廷中樹，復召主人曰：『此佳樹，得無欠償乎？』又予之錢。其廉不貪類此。」

※張倫　侍御史

《舊書》卷一八七《忠義傳上・王義方傳》：「顯慶元年，（王義方）遷侍御史。……時中書侍郎李義府職權用事，婦人淳于氏有美色，坐事繫大理，

義府悦之，託大理丞畢正義枉法出之。高宗又敕給事中劉仁軌、侍御史張倫重按其事。」

唐高宗顯慶二年（657） 丁巳

※李義府　檢校御史大夫（兼）

《舊書》卷四《高宗本紀上》：「（顯慶）二年……三月甲子，中書侍郎李義府爲中書令，兼檢校御史大夫，黃門侍郎杜正倫兼度支尚書，依舊同中書門下三品。」《舊書》卷八二本傳：「李義府，瀛州饒陽人也。……顯慶……二年，代崔敦禮爲中書令，兼檢校御史大夫，監修國史、學士並如故。」《新書》卷六一《宰相表上》：「顯慶二年三月癸丑，義府兼中書令，兼檢校御史大夫，仍太子賓客。」

※張倫　侍御史

據《舊書》卷四《高宗本紀上》，《通鑑》卷二〇〇，張倫顯慶元年、三年任侍御史之記載，參之以張倫按李義府事，推知張倫本年在侍御史任。

※李巢　監察御史

《新書》卷一〇五《李義琰傳》：「子巢，幼豪俊，善騎射，而不治細行。……後亡走闕下，獻書陳利害。拜監察御史，與李義府同按柳奭、韓瑗獄。」《新書》卷一〇五《韓瑗傳》：「顯慶二年，許敬宗、李義府奏『瑗以桂州授遂良，桂用武地，倚之謀不軌。』於是貶振州刺史。」《舊書》卷七七《柳亨傳・附柳奭傳》：「亨兄子奭。……尋爲許敬宗、李義府所構，云奭潛通宮掖，謀行鴆毒，又與褚遂良等朋黨構扇，罪當大逆。高宗遣使就愛州殺之，籍沒其家。……神龍初，則天遺制，與褚遂良、韓瑗等並還官爵。」知李巢與李義府同按柳奭、韓瑗獄在顯慶二年。

唐高宗顯慶三年（658） 戊午

※李義府　檢校御史大夫（兼）

《舊書》卷四《高宗本紀上》：「（顯慶）三年……冬十一月乙酉，兼中書

令、皇太子賓客兼檢校御史大夫、河間郡公李義府左授普州刺史。」

※張倫　侍御史

《通鑒》卷二○○：「顯慶三年，……侍御史張倫與李義府有怨，吏部尚書唐臨奏……倫爲劍南道巡察使。是時義府雖在外，皇后常保護之，以臨爲挾私選授。」

※李巢　監察御史

《新書》卷一○五《李義琰傳》、《通鑒》卷二○○載，顯慶二年、四年李巢在監察御史任，推知李巢顯慶三年任監察御史。

※胡元範　監察御史

《會要》卷六二「御史臺下」：「顯慶三年七月，監察御史胡元範使越嶲，至益州，駙馬都尉喬師望爲長史，出迎之。先是，敕斷迎使臣，師望託言他行，元範引隙，不與相見。師望又忿憾，按轡轉道，徐反駐後塵。及元範按劾其枉僧事，師望素與許敬宗善，先驛奏之。元範及回，免官。」

唐高宗顯慶四年（659）　己未

※張由古　侍御史

《會要》卷六二「知班」：「顯慶四年，侍御史張由古知班，凡亂班者多是尙書郎。由古每唱言……」

※李巢　監察御史

《通鑒》卷二○○：「顯慶四年……夏，四月……武后以太尉趙公長孫無忌受重賜而不助己，深怨之。《舊書》卷六五《長孫無忌傳》：「顯慶……四年，中書令許敬宗遣人上封事，稱監察御史李巢與無忌交通謀反，帝令敬宗與侍中辛茂將鞫之。」

唐高宗顯慶五年（660）　庚申

※袁異式　監察御史

《會要》卷六二「推事」：「顯慶五年，監察御史袁異式受宰臣李義府密旨，推青州刺史劉仁軌，有所凌辱過甚。及爲侍御史，而仁軌入爲大司憲，式心不自安。後因酺，倉起言之，劉公謂侍御曰：『彼人對某臥而無禮，自是往事，某不介懷，』式拜謝之。」又《唐通鑑綱目》：「唐劉仁軌爲給事中。按畢正義事。李義府深怨之，出爲青州刺史。會討百濟，仁軌浮海運糧，遭風失船。命監察御史袁異式鞫之。謂仁軌曰：『君宜早自爲計。』仁軌曰：『當官失職。國有常刑。若使遽自引決。以快仇人。竊所未甘。』乃具獄以聞。上命除名，以白衣從軍自効。及爲大司憲。異式懼不自安。」

唐高宗顯慶六年　龍朔元年（661）　辛酉

三月丙申朔，改元龍朔元年。《舊書》本紀。《通鑑》作二月乙未晦改元。

※王本立　監察御史裏行

《舊書》卷四四《職官志三》：「龍朔元年，以王本立爲監察裏行也。」《會要》卷六○「御史臺上」：「龍朔元年八月，忻州定襄縣尉王本立爲監察御史，裏行之名始於此。《六典》又云，裏行始於馬周，未知孰是。」今錄於此，俟考。

唐高宗龍朔二年（662）　壬戌

龍朔二年四月四日，御史臺改名爲憲臺，御史大夫改爲大司憲。御史中丞改爲司憲大夫。《會要》卷六○「御史臺」，《舊書》卷四四《職官志三》，《新書》卷四八《百官志三》。

※楊德裔　司憲大夫

《通鑑》卷二○○：「龍朔二年……三月，鄭仁泰等敗鐵勒於天山。……軍還，司憲大夫楊德裔劾奏：『仁泰等誅殺已降，使虜逃散，不撫士卒，不計資糧，遂使骸骨蔽野，棄甲資寇。自聖朝開創以來，未有如今日之喪敗者。』詔以功贖罪，皆釋之。」又《通鑑》卷二○○：「龍朔二年……冬，十月……左相許圉師之子奉輦直長自然，遊獵犯人田，田主怒，自然以鳴鏑射之。圉師杖自然一百而不以聞。田主詣司憲訟之，司憲大夫楊德裔不爲治。」《英華》

卷九五〇楊炯《常州刺史楊公墓誌銘》：「公諱德裔，字德裔，弘農華陰人。自穎州、幽州二司馬制徵尚書郎、御史中丞、尋以公事去官。」

※郎餘慶　御史中丞

《會要》卷七四「選部上」：「龍朔二年，司列少伯楊思玄恃外戚之貴，待選流多不以禮，而排斥之。爲選者夏侯彪所訟，而御史中丞郎餘慶彈奏免官。中書令許敬宗曰：『固知楊吏部之敗。』或問之，敬宗曰：『一彪一狼，共著一羊，不敗何待？』」

霍按：龍朔二年，御史中丞改爲司憲大夫，《會要》曰御史中丞者，蓋沿用通稱故。

※秦令言　監察御史

《會要》卷六二「推事」：「龍朔二年十月，秦令言新除監察御史。」

唐高宗龍朔三年（663）　癸亥

十二月庚子，詔改來年正月一日爲麟德元年。《舊書》本紀。

※韋絢　殿中侍御史

《會要》卷六〇「殿中侍御史」：「龍朔三年五月，雍州司戶參軍韋絢除殿中侍御史。」

唐高宗麟德元年（664）　甲子

※竇德玄　大司憲

《舊書》卷四《高宗本紀上》：「麟德元年……秋八月……戊子，兼司列太常伯、檢校沛王府長史、城陽縣侯劉祥道兼右相，大司憲竇德玄兼司元太常伯、檢校左相。」

※裴方產　侍御史　麟德元年（664）

《墓誌彙編》聖曆〇〇五《大周故正議大夫行太子左諭德裴公墓誌銘並序》：「公諱咸，字思容，河東聞喜人也。……考方產，唐侍御史。……公……解褐自益州導江尉，華州鄭縣尉，雍州陽尉，歷左臺監察御史裏行、右臺監

察御史，殿中侍御史，行侍御史，文昌天官員外郎，秋官郎中，給事中、太子左諭德，春秋六十三，維聖曆元年歲次戊戌八月景辰，卒於隆化里。」裴咸光宅元年（684）前後任左肅政臺監察御史，其父任侍御史約在此期，待考。

唐高宗麟德二年（665）　　乙丑

※劉仁軌　大司憲

《舊書》卷八八《劉仁軌傳》：「麟德二年，封泰山，仁軌領新羅及百濟、耽羅、倭四國酋長赴會，高宗甚悅，擢拜大司憲。乾封元年，遷右相，兼檢校太子左中護，累前後戰功，封樂城縣男。」

※樂彥瑋　大司憲

《新書》卷九九《樂彥瑋傳》：「彥瑋，字德珪，長安人。麟德元年，以西臺侍郎同東西臺三品。數月，罷爲大司憲。」《舊書》卷四《高宗上》：「麟德元年……十二月……，太子右中護檢校西臺侍郎樂彥瑋、西臺侍郎孫處約同知政事。」《舊書》卷四《高宗上》載：「（麟德）二年……四月，西臺侍郎孫處約、樂彥瑋並停知政事。」此即《新書·樂彥瑋傳》所謂「數月，罷爲大司憲。」

※袁異式　侍御史

《會要》卷六二「推事」：「顯慶五年，監察御史袁異式受宰臣李義府密旨，推青州刺史劉仁軌，有所凌辱過甚。及爲侍御史，而仁軌入爲大司憲，式心不自安。」《新書》卷一〇八《劉仁軌傳》略同。《舊書》卷八八《劉仁軌傳》載，麟德二年，劉仁軌任大司憲，袁異式任侍御史在同年。

※張泓（又名弘道）　御史

〔嘉靖〕《新安名族志》上卷《張姓·休寧·石磴張村》：「在邑西二十里，先世派出漢留文成侯，……歷十三世曰濟，爲唐睦州刺史，遷金華。生子曰泓，擢麟德進士，初歷御史，出判饒州。」又同上《張姓·休寧》：「張之先，金華人，唐有諱弘道者，麟德間進士，由御史出判饒州。」

孟二冬《〈登科記考〉補證》考弘道中進士在麟德元年，可從。則其任御史應在麟德年間稍後，具體任職不詳，暫繫於此。

※格輔元　監察御史

　　《廣記》卷二五五引《御史臺記》：「格輔元拜監察，遷殿中。充使，次龍門遇盜，行裝都盡，袒被而坐。監察御史杜易簡，戲詠之曰：「有恥宿龍門，精彩先黷渾。……」

唐高宗乾封元年（666）　丙寅

　　正月戊辰朔，車駕至泰山。己巳，高宗與武后登泰山行封禪之禮。壬申，改麟德三年爲乾封元年。《舊書》本紀。

※劉仁軌　大司憲

　　《舊書》卷五《高宗本紀》：「乾封元年……秋七月，大司憲兼檢校右中護劉仁軌兼右相、檢校右中護。」又見《通鑑》卷二〇一。《舊書》卷八一《樂彥瑋傳》：「樂彥瑋者，雍州長安人。……乾封元年，代劉仁軌爲大司憲。」

※樂彥瑋　大司憲

　　《舊書》卷八一《樂彥瑋傳》：「樂彥瑋者，雍州長安人。……乾封元年，代劉仁軌爲大司憲，官名復舊，改爲御史大夫。上元三年卒，贈秦州都督。」

※裴敬彝　監察御史

　　《舊書》卷一八八《孝友傳・裴敬彝傳》：「侍御史唐臨爲河北巡察使，敬彝父智周時爲內黃令，爲部人所訟，敬彝詣臨論其冤。……乾封初，（敬彝）累轉監察御史。」《新書》卷一九五《孝友傳・裴敬彝傳》：「敬彝七歲能文章，性謹敏，宗族重之，號『甘露頂』。父智周，補臨黃令，爲下所訟。敬彝年十四，詣巡察使唐臨直枉，臨奇之，試命作賦，賦工。父罪已釋，表敬彝於朝，補陳王府典簽。……乾封初，遷累監察御史。……歷中書舍人、太子左庶子。武后時，爲酷吏所陷，死嶺南。」《新書》卷一九五《孝友》：「裴敬彝，絳州聞喜人。……乾封初，遷累監察御史。」

※杜易簡　監察御史

　　《通鑑》卷二〇一：「乾封元年……秋七月，……仁軌聞之，遽推薦（袁異式）爲司元大夫。監察御史杜易簡謂人曰：『斯所謂矯枉過正矣。』」

※格輔元　殿中侍御史

《廣記》卷二五五引《御史臺記》：「格輔元拜監察，遷殿中。充使，次龍門遇盜，行裝都盡，袒被而坐。監察御史杜易簡，戲詠之曰：「有恥宿龍門，精彩先瞰渾。……」

唐高宗乾封二年（667）　丁卯

※韋思謙　侍御史

《會要》卷五八「出使」：「乾封二年二月，韋思謙除侍御史，與公卿相見，未嘗行拜禮。或勉之，約曰：耳目官固當特立。鷳、鶚、鷹、鸇，豈眾禽之偶，奈何屈以狎之？」《新書》卷一一六本傳：「韋思謙，……改侍御史，高宗賢之，每召與語，雖甚倦，遷徙倚軒門坎，猶數刻語，疑獄劇事，多與參裁。武候將軍田仁會誣奏御史張仁禕，……思謙為辯枉，……帝善之，仁禕不得坐。」

※張仁禕　侍御史

《舊書》卷八八《韋思謙傳》：「時武候將軍田仁會與侍御史張仁禕不協而誣奏之，高宗臨軒問仁禕，仁禕惶懼，應對失次。」《舊書》云張仁禕為侍御史，《新書》僅云張為「御史」，《舊書》又云韋思謙與張仁禕「連曹」，「連曹」者，同僚也，參之韋思謙於乾封二年任侍御史之記載，張仁禕亦應任職侍御史，故繫於此。

唐高宗乾封三年　總章元年（668）　戊辰

二月丙寅，改元為總章元年。《舊書》本紀，《通鑑》作三月庚寅改元。

※賈言忠（賈言中）　侍御史

《會要》卷九五「高句麗」：「乾封三年，時侍御史賈言忠充支度遼東軍糧使。」《通鑑》卷二〇一：「總章元年……二月，……侍御史洛陽賈言忠奉使自遼東還。」《舊書》卷一九〇《文苑傳中》：「賈曾，……父言忠，乾封中為侍御史，累轉吏部員外郎。坐事左遷邵州司馬卒。」《舊書》卷一九〇上《文苑傳上·杜易簡傳》：「咸亨中，吏部侍郎裴行儉、李敬玄不叶，考功員外郎

杜易簡與吏部員外郎賈言忠希行儉旨，上封陳敬玄罪狀。」《郎考》卷四「吏部員外郎」作「賈言中」。《新書》卷一一九《賈曾傳》：「賈曾……父言忠，貌魁梧，事母以孝聞，補萬年主簿。護役蓬萊宮，……高宗廷詰，辯列詳諦，帝異之，擢監察御史。」《太平廣記》卷二五五《御史臺記》：「唐賈言忠撰《監察本草》云：『服之心憂，多驚悸，生白髮。時義云：裏行及試員外者爲合口椒，最有毒；監察爲開口椒，毒微歇；殿中爲蘿蔔，亦曰生薑，雖辛辣而不爲患；侍御史爲脆梨，漸入佳味；遷員外郎爲甘子，可久服。或謂合口椒少毒而脆梨毒者，此由觸之則發，亦無常性。唯拜員外郎，號爲摘去毒。歡悵相半，喜遷之，惜其權也。』」又見《會要》卷九五「高句麗」。

唐高宗總章二年（669）　己巳

※杜易簡　殿中侍御史

《會要》卷二八「總章二年九月，車駕自九成宮還京，……殿中侍御史杜易簡、賈言忠監國。……劾奏將軍劉玄意。」《舊書》卷一九〇《文苑傳上·杜易簡傳》：「登進士第，累轉殿中侍御史。咸亨中，爲考功員外郎。……易簡頗善著述，撰《御史臺雜注》五卷、文集二十卷，行於代。」又見《新書》卷二〇一《文藝傳上》。

※劉藏器　侍御史

《新書》卷二〇一《文藝傳上》：「劉延祐從弟藏器，高宗時爲侍御史。衛尉卿尉遲寶琳脅人爲妾，藏器劾還之，寶琳私請帝止其還，凡再劾再止。藏器曰：『法爲天下縣衡，萬民所共，陛下用捨緣情，法何所施？今寶琳私請，陛下從之：臣公劾，陛下亦從之。今日從，明日改，下何所遵？彼匹夫匹婦猶憚失信，況天子乎？』帝乃詔可，然內銜之，不悅也。稍遷比部員外郎。」《姓纂》卷一〇「河南尉遲氏」：「寶林。司衛卿，右衛將軍。」《唐九卿考》考尉遲寶琳總章二年任衛尉卿，今從之。劉藏器任侍御史彈劾尉遲寶琳在本年。

※胡充禮　侍御史（總章中）

《墓誌續編》景雲〇〇三《大唐故朝散大夫上護軍行魏州武聖縣令蔣府君墓誌銘並序》：「府君諱義忠，字□政，吳郡義興人也。……君弱冠英妙，

懷文精學，……麟德□年始以衣冠子從事設邸，滿歲從調，解褐眉州參軍。後補齊州司法，轉陝州錄事參軍。是時……屬使臣按境，銜命觀風，……隴右使、侍御史胡充禮乃奏君爲判官。……以大唐神龍二年七月六日遘疾，終於官舍，春秋六十。」據《墓誌》，蔣義忠於麟德□年（664～665）入仕，侍御史胡充禮奏其爲判官約在總章（668～670）中。

唐高宗總章三年　咸亨元年（670）　庚午

三月甲戌朔，大赦天下，改元爲咸亨元年。《舊書》本紀。

咸亨元年十月二十三日，復爲御史臺，大司憲復爲御史大夫，司憲大夫復爲御史中丞。自後至唐末均稱御史中丞。《會要》卷六〇「御史臺」，《舊書》卷四四《職官志三》，《新書》卷四八《百官志三》。

※樂彥瑋　御史大夫

《舊書》卷八一《樂彥瑋傳》：「樂彥瑋者，雍州長安人。……乾封元年，代劉仁軌爲大司憲，官名復舊，改爲御史大夫。《新書》卷四八《百官志三》：「樂彥瑋爲大夫，以嘗召兩御史，乃加副承詔一人闕則殿中承之。」又見《通鑒》卷二〇一「咸亨元年」條。按：咸亨元年十月二十三日，憲臺復爲御史臺，大司憲復爲御史大夫，樂彥瑋官名復舊，改爲御史大夫當在本年。

唐高宗咸亨二年（671）　辛未

唐高宗咸亨三年（672）　壬申

※王師順　監察御史

《舊書》卷四九「食貨下」：「咸亨三年，關中饑，監察御史王師順奏請運晉、絳州倉粟以贍之，上委以運職。河、渭之間，舟楫相繼，會於渭南，自師順始之也。」《會要》卷八七《漕運》記載同。

唐高宗咸亨四年（673）　癸酉

※王宏　監察御史

《墓誌續編》咸亨○二四《唐故貝州司馬太原王府君墓誌銘並序》：「君諱韋，字文霸，太原祁人，……夫人略陽狄氏，隋襄州義清縣令彥徵之女也，……以咸亨三年八月廿三日，終於恭儉里第。粵以四年歲次癸酉十月壬午朔四日乙丑，合葬於北邙山，禮也。……次子監察御史宏等，並含貞咀義，經道緯仁。」

唐高宗咸亨五年　上元元年（674）　甲戌

八月，改咸亨五年為上元元年。《舊書》本紀。

※婁師德　監察御史

《舊書》卷九三《婁師德傳》：「上元初，累補監察御史。……從軍西討，頻有戰功，遷殿中侍御史。……萬歲登封元年，轉左肅政御史大夫，仍並依舊知政事。……萬歲通天二年，兼檢校右肅政御史大夫，仍知左肅政臺事。」
《大唐新語》卷七《容恕》：「上元初，吐蕃強盛，招募猛士以討之，師德以監察御史應募。」

唐高宗上元二年（675）　乙亥

※婁師德　監察御史

據《舊書》卷九三《婁師德傳》及《通鑑》卷二○二，婁師德於上元元年任監察御史，至儀鳳三年遷殿中侍御史，則其本年任監察御史。

唐高宗上元三年　儀鳳元年（676）　丙子

十一月壬申，改上元三年為儀鳳元年。《舊書》本紀。

※狄仁傑　侍御史

《通鑑》卷二○二：「儀鳳元年……九月壬申，大理奏左威衛大將軍權善才、左監門中郎將范懷義誤斫昭陵柏，罪當除名。……仁傑曰：『……今陛下以昭陵一株柏殺一將軍，千載之後，謂陛下為何主？此臣所以不敢奉制殺善才，陷陛下於不道。』……後數日，擢仁傑為侍御史。」又見《舊書》卷八

九《狄仁傑傳》。

※婁師德　監察御史

據《舊書》卷九三《婁師德傳》及《通鑒》卷二〇二，婁師德於上元元年任監察御史，至儀鳳三年遷殿中侍御史，則其本年任監察御史。

唐高宗儀鳳二年（677）　丁丑

※崔謐　御史中丞

《通鑒》卷二〇二：「儀鳳二年……夏四月……，詔以河南、北旱，遣御史中丞崔謐等分道存問賑給。」又見《舊書》卷一九〇《文苑傳中·劉憲傳》。《全唐文》卷一一一高宗《申理冤屈制》：「見在京訴訟人，宜令朝散大夫守御史中丞崔謐、朝散大夫守給事中劉景先、朝請郎守中書舍人裴敬彝等，於南牙門下外省共理冤屈。」又見《新書》卷二〇四《方技傳》。

※狄仁傑　侍御史

據《通鑒》卷二〇二，儀鳳元年狄仁傑擢爲侍御史，儀鳳四年，侍御史劾奏左司郎中王本立恃恩用事。參之本年侍御史任職情況，知狄仁傑本年在侍御史任。

※劉思立　侍御史

《通鑒》卷二〇二：「儀鳳二年……夏四月……，詔以河南、北旱，遣御史中丞崔謐等分道存問賑給。侍御史寧陵劉思立上疏……」《舊書》卷一九〇《文苑傳中·劉憲傳》：「父思立，高宗時爲侍御史。……屬河南、河北旱儉，遣御史中丞崔謐等分道存問賑給，思立上疏諫曰……」

※婁師德　監察御史

據《舊書》卷九三《婁師德傳》及《通鑒》卷二〇二，婁師德於上元元年任監察御史，至儀鳳三年遷殿中侍御史，則其本年任監察御史。

唐高宗儀鳳三年（678） 戊寅

※崔謐　御史中丞

崔靜謐本年在御史中丞任，參儀鳳二年、四年「崔謐」條。

※狄仁傑　侍御史

據《通鑒》卷二〇二載，儀鳳元年狄仁傑擢爲侍御史，儀鳳四年，侍御史劾奏左司郎中王本立恃恩用事。參之本年侍御史任職情況，知狄仁傑本年在侍御史任。

※婁師德　殿中侍御史（九月～臘月）

《新書》卷一〇八本傳：「婁師德字宗仁，鄭州原武人。第進士，調江都尉。……上元初，爲監察御史。會吐蕃盜邊，劉審禮戰沒。師德奉使收敗亡於洮河。……後招募猛士討吐蕃，乃自奮，戴紅抹額來應詔，高宗假朝散大夫，使從軍。有功，遷殿中侍御史，兼河源軍司馬，並知營田事。」《通鑒》卷二〇二載：「儀鳳三年……九月……丙寅，……李敬玄之西征也，監察御史原武婁師德應猛士詔從軍，……師德遷殿中侍御史，充河源軍司馬，兼知營田事。」

※婁師德　監察御史（正月～九月）

據《通鑒》卷二〇二載，儀鳳三年九月，婁師德因功遷殿中侍御史，充河源軍司馬，兼知營田事。《通鑒》又云儀鳳三年九月丙寅，監察御史原武婁師德應猛士詔從軍，則婁師德本年九月前任監察御史。

唐高宗儀鳳四年　調露元年（679）　己卯

六月辛亥，改儀鳳四年爲調露元年。《舊書》本紀。

※狄仁傑　侍御史

《通鑒》卷二〇二「儀鳳四年」條：「春，正月己酉，上幸東都，……侍御史狄仁傑劾奏弘機導上爲奢泰，弘機爲免官。」

※魏元忠　監察御史

《舊書》卷九二《魏元忠傳》:「儀鳳中，吐蕃頻犯塞，元忠赴洛陽上封事，言命將用兵之工拙，曰……帝甚歎異之，授秘書省正字，令直中書省，仗內供奉。尋除監察御史。」《通鑒》卷二○二載:「儀鳳三年……九月……，太學生宋城魏元忠上封事，言禦吐蕃之策。」《舊書》卷五《高宗下》:「儀鳳四年正月……己酉，幸東都。」《舊書》本傳云「元忠赴洛陽上封事」則在儀鳳四年，與《通鑒》異。魏元忠由秘書省正字，尋除監察御史當在儀鳳四年。

※高智周　御史大夫

《新書》卷六一《宰相表上》:「調露元年十一月戊寅，智周罷爲御史大夫。」

※崔謐　御史中丞

《新書》卷二○四《方技傳》:「儀鳳四年，爲盜所刺於東都，……太后疑太子使客殺之，……命御史中丞崔謐等雜治，誣服者甚眾。」

※張知默　左肅政臺侍御史

《新書》卷一○○《張知謇傳》:「張知謇字匪躬，幽州方城人。……調露時，知謇監察御史裏行，知默左臺侍御史。」

※駱賓王　侍御史

郗雲卿《駱賓王文集序》:「仕至侍御史。後以天后即位，頻貢章疏諷諫，因斯得罪，貶授臨海丞。」《駱臨海集箋注》卷五《疇昔篇》:「適離京兆謗，還從御史彈。」

※張知謇　監察御史裏行

《新書》卷一○○《張知謇傳》:「張知謇字匪躬，幽州方城人，徙家岐。兄弟五人，知玄、知晦、知泰、知默皆明經高第，曉吏治，清介有守，公卿爭爲引重。調露時，知謇監察御史裏行，知默左臺侍御史。」

※王守慎　監察御史

《新書》卷一○○《張知謇傳》:「知默與監察御史王守慎、來俊臣、周興掌詔獄，數陷大臣。守慎雖其甥，惡鞫引之暴，不得去，請度爲浮屠，后

許之。而知默卒陷酷吏，子孫禁錮，爲張氏羞。」

唐高宗調露二年　永隆元年（680）　庚辰

八月乙丑，改調露二年爲永隆元年。《舊書》本紀。

※高智周　御史大夫

《舊書》卷一八九《儒學傳上‧許叔牙傳》：「御史大夫高智周嘗謂人曰：『凡欲言《詩》者，必須先讀此書。』」《舊書》卷八六《章懷太子賢傳》：「調露二年，崇儼爲盜所殺，則天疑賢所爲。俄使人發其陰謀事，詔令……御史大夫高智周與法官推鞫之，於東宮馬坊搜得皁甲數百領，乃廢賢爲庶人，幽於別所。」《舊書》卷一八五《良吏傳上‧高智周傳》記載同。《新書》卷一〇六《高智周傳》：「故智周與郝處俊監莅。久之，罷爲御史大夫，與薛元超、裴炎同治章懷太子獄，無所同異，固表去位。」又見《廣記》卷一四七引《御史臺記》高智周。

唐高宗永隆二年　開耀元年（681）　辛巳

九月乙丑，改永隆二年爲開耀元年。《舊書》本紀。

唐高宗開耀二年　永淳元年（682）　壬午

二月癸未，改開耀二年爲永淳元年。《舊書》本紀。

※韋思謙（韋約）　御史大夫

《舊書》卷八八本傳：「……永淳初，歷尚書左丞、御史大夫。」

※杜求仁　監察御史

《新書》卷一〇六《杜正倫傳》：「杜正倫從子求仁、從孫咸皆顯名。求仁有雅才。永淳中，授監察御史，坐事爲黝令。與徐敬業舉兵，爲興復府左長史，死於難。」

※魏元忠　監察御史

《通鑑》卷二〇三：「永淳元年……夏，四月……，上以關中飢饉，米斗三百，將幸東都。丙寅，發京師，留太子監國，使劉仁軌、裴炎、薛元超輔之。時出幸倉猝，扈從之士有餓死於中道者。上慮道路多草竊，命監察御史魏元忠檢校車駕前後。」

※李善感　監察御史裏行

《通鑑》卷二〇三：「永淳元年……，上既封泰山，欲遍封五嶽，秋，七月，作奉天宮於嵩山南。監察御史裏行李善感諫曰……上雖不納，亦優容之。自褚遂良、韓瑗之死，中外以言爲諱。無敢逆意直諫，幾二十年。及善感始諫，天下皆喜，謂之『鳳鳴朝陽』。」《新書》卷一〇五《韓瑗傳》：「自瑗與遂良相繼死，內外以言爲諱將二十年。帝造奉天宮，御史李善感始上疏極言，時人喜之，謂爲『鳳鳴朝陽』。」

唐高宗永淳二年　弘道元年（683）　癸未

十二月乙酉，詔改永淳二年爲弘道元年，是夕陽，帝崩於貞觀殿。《舊書》本紀。

甲子，中宗即位，尊天後爲皇太后，政事咸取決焉。《通鑑》。

※韋思謙（韋約）　御史大夫

據《舊書》卷八八本傳，韋思謙永淳初，任御史大夫；光宅元年分置左、右肅政臺，復以思謙爲右肅政大夫，推知韋思謙本年在御史大夫任。

唐高宗永徽元年至永淳二年待考証御史：

※鄭肅　監察御史　殿中侍御史　侍御史（永淳二年前）

《墓誌彙編》嗣聖〇〇二《大唐故朝議大夫守刑部侍郎鄭公墓誌銘並序》：「公諱肅，字仁恭，滎陽開封人也。……解巾以秀才拜定州恒陽縣尉。俄丁內憂去職。服闋，授雍州始平縣尉。……以甲科除簡州錄事參軍事。……提綱劇務，直而不撓，……遷監察御史，徙殿中侍御史，又除侍御史，轉司元員外郎。……尋爲司平大夫，拜司刑大夫，……除大理正，俄遷少卿，……

又遷刑部侍郎，……以永淳元年歲次癸未二月十一日薨於東都私第，春秋七十有六。」

※李舉　御史大夫

《墓誌續編》「長安〇一〇」《大周故李府君墓誌之銘》：「君諱度，父諱舉，……皇朝蒙授御史大夫。」據《墓誌》，李舉任御史大夫約在高宗朝，具體任職年份待考。

※魏求己　御史

《全唐詩》卷四四魏求己《自御史左授山陽丞》：「朝升照日檻，夕次下烏臺。……懷燕首自白，非是爲年催。」具體任職年份待考。

※裴炎　御史（調露二年前）

《新書》卷一一七《裴炎傳》：「裴炎字子隆，絳州聞喜人。寬厚，寡言笑，有奇節。……尤通《左氏春秋》，舉明經及第。補濮州司倉參軍，歷御史、起居舍人，寖遷黃門侍郎。調露二年，同中書門下三品。進拜侍中。」《舊書》卷八七《裴炎傳》不載其御史經歷，待考。

※李至遠　監察御史裏行

《新書》卷一九七《循吏》：「李至遠，少秀晤，能治《尙書》、《左氏春秋》，未見杜預釋例而作編記，大趣略同。……累補乾封尉。上元時，制策高第，授明堂主簿。以喪解，即除，調鴻臚主簿。奏戎狄簿領，高宗悅，擢監察御史裏行。」

※王助　監察御史裏行（武后朝）

《新書》卷二〇一《文藝傳上》：「王勃……弟助，……王助字子功，七歲喪母哀號，鄰里爲泣。居父憂，毀骨立。服除，爲監察御史裏行。」《舊書》一九〇上《王勃傳》：「福疇，天后朝以子貴，累轉澤州長史，卒。」待考。

※盧昭度　監察御史

《墓誌彙編》天寶二二四《唐故東平郡壽張縣令盧公墓誌銘並序》：「公諱含，字子章，范陽人也。……大父昭度府君，皇朝監察御史。……公……以開元十五載終焉。」光宅元年（684）改御史臺爲左右肅政臺，《墓誌》云

爲「監察御史」，當在光宅元年前，具體任職年份待考。

鄧茂　監察御史　殿中侍御史（高宗時）

《全唐詩》卷四四劉懷一《贈右臺監察鄧茂遷左臺殿中》：「惟昔參多士，無雙仰異才。鷹鸇同效逐，鳧鷺忝遊陪。……誰言夕鳥至，空想鄧林限。」

劉懷一　殿中侍御史（高宗時）

《全唐詩》卷四四小傳：「劉懷一，瀛州司法，拜右臺殿中侍御史。」

賀遂亮　御史　（高宗時）

《全唐詩》卷四四小傳：「賀遂亮，官御史。」《大唐新語》：「遂亮與思彥同在憲臺，欽思彥之風韻，贈詩。」《全唐詩》卷四四有賀遂亮《贈韓思彥》詩：「意氣百年內，平生一寸心。……若上南登岸，希訪北山岑。」

韓思彥　御史（高宗時）

《全唐詩》卷四四小傳：「韓思彥，與賀遂亮同官御史，高宗時，待詔弘文館，上元中卒。」《全唐詩》卷四四有韓思彥《酬賀遂亮》詩。《新書》卷一一二《韓思彥傳》

武則天嗣聖元年至則天長安四年

唐中宗嗣聖元年　睿宗文明元年　武后光宅元年
（684）　甲申

正月甲申朔，改元嗣聖。《舊書》本紀。《通鑑》注：「此太子即位逾年所改元焉。」

二月，廢中宗爲廬陵王，立豫王旦爲皇帝，改元文明。《通鑑》。

九月甲寅，赦天下，改元光宅，改東都爲神都，大赦天下。制曰：「……司隸之官，監郡之職，所以巡省兮俗，刺舉愆違。……可置右肅政御史臺一司，其職員一准御史臺，專知諸州按察。舊御史臺改左肅政臺，專知在京有司及監諸軍旅並書使。其諸州縣事參軍依舊。」《全唐文》卷九六。

※韋思謙（韋約）　右肅政臺御史大夫

《舊書》卷八八本傳：「……永淳初，歷尚書左丞、御史大夫。……光宅元年，分置左、右肅政臺，復以思謙爲右肅政大夫。」《會要》卷六〇「光宅元年九月，韋思謙除右肅政大夫。」《墓誌續編》神龍〇一九《大唐故黃門侍郎兼修國史贈禮部尚書上柱國扶陽縣開國子韋府君墓誌銘並序》（秘書少監兼修國史兼判刑部侍郎上柱國朝陽縣開國子岑羲撰、中書舍人鄭愔製銘）：「公諱承慶，字延休，京兆杜陵人也。……父約，皇朝尚書左丞、御史大夫、右御史大夫、同鳳閣鸞臺三品、納言、博昌縣開國男，贈使持節幽州都督。」《舊書》卷八八本傳云「韋思謙，本名仁約」，蓋誤。

※騫味道　左肅政臺御史大夫

《舊書》卷八七《裴炎傳》：「文明元年，⋯⋯御史崔詧聞而上言，曰：『裴炎伏事先朝，二十餘載，受遺顧託，大權在己，若無異圖，何故請太后歸政？』及命御史大夫騫味道、御史魚承曄鞫之。」《新書》卷六一《宰相表上》：「光宅元年十月丁亥，⋯⋯左肅政臺御史大夫騫味道檢校內史、同鳳閣鸞臺三品。」按：光宅元年，舊御史臺改左肅政御史臺，騫味道復爲左肅政臺御史大夫。

※魚承曄　侍御史

《通鑑》卷二〇三：「光宅元年九月，⋯⋯及敬業舉兵，⋯⋯太后問計於（裴）炎，對曰：『皇帝年長，不親政事，故豎子得以爲辭。若太后返政，則不討自平矣。』監察御史藍田崔詧聞之，上言：『炎受顧託，大權在己，若無異圖，何故請太后歸政？』太后命左肅政大夫金城騫味道、侍御史櫟陽魚承曄鞫之，收炎下獄。炎被收，辭氣不屈。或勸炎遜辭以免，炎曰：『宰相下獄，安有全理！』」《舊書》卷八七《裴炎傳》：「文明元年，⋯⋯御史崔詧聞而上言，曰：『裴炎伏事先朝，二十餘載，受遺顧託，大權在己，若無異圖，何故請太后歸政？』及命御史大夫騫味道、御史魚承曄鞫之。」

※元思莊　右肅政臺侍御史

《墓誌彙編》廣德〇〇一《大唐京兆府美原縣丞元府君墓誌銘並序》：「府君諱復業，河南人，⋯⋯父思莊，朝散大夫，右肅政臺侍御史。⋯⋯府君，侍御之第四子也。天寶十四載五月十八日，終⋯⋯」

霍按：則天光宅元年（684），增置右肅政臺；中宗神龍元年（705）改左、右肅政臺爲左、右御史臺。《墓誌》既言元思莊任右肅政臺侍御史，其任職當在此期。具體任職年份待考。

※魏元忠　殿中侍御史（文明年）

《舊書》卷九二本傳：「文明年，遷殿中侍御史。」《通鑑》卷二〇三：「光宅元年⋯⋯李孝逸軍至臨淮，偏將雷仁智與敬業戰，不利，孝逸懼，按兵不進。殿中侍御史魏元忠謂孝逸曰：『天下安危，在茲一舉。四方承平日久，忽聞狂狡，注心傾耳以俟其誅。今大軍久留不進，遠近失望，萬一朝廷更命他將以代將軍，將軍何辭以逃逗撓之罪乎！』孝逸乃引軍而前。」

※石抱忠 右肅政臺殿中侍御史

《新書》卷一一二：「石抱忠，長安人。名屬文。初置右臺，自清道率府長史爲殿中侍御史。」

霍按：光宅元年初置右肅政御史臺，則石抱忠任殿中侍御史在本年。

※慕容知廉 殿中侍御史裏行

《墓誌彙編》聖曆○三二《大周故左肅政臺侍御史慕容府君墓誌銘並序》：「公諱知廉，字道眞，昌黎棘城人也。……文明元年，擢授殿中侍御史裏行，尋而即眞。……恩敕攝右肅政臺監察御史，奉詞五嶺之外，求瘼三溪之表。路次方城，遇疾而卒。春秋五十九，今聖曆二年八月九日遷窆洛陽邙山原，禮也。」

※崔詧 監察御史

《通鑑》卷二○三：「光宅元年九月，……及敬業舉兵，……太后問計於（裴）炎，對曰：『皇帝年長，不親政事，故豎子得以爲辭。若太后返政，則不討自平矣。』監察御史藍田崔詧聞之，上言……」《舊書》卷八七《裴炎傳》：「文明元年，……御史崔詧聞而上言，曰：『裴炎伏事先朝，二十餘載，受遺顧託，大權在己，若無異圖，何故請太后歸政？』及命御史大夫騫味道、御史魚承曄鞫之。」

※薛仲璋（薛璋） 監察御史（嗣聖元年）

《通鑑》卷二○三：「光宅元年九月，……思溫爲之謀主，使其黨監察御史薛仲璋求奉使江都。」《新書》卷九三《李勣傳》：「武后既廢中宗，又立睿宗，實亦囚之。諸武擅命，唐子孫誅戮，天下憤之。敬業等乘人怨，謀起兵，先諭其黨監察御史薛璋，求使江都。」《舊書》卷六七《李勣傳》：「嗣聖元年七月，敬業遣其黨監察御史薛璋先求使江都。」

霍按：據《通鑑》卷二○三載，敬業舉兵後，復稱光宅元年爲嗣聖元年，故《舊書》曰「嗣聖元年」。薛璋，即薛仲璋。

※薛季昶 監察御史

《舊書》卷一八五《良吏傳上·薛季昶傳》：「則天初，上封事，解褐拜監察御史。……頻按制獄稱旨，累遷御史中丞。」《新書》卷一二○《薛季昌

傳》：「薛季昶者，絳州龍門人。武后時上書，自布衣擢監察御史，以累左遷平遙尉，復拜御史，屢按獄如旨，擢給事中。」

※杜承志　監察御史

《舊書》卷九八《杜暹傳》：「杜暹，濮州濮陽人也。……父承志，則天初爲監察御史。」《新書》卷一二六《杜暹傳》：「杜暹，濮州濮陽人。父承志，武后時爲監察御史。懷州刺史李文暕爲人所告，詔承志推驗，無實。文暕，宗室近屬也，卒得罪，承志貶爲方義令，遷天官員外郎。」《新書》卷一二六《杜暹傳》：「杜暹，濮州濮陽人。父承志，武后時爲監察御史。」

※魏思溫　御史

《通鑑》卷二〇三：「光宅元年九月，……時諸武用事，唐宗室人人自危，眾心憤惋。會眉州刺史英公李敬業及弟盩厔令敬猷、給事中唐之奇、長安主簿駱賓王、詹事司直杜求仁皆坐事，敬業貶柳州司馬，敬猷免官，之奇貶栝蒼令，賓王貶臨海丞，求仁貶黟令。……盩厔尉魏思溫嘗爲御史，復被黜。皆會於揚州，……以匡復廬陵王爲辭。」

※王侍徵　殿中侍御史裏行

《會要》卷六〇「殿中侍御史」：「文明元年，又置殿中裏行，以楊啓、王侍徵爲之。」

※楊啓　殿中侍御史裏行

《會要》卷六〇「殿中侍御史」：「文明元年，又置殿中裏行，以楊啓、王侍徵爲之。」

程行諶　左肅政臺監察御史裏行（684年～705年）

《題名考》卷二「碑陰題名」載程行諶資料如下：「【殿中侍御史兼內供奉武后至玄宗末】程行諶，見郎官金中，又監察。蘇頲《御史大夫贈右丞相程行謀（當作諶）神道碑》：「尋遷左肅政臺監察御史裏行，歷二尉（尉字作殿中。）左右肅政丞侍御史。回復雙拜，周旋五入。悉心果孚，履尾奚懼。獯豕既製，拉二豎於威弧之張；神羊既立，挫三思於止戈之武。固亦霜驅淮勁，露落鵬摧。豈避險言，俄招物議。出爲幽州司馬。《文苑英華》八百八十九。」

霍按：則天光宅元年（684），增置右肅政臺；中宗神龍元年（705）改左、右肅政臺爲左、右御史臺。既言程行諶任左肅政臺監察御史裏行，其任職當在此期。具體任職年份待考。

程行諶　右肅政臺殿中侍御史（684 年～705 年）

《題名考》卷二「碑陰題名」載程行諶資料如下：「【殿中侍御史兼內供奉武后至玄宗末】程行諶，見郎官金中，又監察。蘇頲《御史大夫贈右丞相程行諶（當作諶）神道碑》：「尋遷左肅政臺監察御史裏行，歷二尉（尉字作殿中。）左右肅政丞侍御史。回復雙拜，周旋五入。悉心果孚，履尾奚懼。獱豸既製，拉二豎於威弧之張；神羊既立，挫三思於止戈之武。固亦霜驪淮勁，露落鵬摧。豈避險言，俄招物議。出爲幽州司馬。《文苑英華》八百八十九。」

霍按：則天光宅元年（684），增置右肅政臺；中宗神龍元年（705）改左、右肅政臺爲左、右御史臺。既言程行諶任右肅政臺殿中侍御史，其任職當在此期。

※裴咸　左臺監察御史裏行　右臺監察御史　光宅元年（684）～聖曆元年（693）

《墓誌彙編》聖曆〇〇五《大周故正議大夫行太子左諭德裴公墓誌銘並序》：「公諱咸，字思容，河東聞喜人也。……考方產，唐侍御史。……公……解褐自益州導江尉，華州鄭縣尉，雍州陽尉，歷左臺監察御史裏行、右臺監察御史，殿中侍御史，行侍御史，文昌天官員外郎，秋官郎中，給事中、太子左諭德，春秋六十三，維聖曆元年歲次戊戌八月景辰，卒於隆化里。」

霍按：則天光宅元年（684），增置右肅政臺；中宗神龍元年（705）改左、右肅政臺爲左、右御史臺。既言裴咸任左肅政臺監察御史，其任職當在此期。

唐武后垂拱元年（685）　乙酉

正月丁未，改元垂拱元年。《舊書》本紀。

※韋思謙　右肅政臺御史大夫

《新書》卷六一《宰相表上》：「垂拱元年二月乙巳，右肅政臺御史大夫

韋思謙、秋官尚書裴居道並同鳳閣鸞臺三品。」《新書》卷四《則天皇后紀》：「垂拱元年……二月乙巳，春官尚書武承嗣、秋官尚書裴居道、右肅政臺御史大夫韋思謙同鳳閣鸞臺三品。」《新書》卷一一六《韋思謙傳》：「韋思謙名仁約，……以孝聞。及進士第，累調應城令，負殿，不得進官。吏部尚書高季輔曰：予始得此一人，豈以小疵棄大德邪？擢監察御史。常曰：『御史出都，若不動搖山嶽，震懾州縣，誠曠職耳。』……改侍御史，……累遷右司郎中、尚書左丞，振明綱轄，朝廷肅然。進御史大夫。性謇諤，顏色莊重，不可犯。見王公，未嘗屈禮。或以爲譏，答曰：『耳目官固當特立。鵰、鶚、鷹、鸇，豈眾禽之偶，奈何屈以狎之？』」

※馮思勖　御史

《通鑑》卷二〇三：「垂拱元年，……太后修故白馬寺，以僧懷義爲寺主。懷義，鄠人，本姓馮，名小寶，賣藥洛陽市，因千金公主以進，得倖於太后；太后欲令出入禁中，乃度爲僧，名懷義。……懷義……多聚無賴少年，度爲僧，縱横犯法，人莫敢言。右臺御史馮思勖屢以法繩之，懷義遇思勖於途，令從者毆之，幾死。」《新書》卷七六《后妃上》：「懷義負幸昵，氣蓋一時，出百官上，其徒多犯法。御史馮思勖劾其奸，懷義怒，遇諸道，命左右歐之，幾死，弗敢言。」《通鑑》卷二〇三、《新書》卷七六皆言馮思勖御史，不詳其具體任職。胡滄澤《唐代御史制度研究》附表係爲監察御史，誤，今錄於此，待考。

※蘇珦　監察御史

《新書》卷一二八《蘇珦傳》：「蘇珦，雍州監田人。中明經第，調鄠尉。時李義琰爲雍州長史，鄠多訟，日至長史府，珦裁決明辨，自是無訴者。……垂拱初，爲監察御史。」《會要》卷六二「推事」：「垂拱元年四月，監察御史蘇珦按韓、魯諸王獄，則天召見詰問，珦執奏不回。則天不悅，曰：『卿大雅之士，當別有驅使，此獄不假卿也。』遂令珦於河西監軍。」《舊書》卷一〇〇《蘇珦傳》：「蘇珦，雍州藍田人。明經舉，累授鄠縣尉。雍州長史李義琰召而謂曰：『鄠縣本多訴訟，近日遂絕，訪問果由明公爲其梳理。』因顧指廳事曰：『此座即明公座也，但恨非遲暮所見耳。』垂拱初，拜右臺監察御史。」

唐武后垂拱二年（686） 丙戌

※韋思謙　右肅政臺御史大夫

《舊書》卷六《則天皇后紀》：「（垂拱）二年……六月，蘇良嗣爲文昌左相，天官尚書韋待價爲文昌右相，並同鳳閣鸞臺三品。右肅政御史大夫韋思謙爲納言。」

※郭翰　右肅政臺監察御史

《通鑒》卷二〇三：「垂拱二年，……狄仁傑爲寧州刺史，右臺監察御史晉陵郭翰巡察隴右，所至多所按劾，入寧州境，耆老歌刺史德美者盈路。翰薦之於朝，徵爲多官侍郎。」《舊書》卷八九《狄仁傑傳》：「御史郭翰巡察隴右，所至多所按劾，及入寧州境內，耆老歌刺史（狄仁傑）德美者盈路。」《新書》卷一一七《郭翰傳》：「翰者，嘗爲御史，巡察隴右，多所按劾，次寧州，時狄仁傑爲刺史，民爭言有異政。翰就館，以筆紙置於桉，謂僚屬曰：入其境，其政可知，顧薦使君美於朝，毋久留。即命駕去。性寬簡，讀老子至和其光，同其塵，慨然曰：『大雅君子，以保其身。』乃辭憲官，改麟臺郎云。」

※蘇珦　監察御史

據《新書》卷一二八《蘇珦傳》、《通鑒》卷二〇四，蘇珦於垂拱元年、垂拱四年任監察御史，則本年蘇氏當在監察御史任。

唐武后垂拱三年（687） 丁亥

※蘇珦　監察御史

據《新書》卷一二八《蘇珦傳》、《通鑒》卷二〇四，蘇珦於垂拱元年、垂拱四年任監察御史，則本年蘇氏當在監察御史任。

唐武后垂拱四年（688） 戊子

※騫味道　御史大夫

《新書》卷六一《宰相表上》：「……垂拱四年九月丁卯，左肅政臺御史大夫騫味道、夏官侍郎王本立並同鳳閣鸞臺平章事。」又見《通鑒》卷二〇

四「垂拱四年」。

※王求禮　侍御史

《通鑒》卷二〇四：「垂拱四年，……侍御史王求禮上書曰：『古之明堂，茅茨不翦，采椽不斫。今者飾以珠玉……昔殷辛瓊臺，夏癸瑤室，無以加也。』」

※周矩　殿中侍御史

《通鑒》卷二〇四：「垂拱四年，左肅政大夫、同平章事騫味道素不禮於殿中侍御史周矩，屢言其不能了事。會有羅告味道者，敕矩按之。矩謂味道曰：『公常責矩不了事，今日爲公了之。』乙亥，味道及其子辭玉皆伏誅。」

※任玄植　監察御史

《通鑒》卷二〇四：「垂拱四年……夏，四月戊戌，……太后有遺憾於處俊，會奴誣告象賢反，太后命周興鞫之，致象賢族罪。象賢家人詣朝堂，訴冤於監察御史樂安任玄植。」

※蘇珦　監察御史

《通鑒》卷二〇四：「垂拱四年，……太后欲悉誅韓、魯等諸王，命監察御史藍田蘇珦按其密狀。」

※李嶠　監察御史

《舊書》卷九四本傳：「李嶠，趙州贊皇人，隋內史侍郎元操從曾孫也。代爲著姓，父鎮惡，襄城令，嶠早孤，事母以孝聞。爲兒童時，夢有神人遺之雙筆，自是漸有學業。弱冠舉進士，累轉監察御史。」《新書》卷一二二本傳：「李嶠字巨山，趙州贊皇人。早孤，事母孝。爲兒時，夢人遺雙筆，自是有文辭，十五通五經，薛元超稱之。二十擢進士第，始調安定尉。舉制策甲科，遷長安。……武后時，汜水獲瑞石，李嶠爲御史，上《皇符》一篇，爲世譏薄。然其仕前與王勃、楊潁川接，中與崔融、蘇味道齊名，晚諸人沒，而文章宿老，一時學者取法焉。」《新書》卷四《則天皇后紀》：「垂拱四年……六月丁亥朔，日有食之。得瑞石於汜水。」是年李嶠爲御史。

※張夐　御史裏行、左臺監察御史　約垂拱二年（686）～四年（688）

《墓誌彙編》垂拱○五六《大唐故左□監察御史張府君墓誌銘並序》：「君諱夐，字□□，清河人也。……待詔弘文館、準學士例，供食隨仗，入內供奉，時年十九。……尋授易州永樂縣主簿，又從授宋州寧陵、揚州江都、魏州貴鄉三縣尉，……遷司刑評事，尋於御史裏行，俄授朝散郎行左監察御史，以垂拱四年七月四日終於思恭里之私第。」

唐武后永昌元年　載初元年（689）　己丑

正月己卯，改元。《舊書》本紀。

※魏元忠　御史中丞

見《通鑑》卷二○四八月乙未條《考異》引《御史臺記》。

※李嗣眞　右肅政臺御史中丞

《舊書》卷一九一《方伎傳・李嗣眞傳》：「永昌中，拜右御史中丞，知大夫事。……神龍初，又贈御史大夫。」《新書》卷九一《李嗣眞傳》：「李嗣眞字承冑，趙州柏人。多藝數，舉明經，中之，累調許州司功參軍。……永昌初，以右御史中丞知大夫事，請周、漢爲二王後，詔可。……神龍初，贈御史大夫，所撰述尤多。」

※顧宗　侍御史

《會要》卷五八「左右司員外郎」條：「左右司員外郎，永昌元年十月五日置，各一人，以侍御史顧宗爲左司員外郎。」

※張柬之　監察御史

《舊書》卷九一《張柬之傳》：「張柬之，字孟將，襄州襄陽人也。少補太學生，涉獵經史，尤好《三禮》，……進士擢第，累補青城丞。永昌元年，以賢良徵試，同時策者千餘人，柬之獨爲當時第一，擢拜監察御史。」《新書》卷一二○《張柬之傳》：「張柬之字孟將，襄州襄陽人。少涉經史，補太學生。祭酒令狐德棻異其才，便以王佐期之。中進士第，始調清源丞。永昌元年，以賢良召，時年七十餘矣。對策者千餘，柬之爲第一。授監察御史，遷鳳閣

舍人。……後爲鳳閣舍人同中書門下平章。」

※來子珣　監察御史

《舊書》卷一八六《酷吏傳上‧來子珣傳》：「永昌元年四月，以上書陳事，除左臺監察御史。……天授中，丁父憂，起復朝散大夫、侍御史。」

※房濟　監察御史

《舊書》卷八七《魏玄同傳》：「垂拱三年，（魏玄同）加銀青光祿大夫，……監刑御史房濟謂玄同曰：『何不告事，冀得召見，當自陳訴。』玄同歎曰：『人殺鬼殺，有何殊也，豈能爲告人事乎。』乃就刑，年七十三。」《通鑒》卷二○四：「永昌元年，……初，高宗之世，周興以河陽令召見，上欲加擢用，或奏以爲非清流，罷之。興不知，數於明堂俟命。諸相皆無言，地官尚書、檢校納言魏玄同，時同平章事，謂之曰：『周明府可去矣。』興以爲玄同沮己，銜之。玄同素與裴炎善，時人以其終始不渝，謂之耐久朋。周興奏誣玄同言：『太后老矣，不若奉嗣君爲耐久。』太后怒，閏月甲午，賜死於家。監刑御史房濟謂玄同曰：『丈人何不告密，冀得召見，可以自直！』」

雷家驥《武則天傳》（人民出版社 2008 年版，第 257 頁，以下版本號略。）注云：「《舊唐書‧魏玄同傳》僅謂與周興不協，且周興誣他曾說過『須復皇嗣』的話（《舊書》卷八七）；《新唐書‧魏玄同傳》則謂因救狄仁傑而得罪周興，也說過『須復皇嗣』的話（《新書》卷一一七），皆與《通鑒》所述有異（卷二○四）。

按：周興恨到欲置玄同於死地，應與誤解玄同阻他陞官爲是，且當時睿宗李旦也未廢爲皇嗣，故從《通鑒》。」今從之。又唐監察御史有監決囚徒權，可知房濟爲監察御史。

唐武后載初二年　周武則天天授元年（690）　庚寅

九月九日壬午，革唐命，改國號爲周，改元爲天授。《舊書》卷六《則天皇后》。

※王本立　左肅政御史大夫

《舊書》卷六本紀第六《則天皇后》：「八月，左肅政御史大夫王本立同

鳳閣鸞臺三品。」《新書》卷六一《宰相表上》：「載初元年三月甲寅，本立守左肅政臺御史大夫。」

※李嗣眞　右肅政臺御史中丞

據《舊書》卷一九一《李嗣眞傳》、《通鑑》卷二○四記載，李嗣眞於永昌元年（689）至天授二年（691）任御史中丞知大夫事，參之本年御史中丞任職情況，知李嗣眞本年任御史中丞，知大夫事。

※來俊臣　侍御史

《舊書》卷一八六《酷吏傳上·來俊臣傳》：「來俊臣，雍州萬年人也。……反覆殘害，舉無與比。曾於和州犯奸盜被鞫，遂妄告密，召見奏。刺史東平王續杖之一百。後續天授中被誅，俊臣復告密，召見，奏言前所告密是豫、博州事，枉被續決杖，遂不得申。則天以爲忠，累遷侍御史，加朝散大夫。」《通鑑》載：「永昌元年（689），……徐州刺史東平王續等，相繼被逐，家徙嶺南。」又《舊書》卷一八六《酷吏傳上·來俊臣傳》載，天授二年（691），來俊臣擢拜左臺御史中丞，則其任侍御史應在本年。

※侯思止　侍御史

《舊書》卷一八六《酷吏傳上·來俊臣傳》：「（天授）二年，擢拜左臺御史中丞。……與侍御史侯思止、王弘義、郭霸、李仁敬，司刑評事康暐、衛遂忠等，同惡相濟。」《通鑑》卷二○四：「載初元年……四月，……時，告密者往往得五品，思止求爲御史，太后曰：『卿不識字，豈堪御史！』對曰：『獬豸何嘗識字，但能觸邪耳。』即以爲朝散大夫，侍御史。」《朝野僉載》：「周侍御史侯思止，體泉賣餅食人也，羅告準例酬五品。於上前索御史，上曰：『卿不識字。』對曰：『獬豈識字，但爲國觸罪人而已。』遂授之。」《舊書》卷一八六《酷吏傳上·來俊臣傳》記載在天壽二年，《會要》卷四一記載在載初元年。改年九月革命後始改元天授，既云「載初」，當在革命前。《通鑑》繫於該年七月。雷家驥《武則天傳》考證在載初元年七月，今從之。

※郭霸　侍御史

《舊書》卷一八六《酷吏傳上·來俊臣傳》：「（天授）二年，擢拜左臺御史中丞。……與侍御史侯思止、王弘義、郭霸、李仁敬，司刑評事康暐、衛

逐忠等，同惡相濟。」見本年「侯思止」條。

※李仁敬　侍御史

　　《舊書》卷一八六《酷吏傳上・來俊臣傳》：「（天授）二年，擢拜左臺御史中丞。……與侍御史侯思止、王弘義、郭霸、李仁敬，司刑評事康暐、衛逐忠等，同惡相濟。」《舊書》卷一八六《酷吏傳上・來俊臣傳》記載在天壽二年，《會要》卷四一記載在載初元年。改年九月革命後始改元天授，既云「載初「，當在革命前。《通鑑》繫於該年七月。雷家驥《武則天傳》考證在載初元年七月，今從之。

※傅遊藝　侍御史

　　《舊書》卷一八六上《酷吏傳上・傅遊藝傳》：「載初元年，爲合宮主簿、左肅政臺御史，除左補闕。」《通鑑》卷二〇四：「載初元年……九月丙子，侍御史汲人傅遊藝帥關中百姓九百餘人造詣闕上表，請改國號曰周，賜皇帝姓武氏。」《新書》卷七六《后妃上》：「御史傅遊藝率關內父老請革命，改帝氏爲武。又脅羣臣固請，妄言鳳集上陽宮，赤雀見朝堂。天子不自安，亦請氏武，示一尊。太后知威柄在己，因大赦天下，改國號周，自稱聖神皇帝。」

※來子珣　侍御史

　　《舊書》卷九〇《史務滋傳》：「史務滋者，宣州溧陽人。……天授中，……爲侍御史來子珣誣以謀反誅。」《舊書》卷一八六《酷吏傳上・來子珣傳》：「永昌元年四月，以上書陳事，除左臺監察御史。……天授中，丁父憂，起復朝散大夫、侍御史。」《通鑑》卷二〇四：「天授元年九月，庚辰，太后可皇帝及群臣之請，壬午，御則天樓，赦天下，以唐爲周，改元。……侍御史來子珣等並賜姓武。」

※王弘義　殿中侍御史

　　《舊書》卷一八六《酷吏傳上・來俊臣傳》：「（天授）二年，（來俊臣）擢拜左臺御史中丞。……與侍御史侯思止、王弘義、郭霸、李仁敬，司刑評事康暐、衛逐忠等，同惡相濟。」《舊書》卷一八六《酷吏傳上・王弘義傳》：「王弘義，冀州恒水人也。……天授中，拜右臺殿中侍御史。」《通鑑》卷二〇四：「衡水人王弘義，素無行，……遊趙、貝，見閭里耆老作邑齋，遂

告以謀反，殺二百餘人。擢授游擊將軍，俄遷殿中侍御史。」《舊書》卷一八六《酷吏傳上·來俊臣傳》記載在天授二年，《會要》卷四一記載在載初元年。改年九月革命後始改元天授，既云「載初」，當在革命前。《通鑑》繫於該年七月。雷家驥《武則天傳》考證在載初元年七月，今從之。

陸元方　殿中侍御史

《舊書》卷八八本傳：「陸元方，蘇州吳縣人。……累轉監察御史。則天革命，使元方安輯嶺外，……使還稱旨，除殿中侍御史。」《舊書》卷六《則天皇后》：「載初元年……九月九日壬午，革唐命，改國號爲周，改元爲天授。」

※劉憲　左臺監察御史（天授元年～三年）

《新書》卷二〇二《文藝中》：「劉憲字元度，……父思立。。……憲擢進士，調河南尉，累進左臺監察御史。天授中，奉詔按來俊臣罪，憲疾其酷，欲痛繩之，反爲所構，貶漵水令。俊臣死，召爲給事中，轉中書舍人。」

周武則天天授二年（691）　辛卯

※格輔元　左肅政臺御史大夫

《新書》卷一〇二本傳：「輔元者，汴州濬儀人。……擢明經，累遷殿中侍御史，歷御史中丞，同鳳閣鸞臺平章事。」《舊書》卷六《則天皇后紀》：「天授二年……六月，命岑長倩率諸軍討吐蕃。左肅政御史大夫格輔元爲地官尚書，鸞臺侍郎樂思晦並同鳳閣鸞臺平章事。」《舊書》卷七〇本傳：「格輔元者，汴州濬儀人也。……歷遷御史大夫、地官尚書、同鳳閣鸞臺平章事。」《新書》卷六一《宰相表上》：「天授二年六月庚戌，鸞臺侍郎樂思晦，鳳閣侍郎任知古，左肅政臺御史大夫格輔元爲地官尚書，並同鳳閣鸞臺平章事。」《新書》卷四《則天皇后紀》：「天授二年……六月庚戌，左肅政臺御史大夫格輔元爲地官尚書，鸞臺侍郎樂思晦，鳳閣侍郎任知古同鳳閣鸞臺平章事。」又見《通鑑》卷二〇四。

※來俊臣　左肅政臺御史中丞

《舊書》卷一八六《酷吏傳上·來俊臣傳》：「（天授）二年，擢拜左臺御

史中丞。……與侍御史侯思止、王弘義、郭霸、李仁敬，司刑評事康暐、衛遂忠等，同惡相濟。」《舊書》卷九〇《王及善傳》：「時御史中丞來俊臣常以飛禍陷良善，自侯王將相被其羅織受戮者不可勝計。」

※李嗣眞　右肅政臺御史中丞

《通鑒》卷二〇四：「天壽二年正月，……御史中丞知大夫事李嗣眞以酷吏縱橫，上疏……，太后不聽。」又見《會要》卷四一「酷吏」條。《會要》卷七七「諸使上」：「天授二年，發十道存撫使，以右肅政御史中丞、知大夫事李嗣眞等爲之。」

※魏元忠　御史中丞

《通鑒》卷二〇五：「天授三年，……左臺中丞來俊臣羅告同平章事任知古、狄仁傑、裴行本、司禮卿崔宣禮、前文昌左丞盧獻、御史中丞魏元忠、潞州刺史李嗣眞謀反。」《新書》卷一二二《魏元忠傳》：「儀鳳中，……遷監察御史。……遷洛陽令。陷周興獄當死，以平揚、楚功，得流。歲餘，爲御史中丞，復爲來俊臣所構。」永昌元年（689）八月，魏元忠遷洛陽令不久，即陷周興獄，臨刑因平徐敬業功免死，流嶺南。《新書》卷一二二本傳云「歲餘，爲御史中丞，復爲來俊臣所構。」來俊臣羅告御史中丞魏元忠等七人謀反事在天授三年（692）正月，推知魏元忠於天授二年（691）任御史中丞。《新書》卷一一三《徐有功傳》載博州刺史琅琊王沖責息錢事在天授元年（690）或天授二年（691），謂其時魏元忠任侍御史。實則此時魏元忠正流嶺南。《新書》此記載誤，今不取。

※來子珣　侍御史

《通鑒》卷二〇四：「天授二年正月，……侍御史來子珣誣尙衣奉御劉行感兄弟謀反，皆坐誅。」

※霍獻可　侍御史

《會要》卷六七「試及斜濫官」：「天壽二年二月十五日，……懷州錄事參軍霍獻可等二十四人，並授侍御史。……故當時諺曰：『補闕連車載，拾遺平斗量。把椎侍御史，腕脫校書郎。』」《廣記》卷二五九：「唐霍獻可，貴鄉人也。父毓，岐州司法。獻可有文學，好詼諧，累遷至侍御史左司員外。則

天法峻，多不自保，競希旨以爲忠。獻可頭觸玉階，請殺狄仁傑、裴行本。裴即獻可堂舅也。既損額，以綠帛裹於巾下，常令露出，冀則天以爲忠。時人比之李子愼。子愼，則天朝誣告其舅，加游擊將軍。母見其著緋衫，以面覆床，涕淚不勝曰：『此是汝舅血染者耶！』」

※張仁願　殿中侍御史

　　《舊書》卷九三《張仁願傳》：「張仁願，華州下邽人也。本名仁亶，以音類睿宗諱改焉。少有文武材幹，累遷殿中侍御史。時有御史郭霸上表稱則天是彌勒佛身，鳳閣舍人張嘉福與洛州人王慶之等請立武丞嗣爲皇太子，皆請仁願連名署表，仁願正色拒之，甚爲有識所重。」又見《新書》卷一一一《張仁願傳》。《舊書》卷七○《岑文本傳》：「文本兄文叔，文叔子長倩，……天壽二年，加特進、輔國大將軍。其年，鳳閣舍人張嘉福與洛州人王慶之等列名上表，請立武承嗣爲皇太子。」《通鑑》卷二○五：「天壽二年，鳳閣舍人修武張嘉福使洛陽人王慶之等數百人上表，請立武承嗣爲皇太子。」據此，張仁願任殿中侍御史在天授二年。

※郭霸　左肅政臺監察御史

　　《舊書》卷一八六《酷吏傳上‧郭霸傳》：「天授二年，自宋州寧陵丞應革命舉，拜左臺監察御史。……如意元年，除左臺殿中侍御史。……長壽二年，右臺侍御史。……則天悅，故拜焉，時人號爲『四其御史』。」《舊書》卷五○《刑法志》：「時周興、來俊臣等，相次受制，推究大獄。……俊臣又與侍御史侯思止、王弘義、郭霸、李敬仁……等，招集告事數百人，共爲羅織，以陷良善。前後枉遭殺害者，不可勝數。又造《告密羅織經》一卷，其意旨皆網羅前人，織成反狀。」《舊書》卷九三《張仁願傳》：「……時有御史郭霸上表稱則天是彌勒佛身。」

※萬國俊　右肅政臺監察御史（攝）

　　《舊書》卷一八六《酷吏傳上‧萬國俊傳》：「萬國俊，洛陽人，少譎異險詐。垂拱後，與來俊臣同爲《羅織經》。……天授二年，攝右臺監察御史，常與俊臣同按制獄。」

周武則天天授三年　如意元年　長壽元年（692）　壬辰

四月，改元爲如意。《舊書》本紀。

九月庚子，改元爲長壽。《舊書》本紀。

※來俊臣　左肅政臺御史中丞

《舊書》卷一八六《酷吏傳上·來俊臣傳》：「（天授）二年，擢拜左臺御史中丞。……長壽二年，除殿中丞。」據此知本年來俊臣在左臺御史中丞任。又《通鑒》卷二〇五：「長壽元年，……左臺中丞來俊臣羅告同平章事任知古、狄仁傑、裴行本、司禮卿崔宣禮、前文昌左丞盧獻、御史中丞魏元忠、潞州刺史李嗣眞謀反。」

※魏元忠　御史中丞

《通鑒》卷二〇五：「天授三年，……左臺中丞來俊臣羅告同平章事任知古、狄仁傑、裴行本、司禮卿崔宣禮、前文昌左丞盧獻、御史中丞魏元忠、潞州刺史李嗣眞謀反。」

※周矩　左肅政臺侍御史

《通鑒》卷二〇五：「天授三年……夏，四月丙申，赦天下，改元如意。……八月戊寅，……侍御史周矩上疏曰：『推劾之吏皆相矜以虐，泥耳籠頭，枷研楔轂。……願陛下緩刑用仁，天下幸甚！』則天從之，由是制獄稍息。」《舊書》載左臺御史周矩上疏在載初元年十月，《通鑒》卷二〇五云在天授三年。周矩上疏當在酷吏橫行之後，參之史料，載初以來，來俊臣、侯思止、傅遊藝、萬國俊、來子珣、郭霸等爲害甚重，周矩上疏應在此時，今從《通鑒》。又《舊書》載周矩爲左臺御史，《通鑒》言其爲侍御史，參之兩書，周矩應爲左肅政臺侍御史。

※劉憲　侍御史

《舊書》卷九四《李嶠傳》：「李嶠，趙州贊皇人，……累遷給事中，時酷吏來俊臣構陷狄仁傑、李嗣眞、裴宣禮等三家，奏請誅之，則天使嶠與大理少卿張德裕、侍御史劉憲覆其獄。」據《通鑒》卷二〇五記載，來俊臣構陷狄仁傑、李嗣眞、裴宣禮等三家事在天授三年正月。

※侯思止　左肅政臺侍御史

《舊書》卷一八六《酷吏傳上・侯思止傳》：「天授三年，乃拜朝散大夫、左臺侍御史。」《舊書》卷五○《刑法志》：「時周興、來俊臣等，相次受制，推究大獄。……俊臣又與侍御史侯思止、王弘義、郭霸、李敬仁……等，招集告事數百人，共爲羅織，以陷良善。前後枉遭殺害者，不可勝數。又造《告密羅織經》一卷，其意旨皆網羅前人，織成反狀。」

※郭霸　左肅政臺殿中侍御史（如意元年）

《舊書》卷一八六《酷吏傳上・郭霸傳》：「天授二年，自宋州寧陵丞應革命舉，拜左臺監察御史。……如意元年，除左臺殿中侍御史。……長壽二年，右臺侍御史。」

※霍獻可　殿中侍御史

《通鑑》卷二○五：「天授三年……正月……，殿中侍御史貴鄉霍獻可，宣禮之甥也。言於太后曰：『陛下不殺崔宣禮，臣請殞命於前。』以頭觸殿階，血流沾地，以示爲人臣者不私其親。……獻可常以綠帛裹其傷，微露之於襆頭下，冀太后見之以爲忠。」

※嚴善思　監察御史

《通鑑》卷二○五：「（天授三年）夏，四月丙申，赦天下，改元如意。……太后自垂拱以來，任用酷吏，先誅唐宗室貴戚數百人，次及大臣數百家，其刺史、郎將以下，不可勝數。……監察御史朝邑嚴善思，公直敢言。時告密者不可勝數，太后亦厭其煩，命善思按問，引虛伏罪者八百五十餘人，羅織之黨爲之不振。」又見《新書》卷二○四《方技傳》。

※裴懷古　監察御史

《舊書》卷一八五下《良吏傳下・裴懷古傳》：「裴懷古，壽州壽春人也。……長壽中，累轉監察御史。」《通鑑》卷二○五：「天授中，遣監察御史壽春裴懷古安集西南蠻。」《廣記》卷九五《異僧九》：「則天朝恒州鹿泉寺僧淨滿有高行，眾僧嫉之，乃密畫女人居高樓，而淨滿引弓射之狀，藏於經笥，令其弟詣闕告之。則天大怒，命御史裴懷古推案，便行誅戮。懷古執之不屈，懷古厲聲而言曰：『陛下法無親疏，當與天下畫一，奈何使臣誅無辜之人，以希

聖旨。向使淨滿有不臣之狀，臣復何顏能寬之乎？臣守平典，庶無冤濫，死不恨矣！』則天意乃解。」該事又見《舊書》卷一八五下《裴懷古傳》。《新書》卷一九七《循吏》：「裴懷古，壽州壽春人。儀鳳中，上書闕下，補下邽主簿，頻遷監察御史。」

霍按：天授三年四月，改元爲如意；九月庚子，改元爲長壽。《舊書》云長壽中累轉監察御史，《通鑑》卷二〇五云天授中爲監察御史，當同爲六九二年事，故繫於此。

※彭先覺　監察御史

《朝野僉載》卷五：「則天時，調貓兒與鸚鵡同器食，命御史彭先覺監，遍示百官及天下考使。傳看未遍，貓兒饑，遂咬殺鸚鵡以餐之，則天甚愧。武者國姓，殆不祥之征也。」此事見《通鑑》卷二〇五記載。

※紀先知　御史

《通鑑》卷二〇五：「天授三年春，一月丁卯，太后引見存撫使所舉人，無問賢愚，悉加擢用，……時人爲之語曰：『補闕連車載，拾遺平斗量；欋推侍御史，碗脫校書郎。』有舉人沈全交續之曰：『糊心存撫使，眯目聖神皇。』爲御史紀先知所擒，劾其誹謗朝政。」

※蘇味道　侍御史

《全唐文》卷三四三顏眞卿《唐開府儀同三司行尚書右丞相上柱國贈太尉廣平文貞公宋公神道碑銘》：「……公諱璟，……相國蘇味道爲侍御史出使，精擇判官，奏公爲介。公作《長松篇》以自興，《梅花賦》以激時，蘇深賞歎之，……轉合宮尉。長壽三年從調，判入高等。」《新書》卷一一四《蘇味道傳》：「蘇味道，趙州欒城人。……延載中，以鳳閣舍人檢校侍郎、同鳳閣鸞臺平章事，歲餘爲眞。」宋璟長壽三年（694）由合宮尉從選，其由蘇味道判官轉合宮尉應在天授三年（691）。蘇味道以侍御史身份出使當在本年前後，故繫於此。

周武則天長壽二年（693）　癸巳

※薛季昶　御史中丞

《新書》卷一二〇《薛季昶傳》：「薛季昶者，絳州龍門人。武后時上書，

自布衣擢監察御史，以累左遷平遙尉，復拜御史。屢按獄稱旨，擢給事中。……
自給事中數月爲御史中丞。」《通鑑》卷二〇五：「長壽二年……正月……是
時，告密者皆誘人奴婢告其主，以求功賞。德妃父孝諶爲潤州刺史，有奴妄
爲妖異以恐德妃母龐氏，龐氏懼，奴請夜祠禱解，因發其事。下監察御史龍
門薛季昶按之，季昶誣奏，以爲與德妃同祝詛，……太后擢季昶爲給事中。」
《通鑑》卷二〇五記載薛季昶按龐氏事，正與《新書》卷一二〇《薛季昶傳》
「屢按獄如旨，擢給事中」之記載合。《新書》本傳云薛季昶「自給事中數月
爲御史中丞。」則薛氏任御史中丞在本年。

※徐有功　侍御史

《通鑑》卷二〇五：「長壽二年……正月……德妃父孝諶爲潤州刺史，有
奴妄爲妖異以恐德妃母龐氏，龐氏懼，奴請夜祠禱解，因發其事。下監察御
史龍門薛季昶按之，季昶誣奏，以爲與德妃同祝詛，……龐氏當斬，其子希
瑊詣侍御史徐有功訟冤，有功牒所司停刑，上奏論之，以爲無罪。……法司
處有功罪當絞。令史以白有功，有功歎曰：「豈我獨死，諸人永不死邪！」既
食，掩扇而寢。人以爲有功苟自強，必內憂懼，密伺之，方熟寢。太后召有
功，迎謂曰……太后默然。由是龐氏得減死，……有功亦除名。」《新書》卷
一一三《徐有功傳》：「徐有功，名弘敏，……國子博士文遠孫也。舉明經，
累轉蒲州司法參軍，紹封東莞男。爲政寬仁，不行杖罰。……累轉秋官郎中，
鳳閣侍郎任知古、冬官尚書裴行本等七人被誣當死。……俄起爲左肅政臺侍
御史。」據《通鑑》卷二〇五載，鳳閣侍郎任知古、冬官尚書裴行本等七人
被誣事在長壽元年（692），徐有功任侍御史在長壽二年（693），《新書》云「俄
起爲左肅政臺侍御史」，正與《通鑑》合。

※郭霸　右肅政臺侍御史

《舊書》卷一八六《酷吏傳上·郭霸傳》：「天授二年，自宋州寧陵丞應
革命舉，拜左臺監察御史。……如意元年，除左臺殿中侍御史。……長壽二
年，右臺侍御史。……則天悅，故拜焉，時人號爲『四其御史』。」

※周矩　侍御史

據《通鑑》卷二〇五記載，周矩於長壽元年至證聖元年任侍御史，則本
年周矩當在侍御史任。

※侯思止　侍御史

《通鑑》卷二〇五「長壽二年二月……乙亥，禁人間錦。侍御史侯思止私蓄錦，李昭德按之，杖殺於朝堂。」

※王弘義　左肅政臺侍御史

《舊書》卷一八六《酷吏傳上·王弘義傳》：「王弘義，冀州恒水人也。……天授中，拜右臺殿中侍御史。長壽中，拜左臺侍御史。」

霍按：《舊書》云天授中，未詳何年，姑繫於此。

※萬國俊　左肅政臺侍御史

《舊書》卷一八六《酷吏傳上·萬國俊傳》：「長壽二年，……則天深然其奏，乃命右衛翊二府兵曹參軍劉光業、司刑評事王德壽、苑南面監丞鮑思恭、尚輦直長王大貞、右武衛兵曹參軍屈貞筠等，並攝監察御史，分往劍南、黔中、安南等六道鞫流人。……尋擢授國俊朝散大夫、肅政臺侍御史。」《通鑑》卷二〇五：「長壽二年二月，或告嶺南流人謀反，太后遣司刑評事萬國俊攝監察御史就按之。國俊至廣州，悉召流入，矯制賜自盡。流人號呼不服，國俊驅就水曲，盡斬之，一朝殺三百餘人。然後詐爲反狀，還奏，因言諸道流人，亦必有怨望謀反者，不可不早誅。太后喜，擢國俊爲朝散大夫、行侍御史。」《新書》卷七六《后妃上》：「有上封事言嶺南流人謀反者，太后遣攝右臺監察御史萬國俊就按，得實即論決。國俊至廣州，盡召流人，矯詔賜自盡，皆號哭不服，國俊驅之水曲，使不得逃，一日戮三百餘人。乃誣奏流人怨望，請悉除之。於是太后遣右衛翊府兵曹參軍劉光業、司刑評事王德壽、苑南面監丞鮑思恭、尚輦直長王大貞、右武衛兵曹參軍屈貞筠，皆攝監察御史，分往劍南、黔中、安南等六道訊鞫，而擢國俊左臺侍御史。」

※萬國俊　右肅政臺監察御史（攝）

《舊書》卷五〇《刑法志》：「……然則天嚴於用刑，屬徐敬業作亂，及豫、博兵起之後，恐人心動搖，欲以威制天下，漸引酷吏，務令深文，以案刑獄。長壽年有上封事言嶺表流人有陰謀逆者，乃遣司刑評事萬國俊攝監察御史就案之，若得反狀，斬決。」《通鑑》卷二〇五：「長壽二年二月，或告嶺南流人謀反，太后遣司刑評事萬國俊攝監察御史就按之。國俊至廣州，……一朝殺三百餘人。然後詐爲反狀，還奏，因言諸道流人，亦必有怨望謀反者，

不可不早誅。太后……更遣右翊衛兵曹參軍劉光業、司刑評事王德壽、苑南面監丞鮑思恭、尚輦直長王大貞、右武威衛兵曹參軍屈貞筠皆攝監察御史，詣諸道按流人。光業等以國俊多殺蒙賞，爭傚之，光業殺七百人，德壽殺五百人，自餘少者不減百人，其遠年雜犯流人亦與之俱斃。太后頗知其濫，制：『六道流人未死者並家屬皆聽還鄉里。』國俊等亦相繼死，或得罪流竄。」《新書》卷七六《后妃上》：「有上封事言嶺南流人謀反者，太后遣攝右臺監察御史萬國俊就按，得實即論決。國俊至廣州，盡召流人，矯詔賜自盡，皆號哭不服，國俊驅之水曲，使不得逃，一日戮三百餘人。乃誣奏流人怨望，請悉除之。於是太后遣右衛翊府兵曹參軍劉光業、司刑評事王德壽、苑南面監丞鮑思恭、尚輦直長王大貞、右武衛兵曹參軍屈貞筠，皆攝監察御史，分往劍南、黔中、安南等六道訊鞫，而擢國俊左臺侍御史。光業等亦希功于上，惟恐殺人之少。光業殺者九百人，德壽殺七百人，其餘亦不減五百人。」

※劉光業　監察御史（攝）

　　《舊書》卷一八六《酷吏傳上・萬國俊傳》：「長壽二年，……則天深然其奏，乃命右衛翊二府兵曹參軍劉光業、司刑評事王德壽、苑南面監丞鮑思恭、尚輦直長王大貞、右武衛兵曹參軍屈貞筠等，並攝監察御史，分往劍南、黔中、安南等六道鞫流人。」《通鑑》卷二〇五：「長壽二年二月，或告嶺南流人謀反，太后遣司刑評事萬國俊攝監察御史就按之。國俊至廣州，……一朝殺三百餘人。然後詐爲反狀，還奏，因言諸道流人，亦必有怨望謀反者，不可不早誅。太后……更遣右翊衛兵曹參軍劉光業、司刑評事王德壽、苑南面監丞鮑思恭、尚輦直長王大貞、右武威衛兵曹參軍屈貞筠皆攝監察御史，詣諸道按流人。光業等以國俊多殺蒙賞，爭傚之，光業殺七百人，德壽殺五百人，自餘少者不減百人，其遠年雜犯流人亦與之俱斃。太后頗知其濫，制：『六道流人未死者並家屬皆聽還鄉里。』國俊等亦相繼死，或得罪流竄。」又見《新書》卷七六《后妃上》。

※王德壽　監察御史（攝）

　　《舊書》卷一八六《酷吏傳上・萬國俊傳》：「長壽二年，……則天深然其奏，乃命右衛翊二府兵曹參軍劉光業、司刑評事王德壽、苑南面監丞鮑思恭、尚輦直長王大貞、右武衛兵曹參軍屈貞筠等，並攝監察御史，分往劍南、黔中、安南等六道鞫流人。」《通鑑》卷二〇五：「長壽二年二月，或告嶺南

流人謀反，太后遣司刑評事萬國俊攝監察御史就按之。國俊至廣州，……一朝殺三百餘人。然後詐爲反狀，還奏，因言諸道流人，亦必有怨望謀反者，不可不早誅。太后……更遣右翊衛兵曹參軍劉光業、司刑評事王德壽、苑南面監丞鮑思恭、尚輦直長王大貞、右武威衛兵曹參軍屈貞筠皆攝監察御史，詣諸道按流人。光業等以國俊多殺蒙賞，爭傚之，光業殺七百人，德壽殺五百人，自餘少者不減百人，其遠年雜犯流人亦與之俱斃。太后頗知其濫，制：『六道流人未死者並家屬皆聽還鄉里。』國俊等亦相繼死，或得罪流竄。」又見《新書》卷七六《后妃上》。

※鮑思恭　監察御史（攝）

《舊書》卷一八六《酷吏傳上・萬國俊傳》：「長壽二年，……則天深然其奏，乃命右衛翊二府兵曹參軍劉光業、司刑評事王德壽、苑南面監丞鮑思恭、尚輦直長王大貞、右武衛兵曹參軍屈貞筠等，並攝監察御史，分往劍南、黔中、安南等六道鞫流人。」《通鑒》卷二○五：「長壽二年二月，或告嶺南流人謀反，太后遣司刑評事萬國俊攝監察御史就按之。國俊至廣州，……一朝殺三百餘人。然後詐爲反狀，還奏，因言諸道流人，亦必有怨望謀反者，不可不早誅。太后……更遣右翊衛兵曹參軍劉光業、司刑評事王德壽、苑南面監丞鮑思恭、尚輦直長王大貞、右武威衛兵曹參軍屈貞筠皆攝監察御史，詣諸道按流人。光業等以國俊多殺蒙賞，爭傚之，光業殺七百人，德壽殺五百人，自餘少者不減百人，其遠年雜犯流人亦與之俱斃。太后頗知其濫，制：『六道流人未死者並家屬皆聽還鄉里。』國俊等亦相繼死，或得罪流竄。」又見《新書》卷七六《后妃上》。

※屈貞筠　監察御史（攝）

《舊書》卷一八六《酷吏傳上・萬國俊傳》：「長壽二年，……則天深然其奏，乃命右衛翊二府兵曹參軍劉光業、司刑評事王德壽、苑南面監丞鮑思恭、尚輦直長王大貞、右武衛兵曹參軍屈貞筠等，並攝監察御史，分往劍南、黔中、安南等六道鞫流人。」《通鑒》卷二○五：「長壽二年二月，或告嶺南流人謀反，太后遣司刑評事萬國俊攝監察御史就按之。國俊至廣州，……一朝殺三百餘人。然後詐爲反狀，還奏，因言諸道流人，亦必有怨望謀反者，不可不早誅。太后……更遣右翊衛兵曹參軍劉光業、司刑評事王德壽、苑南面監丞鮑思恭、尚輦直長王大貞、右武威衛兵曹參軍屈貞筠皆攝監察御史，

詣諸道按流人。光業等以國俊多殺蒙賞，爭傚之，光業殺七百人，德壽殺五百人，自餘少者不減百人，其遠年雜犯流人亦與之俱斃。太后頗知其濫，制：『六道流人未死者並家屬皆聽還鄉里。』國俊等亦相繼死，或得罪流竄。」又見《新書》卷七六《后妃上》。

王大貞　監察御史（攝）

《通鑑》卷二〇五：「長壽二年二月，或告嶺南流人謀反，太后遣司刑評事萬國俊攝監察御史就按之。國俊至廣州，……一朝殺三百餘人。然後詐爲反狀，還奏，因言諸道流人，亦必有怨望謀反者，不可不早誅。太后……更遣右翊衛兵曹參軍劉光業、司刑評事王德壽、苑南面監丞鮑思恭、尚輦直長王大貞、右武威衛兵曹參軍屈貞筠皆攝監察御史，詣諸道按流人。光業等以國俊多殺蒙賞，爭傚之，光業殺七百人，德壽殺五百人，自餘少者不減百人，其遠年雜犯流人亦與之俱斃。太后頗知其濫，制：『六道流人未死者並家屬皆聽還鄉里。』國俊等亦相繼死，或得罪流竄。」又見《新書》卷七六《后妃上》。

※薛季昶　監察御史

《通鑑》卷二〇五：「長壽二年……正月……是時，告密者皆誘人奴婢告其主，以求功賞。德妃父孝諶爲潤州刺史，有奴妄爲妖異以恐德妃母龐氏，龐氏懼，奴請夜祠禱解，因發其事。下監察御史龍門薛季昶按之。」《新書》本傳云「薛季昶者，……武后時上書，自布衣擢監察御史，以累左遷平遙尉，復拜御史。」本年薛季昶任監察御史當爲「復拜」。

※崔元綜　監察御史

《舊書》卷九〇《豆盧欽望傳·崔元綜附傳》：「崔元綜者，鄭州新鄭人也。……長壽元年，遷鸞臺侍郎、同鳳閣鸞臺平章事。……明年，犯罪配流振州，朝野莫不稱慶。尋赦還，復拜監察御史。」

周武則天長壽三年　延載元年（694）　甲午

五月甲午，改元爲延載。《舊書》本紀，《新書》本紀。

※楊再思　左肅政御史大夫（兼，延載元年八月後）

《新書》卷六一《宰相表上》：「延載元年八月己巳，姚璹守納言，左肅

政臺御史大夫楊再思爲鸞臺侍郎，洛州司馬杜景儉檢校鳳閣侍郎，並同鳳閣鸞臺平章事。」《新書》卷四《則天皇后紀》：「延載元年……八月……己巳……左肅政臺御史大夫楊再思爲鸞臺侍郎，洛州司馬杜景儉檢校鳳閣侍郎：同鳳閣鸞臺平章事。」

楊再思　左肅政御史中丞（延載元年八月前）

《新書》卷一〇九《楊再思傳》記載：「楊再思，鄭州原武人，第明經，爲人佞而智。……累遷天官員外郎，歷左肅政御史中丞。延載初，擢鸞臺侍郎、同鳳閣鸞臺平章事，加兼左肅政御史大夫，封鄭縣侯，遷內史。」《通鑒》卷二〇五：「延載元年……八月……己巳，以司賓少卿姚璹爲納言，左肅政中丞原武楊再思爲鸞臺侍郎，洛州司馬杜景儉爲鳳閣侍郎，並同平章事。」《舊書》卷六《則天皇后紀》：「（延載元年）秋八月，……左肅政御史中丞楊再思爲鸞臺侍郎，洛州司馬杜景儉爲鳳閣侍郎，仍並同鳳閣鸞臺平章事。」據以上之記載，楊再思於延載元年八月前應爲左肅政臺中丞，八月後升任左肅政臺御史大夫。

※周允元　御史中丞

《舊書》卷九〇《豆盧欽望傳周允元附傳》：「周允元者，豫州人也。弱冠舉進士。延載初，累轉左肅政御史中丞。」《新書》卷六一《宰相表上》：「延載元年十月壬申，文昌右丞李元素守鳳閣侍郎，右肅政臺御史中丞周允元檢校鳳閣侍郎，並同鳳閣鸞臺平章事。」《新書》卷四《則天皇后紀》：「延載二年……十月壬申……右肅政臺御史丞周允元檢校鳳閣侍郎：同鳳閣鸞臺平章事。」

※周矩　侍御史

據《通鑒》卷二〇五記載，周矩於長壽元年至證聖元年任侍御史，則本年周矩當在侍御史任。

※胡元禮　侍御史

《通鑒》卷二〇五「延載元年……九月，殿中丞來俊臣坐贓貶同州參軍。王弘義流瓊州，詐稱敕追還，至漢北，侍御史胡元禮遇之，按驗，得其奸狀，杖殺之。」《新書》卷二〇九《酷吏·王弘義傳》略同。

※宋璟　監察御史裏行

《全唐文》卷三四三顏眞卿《有唐開府儀同三司行尚書右丞相上柱國贈太尉廣平文貞公宋公神道碑銘》:「公諱璟，……長壽三年從調，判入高等，有司特聞，天后親問所欲。公……奏云……，遂手詔授錄事參軍，拜舞趨出。后異而召還，又手詔拜監察御史裏行。」

※李延光　左肅政臺監察御史（員外置同正員）

《墓誌續編》開元○二九《唐故中散大夫涪州刺史上柱國李府君墓誌銘並序》:「君諱延光，字珪，隴西成紀人也。……長壽三年，制授右肅政臺監察御史、員外置同正員。俄而即眞，尋遷右臺殿中侍御史，又爲本臺侍御史、內供奉。……聖曆歲，出爲鄭州中牟縣令。」

周武則天證聖元年　天冊萬歲元年（695）　乙未

正月辛巳，改元。《舊書》本紀、《新書》本紀。

九月甲寅，親祀南郊，改元爲天冊萬歲。《舊書》本紀、《新書》本紀。

※周矩　侍御史

《舊書》卷一八三《外戚傳》:「懷義後厭入宮中，多居白馬寺，刺血畫大象，選有膂力白丁度爲僧，數滿千人。侍御史周矩疑其奸，奏請劾之，不許。固請之，則天曰:『卿且退，朕即令去。』矩至臺，薛師亦至，乘馬躪階而下，便坦腹於床。矩召臺吏，將按之，遽乘馬而去。矩具以聞，則天曰:『此道人風病，不可苦問。所度僧任卿勘當。』矩按之，窮其狀以聞，諸僧悉配遠州。遷矩天官員外郎，竟爲薛師所構，下獄，免官。」該事又見《通鑑》卷二○五「證聖元年正月」條。《新書》卷七六《后妃上》:「（懷義）後厭入禁中，陰募力少年千人爲浮屠，有逆謀。侍御史周矩劾狀請治驗，太后曰:『第出，朕將使詣獄。』矩坐臺，少選，懷義怒馬造廷，直往坐人榻上，矩台吏受辭，懷義即乘馬去。矩以聞，太后曰:『是道人素狂，不足治，力少年聽窮劾。』矩悉投放醜裔。懷義構矩，俄免官。」

張鷟　監察御史

《會要》卷七五《選部下》:「《會要》卷七五《選部下》「藻鑑」條:「證

聖元年，劉奇爲吏部侍郎，注張文成、司馬鍠爲監察御史，二人因申屠場以謝之。奇正色曰：『舉賢自無私，二君何爲見謝？』」《新書》卷九〇《劉弘基傳》：「劉次子奇，長壽中，爲天官侍郎，薦張鷟、司馬鍠爲監察御史，二人因申屠場以謝，奇正色曰：舉賢本無私，何見謝？聞者皆竦。後爲酷吏陷，被誅。」《舊書》卷一九四《張薦傳》：「張薦，字孝舉，深州陸澤人。祖鷟字文成，聰警絕倫，書無不覽。爲兒童時，夢紫色大鳥，五彩成文，降於家庭。其祖謂之曰，「五色赤文，鳳也。紫文，鷟鸑也，爲鳳之佐，吾兒當此文章瑞於明廷」，因以爲名字。初登進士第，對策尤工，考功員外郎騫味道賞之曰：『如此生，天下無雙矣。』調授岐王府參軍。又應下筆成章及才高位下、詞標文苑等科。鷟凡應八舉，皆登甲科。再授長安尉，遷鴻臚丞。凡四參選，判策爲銓府之最。員外郎員半千謂人曰：『張子之文如青錢，萬簡萬中，未聞退時。』時流重之，目爲『青錢學士』。然性褊躁，不持士行，尤爲端士所惡，姚崇甚薄之，開元初，澄正風俗，鷟爲御史李全交所糾，言鷟語多譏刺時，坐貶嶺南。刑部尚書李日知奏論，乃追敕移於近處。開元中入爲司門員外郎卒。鷟下筆敏速，著述尤多，言頗詼諧。是時天下知名，無賢不肖，皆記誦其文。……新羅、日本東夷諸蕃，尤重其文，每遣使入朝，必重出金貝以購其文，其才名遠播如此。」

霍按：劉眞倫《張鷟事跡繫年考》考得證聖元年，張鷟應才高位下科，爲監察御史：「《唐會要》、《冊府元龜》、《文苑英華》均載本年（證聖元年，筆者注）有長才廣度沉跡下僚科，……也可稱爲才高位下科。蓋唐代制舉科目，皆節取制舉詔文而成。節取時繁簡不同，故名目互異。……徐松《登科記考》繫張鷟應才高位下科於神龍二年。今按，張鷟神龍二年應才膺管樂科，《唐會要》、《冊府元龜》、《容齋隨筆》引《登科記》都有明確記載。一般說來，一個人一年內兩次被薦參加制舉的可能性不大。徐松繫之於此，是因爲才高位下一科只見於此年。但長才廣度沉跡下僚，實際上也是才高位下科。繫在本年，較神龍二年合理。果如此，則張鷟於本年考選，就不奇怪了。自長安尉擢爲監察御史，品秩連提三階，更重要的是躋身清要，參預朝政。之所以向劉奇致謝，其原因在此。」

※司馬鍠　監察御史

《會要》卷七五《選部下》：「《會要》卷七五《選部下》「藻鑒」條：「證

聖元年，劉奇爲吏部侍郎，注張文成、司馬鍠爲監察御史，二人因申屠瑒以謝之。奇正色曰：『舉賢自無私，二君何爲見謝？』」《新書》卷九〇《劉弘基傳》：「劉次子奇，長壽中，爲天官侍郎，薦張鷟、司馬鍠爲監察御史，二人因申屠瑒以謝，奇正色曰：舉賢本無私，何見謝？聞者皆竦。後爲酷吏陷，被誅。」《新書》卷二〇二《文藝傳中》：「司馬鍠，河南人，神龍初，以中書侍郎卒。事繼母孝，奉祿不入私舍。與弟銓、伯父希象皆歷殿中侍御史。」司馬鍠與張鷟同時被擢爲監察御史，劉眞倫《張鷟事跡繫年考》考得張鷟任監察御史證聖元年，則司馬鍠於本年任監察御史。

司馬銓　左肅政臺監察御史　殿中侍御史

《題名考》卷二「殿中侍御史兼內供奏」：「司馬銓，見郎官戶中，又監察。《新·文藝·劉憲傳》：『司馬銓歷殿中侍御史。』」《墓誌彙編》開元三三五《大唐故薛王傳上柱國司馬府君墓誌銘並序》：「君諱詮，字元衡，河內溫人也。……父希奭，……神龍初，以長子中書侍郎鍠追贈懷州刺史。……公則府君之第二子也。垂拱四年，以成均生明經擢第，解褐授湖州安吉縣尉，次授蒲州永樂丞，充巡察使判官。論公課最，擢授左肅政臺監察御史、殿中侍御史，轉尙書比部員外郎、庫部郎中。……久之，除慈州刺史，……開元十九年六月廿二日遇疾，終於洛陽……之私第，春秋六十有七。」

霍按：據生平視之，司馬銓與《墓誌》云「司馬詮」實爲一人。司馬銓垂拱四年擢第，其任左肅政臺監察御史約在此前後。

※李延光　左肅政臺監察御史

《墓誌續編》開元〇二九《唐故中散大夫涪州刺史上柱國李府君墓誌銘並序》：「君諱延光，字珪，隴西成紀人也。……長壽三年，制授右肅政臺監察御史、員外置同正員。俄而即眞，尋遷右臺殿中侍御史，又爲本臺侍御史、內供奉。……聖曆歲，出爲鄭州中牟縣令。」

周武則天萬歲登封元年　萬歲通天元年（696）　丙申

臘月甲申，封神嶽，改元萬歲登封。《通鑑》。

三月丁巳，新明堂成，改元萬歲通天。《通鑑》。

※婁師德　左肅政臺御史大夫（萬歲通天元年）

《新書》卷六一《宰相表上》：「萬歲通天元年一月甲寅，師德爲左肅政臺御史大夫、肅邊道行軍總管。」《舊書》卷九三《婁師德傳》：「上元初，累補監察御史。……萬歲登封元年，轉左肅政御史大夫，仍並依舊知政事。……萬歲通天二年，兼檢校右肅政御史大夫，仍知左肅政臺事。」

※霍獻可　御史中丞

《舊書》卷八九《姚璹傳》：「時新都丞朱待辟坐贓至死，逮補繫獄。……則天又令洛州長史宋元爽、御史中丞霍獻可等重加詳覆，亦無所發明。逮繫獄數百人，不勝酷毒，遞相附會，以就反狀。……監察御史袁恕己劾奏其事。」《新書》卷一〇二《姚璹傳》：「大食使者獻獅子，璹曰：『是獸非肉不食，自碎葉至都，所費廣矣。陛下鷹犬且不蓄，而厚資養猛獸哉！』（姚璹）下遷益州長史。始，蜀吏貪暴，璹摘發之，無所容貸。……新都丞朱待辟坐贓應死，待辟所厚浮屠理中謀殺璹，據劍南。有密告後者，詔璹窮按。璹深探其獄，跡疑似皆捕逮，株黨牽聊數千人。獄具，後遣洛州長史宋玄爽、御史中丞霍獻可覆視，無所翻，坐沒入五十餘族，知反流徙者什八以上，道路冤噪。監察御史袁恕己劾奏璹獄不平，有詔勿治。召拜地官、多官二尚書。」據《通鑒》記載，此事發生於萬歲通天元年。

※張仁願　侍御史

《舊書》卷九三《張仁願傳》：「張仁願，華州下邽人也。本名仁亶，以音類睿宗諱改焉。……累遷殿中侍御史。時有御史郭霸上表稱則天是彌勒佛身，……皆請仁願連名署表，仁願正色拒之。……尋而夏官尚書王孝傑爲吐喇軍總管，統眾以禦吐蕃，詔仁願往監之。仁願與孝傑不協，因入奏事，稱孝傑軍敗誣罔之狀。孝傑由是免爲庶人，遽遷侍御史。」《新書》卷一一一本傳：「張仁願，華州下邽人。本名仁亶，以睿宗諱音近避之。……武后時，累遷殿中侍御史。御史郭弘霸者，稱后乃彌勒佛身，又鳳閣舍人張嘉福、王慶之請以武承嗣爲皇太子，邀仁願聯章，仁願正色拒之。後王孝傑爲吐刺軍總管，與吐蕃戰不利，仁願監其軍，因人言狀，孝傑坐免，擢仁願侍御史。」《通鑒》卷二〇五載：「萬歲登封元年三月壬寅，王孝傑、婁師德與吐蕃將論欽陵贊婆戰於素羅漢山，唐兵大敗，孝傑坐免爲庶人。……丁巳，新明堂成，……改元萬歲通天。」仁願擢爲侍御史應在本年。

※徐有功　左臺殿中侍御史

《通鑑》卷二〇五：「萬歲通天元年，……太后思徐有功用法平，擢拜左臺殿中侍御史。」據《通鑑》卷二〇五載，長壽二年，徐有功因有奴爲妖異恐德妃母龐氏事被「除名」，此爲復任。

※李延光　右肅政臺殿中侍御史

《墓誌續編》開元〇二九《唐故中散大夫涪州刺史上柱國李府君墓誌銘並序》：「君諱延光，字珪，隴西成紀人也。……長壽三年，制授右肅政臺監察御史、員外置同正員。俄而即眞，尋遷右臺殿中侍御史，又爲本臺侍御史、內供奉。四遷憲闈，……聖曆歲，出爲鄭州中牟縣令。」

※司馬鍠　殿中侍御史

《新書》卷二〇二《文藝傳中》：「司馬鍠，河南人，神龍初，以中書侍郎卒。事繼母孝，奉祿不入私舍。與弟銓、伯父希象皆歷殿中侍御史。」

司馬鍠任監察御史在證聖元年（695），則其任殿中侍御史約在本年及稍後。

※司馬希象　殿中侍御史

《新書》卷二〇二《文藝傳中》：「司馬鍠，河南人，神龍初，以中書侍郎卒。事繼母孝，奉祿不入私舍。與弟銓、伯父希象皆歷殿中侍御史。」

※袁恕己　監察御史

《舊書》卷八九《姚璹傳》：「時新都丞朱待辟坐贓至死，逮補繫獄。……則天又令洛州長史宋元爽、御史中丞霍獻可等重加詳覆，亦無所發明。逮繫獄數百人，不勝酷毒，遞相附會，以就反狀。……監察御史袁恕己劾奏其事。」

※紀履忠　監察御史

《會要》卷六一「彈劾」：「萬歲通天五年五月，監察御史紀履忠劾奏御史中丞來俊臣犯狀有五焉：一，專擅國權；二，謀害良善；三，貪贓賄貪濁；四，失義背禮；五，淫昏狠戾。論茲五罪，合至萬死，請下獄治罪。」萬歲通天無五年，應是元年或二年之誤，姑繫於此。

※崔渾　右肅政臺監察御史

　　《墓誌彙編》大曆〇一四《唐濮州臨濮縣尉竇公故夫人崔氏墓誌銘並序》（季父檢校禮部郎中兼侍御史祐甫述）：「夫人諱緝，博陵安平人也。衛尉少卿暟之曾孫，監察御史渾之孫，向城縣令孟孫之長女。」《墓誌彙編》大曆〇五八《有唐虞夫人墓誌》：「夫人……既笄，歸於博陵崔氏，所奉之主即故右御史臺監察御史諱渾其人也。」《墓誌彙編》「大曆〇五九《有唐朝散大夫行秘書省著作佐郎嗣安平縣開國男崔公墓誌銘並序》（從父弟中書舍人祐甫述）：「公諱眾甫，字眞孫，博陵安平人。……祖諱暟，庫部員外郎安平縣男；考諱渾，監察御史；皆有師範。」《墓誌彙編》「大曆〇六〇《有唐通議大夫守太子賓客贈尚書左僕射崔公墓誌》（潁陽縣丞徐琪書）：「公諱沔，字若沖，博陵安平人也。……考諱暟府君，朝散大夫、汝州長史、安平縣開國男。……公廿四，鄉貢進士擢第，其年封中嶽，詔牧伯舉賢良，公與故監察御史諱渾雙名居右，敕拜麟臺校書郎。滿歲，補洛州陸渾主簿。……終東都副留守，時春秋六十有七。嗚呼，以開元廿七年十一月十七日薨於居守之內館。」崔沔開元廿七年卒，享年六十有七，則其廿四歲中賢良制舉時爲萬歲通天元年（696）。《通鑑》卷二〇五：「萬歲通天元年，臘月，甲戌，太后發神都；甲申，封神嶽；赦天下，改元萬歲登封，天下百姓無出今年租稅；大九日。丁亥，禪於少室；己丑，御朝覲壇受賀；癸巳，還宮；甲午，謁太廟。」正與《墓誌》云「其年封中嶽」相合。

周武則天萬歲通天二年　神功元年（697）　丁酉

　　九月壬寅，改元爲神功元年。《舊書》本紀。

※婁師德　檢校右肅政御史大夫（兼，萬歲通天二年）

　　《舊書》卷六《則天皇后》：「萬歲通天……二年……五月，命右金吾大將軍、河內王懿宗爲大總管，右肅政御史大夫婁師德爲副大總管。」《舊書》卷九三《婁師德傳》：「上元初，累補監察御史。……從軍西討，頻有戰功，遷殿中侍御史。……萬歲登封元年，轉左肅政御史大夫，仍並依舊知政事。……萬歲通天二年，兼檢校右肅政御史大夫，仍知左肅政臺事。」《舊書》卷一九九下《北狄傳・契丹傳》：「萬歲通天中，……又詔左金吾大將軍、河內王武懿宗爲大總管，御史大夫婁師德爲副大總管，右武衛將軍沙吒忠義爲前軍總

管，率兵三十萬以討之。……詔以張守珪爲幽州長史兼御史中丞以經略之。」

※狄仁傑　右肅政臺御史大夫（兼）

《舊書》卷八九《狄仁傑傳》：「神功元年，入爲鸞臺侍郎，同鳳閣鸞臺平章事。加銀青光祿大夫，兼納言。仁傑以百姓西戍疏勒等四鎮，極爲凋敝，乃上疏曰：……事雖不行，識者是之，尋檢校納言，兼右肅政臺御史大夫。」

※張守珪　御史中丞（兼，萬歲通天二年）

《舊書》卷一九九下《北狄傳·契丹傳》：「萬歲通天中，……詔以張守珪爲幽州長史兼御史中丞以經略之。」《新書》卷六一《宰相表上》：「聖曆二年臘月戊子，檢校左肅政臺御史中丞吉頊爲天官侍郎，右臺魏元忠爲鳳閣侍郎，並同鳳閣鸞臺平章事。」

※魏元忠　右肅政臺御史中丞

《通鑑》卷二〇六：「（萬歲通天二年）九月壬辰，大享通天宮，大赦，改元（神功）。……甲寅，……時人多爲魏元忠訴訟冤者，太后復徵爲御史中丞。」

※張仁願　右肅政臺御史中丞

《舊書》卷九三《張仁願傳》：「萬歲通天二年，監察御史孫承景監清邊軍，戰還，畫戰圖以奏。每陣必畫承景躬當矢石、先鋒禦賊之狀，則天歎曰：『御史乃能盡誠如此！』擢拜右肅政臺中丞，……承景身實不行，……又虛增功狀。仁願廷奏承景罔上之罪，於是左遷崇仁令，擢仁願爲肅政臺中丞，檢校幽州都督。」《新書》卷一一一本傳：「武后時，（仁願）累遷殿中侍御史。御史郭弘霸者，稱后乃彌勒佛身，又鳳閣舍人張嘉福、王慶之請以武承嗣爲皇太子，邀仁願聯章，仁願正色拒之。後王孝傑爲吐剌軍總管，與吐蕃戰不利，仁願監其軍，因人言狀，孝傑坐免，擢仁願侍御史。萬歲通天中，監察御史孫承景監清邊軍，戰還，白圖先鋒當矢石狀。武后歎曰：『御史乃能如是乎！』擢爲右肅政臺中丞，詔仁願即敍其麾下功。仁願先問承景破敵曲折，承景實不行，所問皆窮。仁願劾奏承景罔上，虛列虜級。貶爲崇仁令，以仁願代爲中丞，檢校幽州都督。

※孫承景　右肅政臺御史中丞

《舊書》卷九三《張仁愿傳》：「萬歲通天二年，監察御史孫承景監清邊軍，戰還，畫戰圖以奏。每陣必畫承景躬當矢石、先鋒禦賊之狀，則天歎曰：「御史乃能盡誠如此。」擢拜右肅政臺中丞，……承景身實不行，……又虛增功狀。仁愿廷奏承景罔上之罪，於是左遷崇仁令。」又見《新書》卷一一一《張仁愿傳》。

※李延光　右肅政臺侍御史內供奉

《墓誌續編》開元〇二九《唐故中散大夫涪州刺史上柱國李府君墓誌銘並序》：「君諱延光，字珪，隴西成紀人也。……長壽三年，制授右肅政臺監察御史、員外置同正員。俄而即眞，尋遷右臺殿中侍御史，又爲本臺侍御史、內供奉。四遷憲闈，……聖曆歲，出爲鄭州中牟縣令。」

※宋璟　殿中侍御史

《全唐文》卷三四三顏眞卿《有唐開府儀同三司行尙書右丞相上柱國贈太尉廣平文貞公宋公神道碑銘》：「公諱璟，……長壽三年從調，判入高等，有司特聞，天后親問所欲……手詔拜監察御史裏行。尋丁齊國太夫人憂，服闋，……俄而即眞遷殿中侍御史。」宋璟長壽三年（694）任監察御史裏行，以唐人丁憂三年計，其任殿中侍御史應在本年。

※孫承景　監察御史

《舊書》卷九三《張仁愿傳》：「萬歲通天二年，監察御史孫承景監清邊軍，戰還，畫戰圖以奏。每陣必畫承景躬當矢石、先鋒禦賊之狀，則天歎曰：「御史乃能盡誠如此。」擢拜右肅政臺中丞，……承景身實不行，……又虛增功狀。仁愿廷奏承景罔上之罪，於是左遷崇仁令。」又見《新書》卷一一一《張仁愿傳》。

※張鷟　監察御史（神功元年）

《朝野僉載》卷二：「周長安年初，前遂州長江縣丞夏文榮，時人以爲判冥事。張鷟時爲御史，出爲處州司倉，替歸，往問焉。榮以杖畫地，作『柳』字，曰：『君當爲此州。』至後半年，除柳州司戶，後改德州平昌令。榮刻時日，晷漏無差。」

霍按：此爲張鷟自述經歷。劉眞倫《張鷟事跡繫年考》云：「上述夏文榮判冥一事，發生在長安初年（701）張鷟處州司倉任期屆滿受替回京時。既然是秩滿受替，則任職處州當有整四年，自長安元年上推，其始任處州，當在神功元年。此時上距證聖僅二年，正在監察御史任上。以京官外放，仍保留御史榮銜，唐代例有此制。所以當長安初受替回京時，仍可自稱『時爲御史』，此後貶官柳州，也被人稱作是『自御史貶官。』」

※李昭德　監察御史

《舊書》卷八七《李昭德傳》：「延載初，左遷欽州南賓尉，數日，又命免死配流。尋又召拜監察御史。時太僕少卿來俊臣與昭德素不協，乃誣構昭德有逆謀，因被下獄，與來俊臣同日而誅。是日大雨，士庶莫不痛昭德而慶俊臣也。」《通鑒》卷二〇六：「（萬歲通天二年六月），監察御史李昭德素惡俊臣，又償庭辱秋官侍郎皇甫文備，二人共誣昭德謀反，下獄。」

※王助　監察御史

《通鑒》卷二〇六：「萬歲通天二年正月，……箕州刺史劉思禮學相人於術士張憬藏，憬藏謂思禮當歷箕州，位至太師。思禮念太師人臣極貴，非佐命無以致之，乃與洛州錄事參軍綦連耀謀反，陰結朝士，……明堂尉河南吉頊聞其謀，以告合宮尉來俊臣，使上變告之。太后使河內王武懿宗推之。……於是思禮引鳳閣侍郎同平章事李元素，夏官侍郎同平章事孫元亨，知天官侍郎事石抱忠、劉奇，給事中周譒及王勃兄涇州刺史勔、弟監察御史助等，凡三十六家，……皆族誅之，親舊連坐流竄者千餘人。」「周明堂尉吉頊與監察御史王助同宿，王助以親故……」

周武則天聖曆元年（698）　戊戌

正月甲子朔，冬至，赦天下，改元。《通鑒》卷二〇六。

※吉頊　左肅政臺御史中丞

《通鑒》卷二〇六：「聖曆元年九月，……戊寅，以狄仁傑爲河北道行軍副元帥，右丞宋玄爽爲長史，右臺中丞崔獻爲司馬，左臺中丞吉頊爲監軍使。時太子不行，命仁傑知元帥事，太后親送之。」

※崔獻　右肅政臺御史中丞

《通鑑》卷二〇六：「聖曆元年九月，……戊寅，以狄仁傑爲河北道行軍副元帥，右丞宋玄爽爲長史，右臺中丞崔獻爲司馬，左臺中丞吉頊爲監軍使。時太子不行，命仁傑知元帥事，太后親送之。」

※解琬　侍御史

《舊書》卷一〇〇《解琬傳》：「聖曆初，遷侍御史，充使安撫烏質勒及十姓部落，咸得其便宜，蕃人大悅，以功擢拜御史中丞，兼北庭都護、持節西域安撫使。琬素與郭元振同官相善，遂爲宗楚客所毀，由是左遷滄州刺史。爲政務存大體，甚得人和。景龍中，遷右臺御史大夫，兼持節朔方行軍大總管。琬前後在軍二十餘載，務農習戰，多所利益，邊境安之。」《舊書》卷九七《郭元振傳》：「神龍中，……時西突厥首領烏質勒部落強盛，款塞通和，元振就其牙帳計會軍事。時天大雪，元振立於帳前，與烏質勒言議，須臾，雪深風凍，元振未嘗移足，烏質勒年老，不勝寒苦，會罷而死，其子娑葛以元振故殺其父，謀勒兵攻之。副使御史中丞解琬知其謀，勸元振夜遁。」

※魏元忠　侍御史

《舊書》卷九二本傳：「聖曆元年，召授侍御史，擢拜御史中丞。」

※陸餘慶　監察御史

《新書》卷一一六《陸餘慶傳》：「舉制策甲科，補蕭尉。累遷陽城尉。武后封嵩山，以辦具勞，擢監察御史。聖曆初，靈、勝二州党項誘北胡寇邊，詔餘慶招慰，喻以恩信，蕃酋率眾內附。遷殿中侍御史、鳳閣舍人。」《全唐詩》卷九六沈佺期《送陸侍御餘慶北使》：「古人貴將命，之子出軺軒。……安得回白日，留歡盡綠樽。」《廣記》卷三二八引《御史臺記》：「陸餘慶，吳郡人，進士擢第。累授長城尉，拜員外監察。久視中，遷鳳閣舍人，歷陝州刺史、洛州長史、大理寺少府監。」《全唐文》卷二一五陳子昂《昭夷子趙氏碣頌》：「昭夷子諱元亮，字貞固，汲人也。……蒼龍甲甲，在大梁遭命不造，發痰疾而卒，時四十九。……君故人雲居沙門釋法成嵩山道士司馬子微，終南山范陽盧藏用，御史中丞鉅鹿魏元忠，監察御史吳郡陸餘慶，秦州長史平昌孟詵……咸痛君中夭。」傅璇琮《唐五代文學編年史·初盛唐卷》考陸餘

慶本年任監察御史，今從之。

※裴懷古　監察御史

　　《通鑑》卷二〇六：「聖曆元年……八月，……監察御史裴懷古從閻知微入突厥，默啜欲官之，不受。囚，將殺之，逃歸；抵晉陽，形容羸瘁。突騎噪聚，以爲間諜，欲取其首以求功。有果毅嘗爲人所枉，懷古按直之，大呼曰：『裴御史也！』救之，得全。至都，引見，遷祠部員外郎。」

※桓彥范　監察御史

　　《舊書》卷九一本傳：「桓彥范，潤州曲阿人也。……聖曆初，累除司衛寺主簿。……尋擢授監察御史。……長安三年，歷遷御史中丞。」《通鑑》卷二〇七：「仁傑又嘗薦夏官侍郎姚元崇、監察御史曲阿桓彥範、太州刺史敬暉等數十人，率爲名臣。」《新書》卷一二〇《桓彥范傳》：「桓彥范字士則，潤州丹楊人。以門蔭調右翊衛，遷司衛主簿。狄仁傑曰：『君之才，當自光大，毋恤於初。』厚爲禮。尋擢監察御史，遷累中丞。長安中，爲司刑少卿。」《會要》卷七五「藻鑒」：「聖曆初，狄仁傑爲納言，頗以藻鑒自任，因舉桓彥范、敬暉、崔玄暐、張柬之、袁恕己等五人，後皆有大勳。」知狄仁傑擢桓彥范任監察御史在本年。

周武則天聖曆二年（699）　己亥

※楊再思　左肅政臺御史大夫

　　《新書》卷六一《宰相表上》：「聖曆二年八月庚子，再思罷爲左肅政臺御史大夫。」

※唐休璟　右肅政臺御史大夫（兼）

　　《舊書》卷九三《唐休璟傳》：「聖曆中，爲司衛卿，兼涼州都督、右肅政御史大夫。久視元年秋，吐蕃大將曲莽布支率騎數萬寇涼州，……休璟以數千人往擊之，……與賊六戰六克，大破之。……則天大加歎異，擢拜右武威、右金吾二衛大將軍。」《元龜》卷四二八：「唐休璟聖曆爲司衛卿兼涼州都督、右肅政御史大夫，持節隴右諸軍大使。久視元年秋，吐蕃大將曲莽布支率騎數萬寇涼州，……休璟以數千人往擊之。」

※魏元忠　左肅政臺御史中丞

《舊書》卷六《則天皇后武曌紀》：「（聖曆）二年春二月，……左肅政御史中丞魏元忠爲鳳閣侍郎，吉頊爲天官侍郎，並同鳳閣鸞臺平章事。」《新書》卷四《則天皇后武曌紀》：「聖曆二年臘月戊子，以左肅政臺御史中丞吉頊爲天官侍郎，檢校右肅政臺御史中丞魏元忠爲鳳閣侍郎，同鳳閣鸞臺平章事。」《通鑑》卷二〇六：「（聖曆）二年……臘月戊子，以左臺中丞吉頊爲天官侍郎，右臺中丞魏元忠爲鳳閣侍郎，並同平章事。」

※吉頊　左肅政臺御史中丞

《新書》卷六一《宰相表上》：「聖曆二年臘月戊子，檢校左肅政臺御史中丞吉頊爲天官侍郎，右臺魏元忠爲鳳閣侍郎，並同鳳閣鸞臺平章事。」又見《通鑑》卷二〇六「聖曆二年」。

※慕容知廉　侍御史（聖曆二年前）

《墓誌彙編》聖曆〇三二《大周故左肅政臺侍御史慕容府君墓誌銘並序》：「公諱知廉，字道眞，昌黎棘城人也。……文明元年，擢授殿中侍御史裏行，尋而即眞。……恩敕攝右肅政臺監察御史，奉詞五嶺之外，求瘼三溪之表。路次方城，遇疾而卒。春秋五十九，今聖曆二年八月九日遷窆於洛陽邙山原，禮也。」又《全文補遺》第六冊（第 68 頁）陳齊卿撰《大唐故朝散大夫上柱國行河內郡武德縣令慕容府君（相）兼夫人晉昌縣郡唐氏誌文並序》：「君諱相，其先河內人也。……父知廉，皇朝對策高第，累遷侍御史。」

※陸餘慶　殿中侍御史

《新書》卷一一六《陸餘慶傳》：「舉制策甲科，補蕭尉。……擢監察御史。聖曆初，靈、勝二州党項誘北胡寇邊，詔餘慶招慰，喻以恩信，蕃酋率眾內附。遷殿中侍御史、鳳閣舍人。」陸餘慶聖曆元年招慰靈、勝二州党項，以功遷殿中侍御史應在本年左右。

周武則天聖曆三年　久視元年（700）　庚子

五月癸丑，改元爲久視。《舊書》本紀。

十月甲寅，復舊正朔，改一月爲正月，仍以爲歲首。《舊書》本紀。

※楊再思　御史大夫

《舊書》卷一〇二《徐堅傳》：「聖曆中，車架在三陽宮，御史大夫楊再思、太子左庶子王方慶爲東都留守。」《舊書》卷六《則天皇后紀》載：「（聖曆）三年……臘月辛巳，封皇太子男重潤爲邵王。狄仁傑爲內史，戊寅，幸汝州之溫湯。甲戌，至自溫湯。造三陽宮於嵩山。」《舊書》本傳云「車架在三陽宮」，當在聖曆三年。

※魏元忠　左肅政臺御史大夫（聖曆三年，久視元年）

《舊書》卷六《則天皇后武曌紀》：「（聖曆）三年……六月，魏元忠爲左肅政御史大夫，仍舊知政事。《新書》卷六一《宰相表上》：「久視元年六月丁亥，元忠爲左肅政臺御史大夫。」《新書》卷一二二《魏元忠傳》：「聖曆二年，爲鳳閣侍郎、同鳳閣鸞臺平章事，俄檢校并州長史、天兵軍大總管，以備突闕，遷左肅政臺御史大夫。」

※唐休璟　右肅政臺御史大夫（兼，久視元年）

《舊書》卷九三《唐休璟傳》：「聖曆中，爲司衛卿，兼涼州都督、右肅政御史大夫。久視元年秋，吐蕃大將曲莽布支率騎數萬寇涼州，……休璟以數千人往擊之，……與賊六戰六克，大破之。……則天大加歎異，擢拜右武威、右金吾二衛大將軍。」《元龜》卷四二八：「唐休璟聖曆爲司衛卿兼涼州都督、右肅政御史大夫，持節隴右諸軍大使。久視元年秋，吐蕃大將曲莽布支率騎數萬寇涼州，……休璟以數千人往擊之。」《通鑑》卷二〇七：「久視元年……秋，……丁酉，吐蕃將麴莽布支寇涼州，圍昌松，隴右諸軍大使唐休璟與戰於港源谷。……六戰皆捷，吐蕃大奔，斬首二千五百級，獲二裨將而還。」

※封思業　殿中侍御史

《通鑑》卷二〇七「久視元年」：「阿悉吉薄露叛，遣左金吾將軍田揚名、殿中侍御史封思業討之。軍至碎葉，薄露夜於城傍剽掠而去，思業將騎追之，反爲所敗。揚名引西突厥斛瑟羅之眾攻其城，旬餘，不克。九月，薄露詐降，思業誘而斬之，遂俘其眾。」

※趙思廉　監察御史

　　《墓誌彙編》天寶〇六九《大唐故監察御史荊州大都督府法曹曹軍趙府君墓誌銘並序》：「公諱思廉，字思廉，天水人。……弱冠明經登甲科，解褐鄭之滎陽主簿，換益之雙流稍河南府登封尉。……天子聞而疇咨曰：『爵以馭賢，不可改已。』拜監察御史。……推事忤旨，左授荊府法曹。……大足元年八月十二日寢疾，終於南陽之旅舍，春秋六十有六。」

周武則天久視二年　大足元年　長安元年（701）　辛丑

　　正月，改元。《舊書》本紀。
　　十月辛酉，改元爲長安。《舊書》本紀，《新書》本紀。

※魏元忠　左肅政臺御史大夫（大足元年）

　　《舊書》卷六《則天皇后武曌紀》：「大足元年……夏五月，幸三陽宮。命左肅政御史大夫魏元忠爲總管以備突厥。天官侍郎顧琮同鳳閣鸞臺平章事。」

※王無兢　左臺殿中侍御史

　　《會要》卷六二《御史臺下》：「大足元年，王無兢爲殿中侍御史，正班於閤門外，宰相團立於班北。無兢前曰：『去上不遠，公雖大臣，自須肅敬。』以笏揮之，請肅班。」

※王求禮　左臺殿中侍御史

　　《舊書》卷一八七《忠義傳上・王求禮傳》：「求禮累遷左臺殿中侍御史。」《通鑒》卷二〇七：「大足元年……三月，是月，大雪，蘇味道以爲瑞，帥百官入賀。殿中侍御史王求禮止之曰：『三月雪爲瑞雪，臘月雷爲瑞雷乎？』味道不從。既入，求禮獨不賀，進言曰：『今陽和布氣，草木發榮，而寒雪爲災，豈得誣以爲瑞！賀者皆諂諛之士也。』太后爲之罷朝。」

※張廷珪　監察御史

　　《舊書》卷一九〇《文苑傳・李邕傳》：「長安初，內史李嶠及監察御史張廷珪，並薦邕詞高行直，堪爲諫諍之官，由是詔拜左拾遺。」《舊書》卷一

○一本傳：「張廷珪，……少以文學知名，性慷慨，有志尚。弱冠應制舉。長安中，累遷監察御史。」

周武則天長安二年（702）　壬寅

※薛季昶　右肅政臺御史大夫（攝）

《通鑑》卷二〇七：「長安二年……三月，庚寅，突厥破石嶺，寇并州。以雍州長史薛季昶攝右臺大夫，充山東防禦軍大使，滄、瀛、幽、易、恒、定等州諸軍皆受季昶節度。」《舊書》卷一八五《良吏傳上・薛季昶傳》：「久視元年，季昶自定州刺史入爲雍州長史。」

※魏元忠　左肅政臺御史大夫

《新書》卷六一《宰相表上》：「長安二年五月，元忠爲安北道行軍副元帥，尋授并州道行軍大總管兼宣勞使、左肅政臺御史大夫、同鳳閣鸞臺三品，兼知并州事。」

※宋璟　左肅政臺御史中丞

《舊書》卷七八《張行成傳・族孫易之、昌宗附傳》：「長安二年，易之贓賂事發，爲御史臺所劾下獄，……及則天臥疾長生院，宰臣希得進見，唯易之兄弟侍側，恐禍變及己，乃引用朋黨，陰爲之備。人有牓其事於路，左臺御史中丞宋璟請按之。」《舊書》卷九六本傳：「長安中，……璟尋遷左御史臺中丞。……無幾，歷魏兗冀三州刺史、河北按察使。遷幽州都督、兼御史大夫。尋拜國子祭酒，兼東都留守。歲餘，轉京兆尹，復拜御史大夫。」

※張循憲　侍御史

《通鑑》卷二〇七：「長安二年……十二月，……侍御史張循憲爲河東採訪使。」

※張嘉貞　監察御史

《通鑑》卷二〇七：「長安二年……十二月，……侍御史張循憲爲河東採訪使，有疑事不能決，病之。……吏言前平鄉尉猗氏張嘉貞有異才，循憲召

見，詢以事；嘉貞爲條析理分，莫不洗然。……循憲還，見太后，太后善其奏，循憲具言嘉貞所爲，且請以己之官授之。太后……因召嘉貞，入見內殿，與語，大悅，即拜監察御史。」

※魏靖　監察御史

《舊書》卷五○《刑法志》：「及俊臣、弘義等伏誅，刑獄稍息。前後宰相王及善、姚元崇、朱敬則等，皆言垂拱已來身死破家者，皆是枉濫。則天頗亦覺悟，於是監察御史魏靖上言曰……」《通鑒》卷二○七：「長安二年……十一月，辛未，監察御史魏靖上疏，以爲『陛下既知來俊臣之姦，處以極法，乞詳覆俊臣等所推十獄，伸其枉濫。』太后乃命監察御史蘇頲按覆俊臣等舊獄，由是雪免者甚眾。」《墓誌彙編》開元二四一《大唐故右金吾將軍魏公墓誌銘並序》：「公諱靖，字昭緒，鉅鹿曲陽人。……弱冠應制舉，授成武尉，轉鄭縣尉，大理評事、監察御史、殿中侍御史，……以開元十四年八月廿四日遇疾，終於邠州□定驛。」

※蘇頲　左肅政臺監察御史

《舊書》卷八八《蘇瓌傳·子頲附傳》：「瓌子頲，少有俊才，一覽千言。弱冠舉進士，……累遷左臺監察御史。長安中，詔頲按覆來俊臣等舊獄，頲皆申明其枉，由此雪冤者甚眾。神龍中，累遷給事中，加修文館學士，俄拜中書舍人。」《通鑒》卷二○七：「長安二年……十一月，辛未，監察御史魏靖上疏，以爲『陛下既知來俊臣之姦，處以極法，乞詳覆俊臣等所推十獄，伸其枉濫。』太后乃命監察御史蘇頲按覆俊臣等舊獄，由是雪免者甚眾。」《新書》卷一二五《蘇頲傳》：「頲字廷碩，弱敏悟，一覽至千言，輒覆誦。第進士，調烏程尉。武后封嵩高，舉賢良方正異等，除左司禦率府胄曹參軍。……再遷監察御史。長安中，詔覆來俊臣等冤獄，頲驗發其誣，多從洗宥。遷給事中、修文館學士，拜中書舍人。時瓌同中書門下三品，父子同在禁筅，朝廷榮之。」

王丘　監察御史

《題名考》卷二「碑陰題名」載王丘資料如下：「【監察御史並□□□並是立碑於至今，武后中至玄宗末】王丘，見郎官封中。《舊傳》：『長安中，自偃師主簿擢第，拜監察御史。』《新傳》同。」

霍按：《舊書》卷一〇〇本傳：「王丘，光祿卿王同皎從兄子也，父同晊，任左庶子。丘年十一，童子舉擢第，時類皆以誦經爲課，丘獨以屬文見擢，由是知名。弱冠，又應制舉，拜奉禮郎。丘神氣清古，而志行修潔，尤善詞賦，……長安中，自偃師主簿擢第，拜監察御史。」《新書》卷一二九《王丘傳》：「王丘字仲山，……丘十一擢童子科，它童皆專經，而獨屬文，繇是知名。及冠，舉制科中第，授奉禮郎。氣象清古，行修絜，於詞賦尤高。族人方慶及魏元忠更薦之，自偃師主簿擢監察御史。」兩《唐書》皆曰「長安中」，姑繫於此。

盧懷愼　監察御史

《舊書》卷九八本傳：「盧懷愼，滑州靈昌人。……少清謹，舉進士，歷監察御史、吏部員外郎。景龍中，遷右御史臺中丞。」《新書》略同。《舊書·盧齊卿傳》：「長安初，則天令雍州長史薛季旭擇僚吏堪爲御史者，季旭以問錄事參軍盧齊卿，薦長安尉盧懷愼。」《會要》卷六〇：「長安二年，則天令雍州長史薛季昶擇僚吏堪爲御史者，季昶以問錄事參軍盧齊卿，舉長安縣尉盧懷愼、季休光、萬年縣尉李乂、崔湜、咸陽縣尉倪若水、鰲厔縣尉田崇璧、新豐縣尉崔日用，後皆至大官。」

季休光　監察御史

《會要》卷六〇：「長安二年，則天令雍州長史薛季昶擇僚吏堪爲御史者，季昶以問錄事參軍盧齊卿，舉長安縣尉盧懷愼、季休光、萬年縣尉李乂、崔湜、咸陽縣尉倪若水、鰲厔縣尉田崇璧、新豐縣尉崔日用，後皆至大官。」

李乂　監察御史

《會要》卷六〇：「長安二年，則天令雍州長史薛季昶擇僚吏堪爲御史者，季昶以問錄事參軍盧齊卿，舉長安縣尉盧懷愼、季休光、萬年縣尉李乂、崔湜、咸陽縣尉倪若水、鰲厔縣尉田崇璧、新豐縣尉崔日用，後皆至大官。」又見《新書》卷一一九《李乂傳》。

崔湜　殿中侍御史

《舊書》卷七四本傳：「湜少以文辭知名，舉進士，累轉左補闕，……遷殿中侍御史。」《會要》卷六〇：「長安二年，則天令雍州長史薛季昶擇僚吏

堪爲御史者，季昶以問錄事參軍盧齊卿，舉長安縣尉盧懷愼、季休光、萬年縣尉李乂、崔湜、咸陽縣尉倪若水、鰲座縣尉田崇璧、新豐縣尉崔日用，後皆至大官。」《舊書・盧齊卿傳》記爲「長安初」，《新傳》同。《廣記》記三年。《舊書・盧齊卿傳》記爲「長安初」，《新傳》同。《廣記》記三年。

倪若水　監察御史

《會要》卷六○：「長安二年，則天令雍州長史薛季昶擇僚吏堪爲御史者，季昶以問錄事參軍盧齊卿，舉長安縣尉盧懷愼、季休光、萬年縣尉李乂、崔湜、咸陽縣尉倪若水、鰲座縣尉田崇璧、新豐縣尉崔日用，後皆至大官。」又見《新書》卷一二八《倪若水傳》。《舊書・盧齊卿傳》記爲「長安初」，《新傳》同。《廣記》記三年。

田崇璧　監察御史

《會要》卷六○：「長安二年，則天令雍州長史薛季昶擇僚吏堪爲御史者，季昶以問錄事參軍盧齊卿，舉長安縣尉盧懷愼、季休光、萬年縣尉李乂、崔湜、咸陽縣尉倪若水、鰲座縣尉田崇璧、新豐縣尉崔日用，後皆至大官。」《舊書・盧齊卿傳》記爲「長安初」，《新傳》同。《廣記》記三年。

崔日用　監察御史

《會要》卷六○：「長安二年，則天令雍州長史薛季昶擇僚吏堪爲御史者，季昶以問錄事參軍盧齊卿，舉長安縣尉盧懷愼、季休光、萬年縣尉李乂、崔湜、咸陽縣尉倪若水、鰲座縣尉田崇璧、新豐縣尉崔日用，後皆至大官。」《舊書・盧齊卿傳》記爲「長安初」，《新傳》同。《廣記》記三年。《全唐詩》卷六四吳少微《和崔侍御日用遊開化寺閣》：「左憲多才雄，故人尤鷙鶚。護贈單于使，休輶太原郭。」

陸象先（景初）　左肅政臺監察御史

《舊書》卷八八《陸元方傳・子象先附傳》：「象先，本名景初。……應制舉，拜揚州參軍。秩滿調選，時吉頊爲吏部侍郎，擢授洛陽尉，元方時亦爲吏部，固辭不敢當。……竟奏授之。遷左臺監察御史，轉殿中，歷授中書侍郎。景雲二年冬，同中書門下平章事，監修國史。」又見《題名考》「監察御史」及「殿中侍御史」條。

霍按：據《唐僕尚丞郎表》，吉頊、陸元方同爲吏部侍郎在聖曆二年（699），其年陸象先擢授洛陽尉，以唐縣尉秩滿三年計，其任監察御史約長安二年前後。

陸象先（景初）　殿中侍御史（長安二年後～景雲二年）

《舊書》卷八八《陸象先傳》：「象先，本名景初。……應制舉，拜揚州參軍。秩滿調選，……擢授洛陽尉。……遷左臺監察御史，轉殿中，歷授中書侍郎。景雲二年冬，同中書門下平章事，監修國史。」又見《題名考》「殿中侍御史」條。

霍按：陸象先約長安二年前後任左臺監察御史。又《舊書》卷八八《陸象先傳》「景雲二年冬，同中書門下平章事」，其任殿中侍御史應在此期間。

周武則天長安三年（703）　癸卯

※魏元忠　左肅政臺御史大夫

《舊書》卷六《則天皇后武曌紀》：「（長安）三年……秋九月，……御史大夫兼知政事、太子右庶子魏元忠爲張昌宗所譖，左授端州高要尉。」《舊書》卷七八《張行成傳·族孫易之、昌宗附傳》：「則天春秋高，政事多委易之兄弟。……又御史大夫魏元忠嘗奏二張之罪，易之懼不自安，乃誣奏元忠與司禮丞高戩云……」《舊書》卷九六《宋璟傳》：「……長安中，幸臣張易之誣構御史大夫魏元忠有不順之言，引鳳閣舍人張說令證之。」《舊書》卷九〇《朱敬則傳》：「長安三年，累遷正諫大夫，尋同鳳閣鸞臺平章事。時御史大夫魏元忠……爲張易之兄弟所誣構，」事又見《舊書·張說傳》。《會要》卷六四「史館雜錄下」條：「長安三年，張易之、昌宗欲作亂，將圖皇太子，遂譖御史大夫知政事魏元忠。」

※宋璟　左肅政臺御史中丞

據《舊書》卷七八、《舊書》卷九一記載，長安二年、四年，宋璟在左肅政臺御史中丞任，本年宋璟當任左肅政臺御史中丞。

※桓彥範　御史中丞

《舊書》卷九一本傳：「桓彥範，潤州曲阿人也。……聖曆初，累除司衛

寺主簿。……尋擢授監察御史。……長安三年，歷遷御史中丞。四年，轉司刑少卿。」《新書》卷一二〇《桓彥范傳》：「桓彥范字士則，潤州丹楊人。以門蔭調右翊衛，遷司衛主簿。狄仁傑曰：『君之才，當自光大，毋恤於初。』厚爲禮。尋擢監察御史，遷累中丞。長安中，爲司刑少卿。」

※張廷珪　殿中侍御史

《會要》卷六四「史館雜錄下」條：「長安三年，張易之、昌宗欲作亂，將圖皇太子，遂譖御史大夫知政事魏元忠，可用鳳閣舍人張說爲證，……賂以高官。……殿中侍御史張廷珪又謂曰：『朝聞道，夕死可矣。』」《通鑑》卷二〇七：「長安三年……九月，初，左臺大夫、同鳳閣鸞臺三品魏元忠爲洛州長史，洛陽令張昌儀恃諸兄之勢，每牙，直上長史聽事；元忠到官，叱下之。張易之奴暴亂都市，元忠杖殺之。……由是諸張深怨之。……太后召說。說將入，鳳閣舍人南和宋璟謂說曰：『名義至重，鬼神難欺，不可黨邪陷正以求苟免。若獲罪流竄，其榮多矣。若事有不測，璟當叩閣力爭，與子同死。努力爲之，萬代瞻仰，在此舉也！』殿中侍御史濟源張廷珪曰：『朝聞道，夕死可矣！』左史劉知幾曰：『無污青史，爲子孫累！』」

※王晙　殿中侍御史

《舊書》卷九三本傳：「王晙，滄州景城人，……晙弱冠明經擢第，歷遷殿中侍御史，……開元（三年）尋遷御史大夫。……九年，……仍兼御史大夫。」《舊書》卷八九《王方慶傳》：「少子晙，工書知名，尤善琴棋，而性多嚴整，官至殿中侍御史。」《新書》卷一二二《韋抗傳》：「開元三年，（韋抗）自太子左庶子爲益州大都督府長史，授黃門侍郎。河曲胡康待賓叛，詔持節慰撫。抗於武略非所長，稱疾逗留，不及賊而返。俄代王晙爲御史大夫，兼按察京畿。」《通鑑》卷二〇七「長安三年……十月，殿中侍御史景城王晙復奏申理元忠，宋璟謂之曰：『魏公幸已得全，今子復冒威怒，得無狼狽乎！』晙曰：『魏公以忠獲罪，晙爲義所激，顛沛無恨。』璟歎曰：『璟不能申魏公之枉，深負朝廷矣！』」

崔液　殿中侍御史

《舊書》卷七四《崔仁師傳·附孫湜弟液傳》：「液尤工五言之作，湜常歎伏之曰：「海子，我家之龜也。」海子即液小名，官至殿中侍御史。」《大

唐新語》卷八：「神龍之際，京城正月望日，盛飾燈彩之會，文士皆賦詩一章，以紀其事，作者數百人，惟中書侍郎蘇味道、吏部員外郎郭利貞、殿中侍御史崔液三人爲絕唱。」《全唐詩》卷六五有蘇味道《正月十五夜》詩，卷五四有崔液《上元夜六首》，卷一〇一有郭利貞《上元》詩。又見《題名考》「監察御史並□□□」。

霍按：《新書·宰相表》：「長安四年，己亥，貶蘇味道坊州刺史。」神龍年間蘇在貶所，不在長安，又則天於長安三年在長安，故崔液任殿中侍御史當在長安三年。

周武則天長安四年（704） 甲辰

※楊再思 左肅政臺御史大夫

《新書》卷四《則天皇后紀》：「長安四年……七月丙戌，左肅政臺御史大夫楊再思守內史。」《新書》卷六一《宰相表上》：「長安四年七月丙戌，左肅政臺御史大夫楊再思守內史。」《通鑑》卷二〇七「長安四年……太后嘗與宰相議及刺史、縣令。三月，己丑，李嶠、唐休璟等奏：『竊見朝廷物議，遠近人情，莫不重內官，輕外職，每除授牧伯，皆再三披訴。比來所遣外任，多是貶累之人；風俗不澄，實由於此。望於臺、閣、寺、監妙簡賢良，分典大州，共康庶績。臣等請輟近侍，率先具僚。』太后命書名探之，得韋嗣立及御史大夫楊再思等二十人。」

※姚元之 右肅政臺御史大夫（攝）

《新書》卷六一《宰相表上》：「長安四年九月壬子，元之知群牧使，兼攝右肅政臺御史大夫、靈武道行軍大總管。」《通鑑》卷二〇七：「長安四年……九月壬子，以姚元之充靈武道行軍大總管。」

※蘇珦 左肅政臺御史大夫

《舊書》卷一〇〇《蘇珦傳》：「蘇珦，雍州藍田人。明經舉，累授撝縣尉。……垂拱初，拜右臺監察御史。……珦尋遷給事中，累授左肅政臺御史大夫。……神龍初，武三思擅權，韋月將告三思將由逆謀，返爲三思所構，中宗令斬之。珦奏非時不可行刑，由是忤三思旨，轉爲右御史大夫。」

霍按：神龍（705年）年間改左、右肅政臺爲左、右御史臺。《舊書》本

傳云「累授左肅政臺御史大夫」，至遲應在神龍元年之前，故繫於本年。

※李承嘉　御史大夫

《通鑑》卷二○七：「長安四年……秋，七月……乙未，司禮少卿張同休、汴州刺史張昌期、尚方少監張昌儀皆坐贓下獄，命左右臺共鞫之；丙申，敕，張易之、張昌宗作威作福，亦命同鞫。……乙巳，御史大夫李承嘉、中丞桓彥範奏：『張同休兄弟贓共四千餘緡，張昌宗法應免官。』」《新書》卷三四《五行一》：「神龍中，有群狐入御史大夫李承嘉第，其堂無故壞；又秉筆而管直裂，易之又裂。」

※崔神慶　御史大夫

《墓誌彙編》天寶一五二《唐故李公崔夫人墓誌》：「夫人清河崔氏，御史大夫神慶之孫，光祿卿瑤之第二女也。……以大唐天寶八載十二月一日遷祔於棣王府君之舊塋。」《舊書》卷七七《崔神慶傳》：「尋令神慶與詹事祝欽明更日於東宮侍讀。俄歷司刑、司禮二卿。神慶嘗受詔推張昌宗，而竟寬其罪。神龍初，昌宗等伏誅，神慶坐流于欽州。尋卒，年七十餘。」《元龜》卷八六六：「崔義玄爲御史大夫、蒲州刺史。子神基爲司賓卿、同鳳閣鸞臺平章事。神基弟神慶歷司刑、司禮二卿。神慶子琳等皆至大官。琳與弟太子詹珪、光祿卿瑤俱列棨戟，時號『三戟崔家』。」兩《唐書》不載崔神慶任御史大夫，其任御史大夫約在此時，暫繫於此。

※桓彥範　左肅政臺御史中丞

《通鑑》卷二○七：「長安四年……秋，七月……乙未，司禮少卿張同休、汴州刺史張昌期、尚方少監張昌儀皆坐贓下獄，命左右臺共鞫之；丙申，敕，張易之、張昌宗作威作福，亦命同鞫。……乙巳，御史大夫李承嘉、中丞桓彥範奏：『張同休兄弟贓共四千餘緡，張昌宗法應免官。』」又《通鑑》卷二○七：「長安四年……十二月，……左臺中丞桓彥範、右臺中丞東光袁恕己共薦詹事司直陽嶠爲御史。」

※袁恕己　右肅政臺御史中丞

《通鑑》卷二○七：「長安四年……十二月，……左臺中丞桓彥範、右臺中丞東光袁恕己共薦詹事司直陽嶠爲御史。」

※宋璟　左肅政臺御史中丞

《舊書》卷九一《桓彥範傳》：「長安……四年，時司僕卿張昌宗坐遣術人李弘泰占己有天分，御史中丞宋璟請收付制獄，窮理其罪，則天下許。彥範上疏曰……」《新書》卷一二四《宋璟傳》：「宋璟，邢州南和人。……璟耿介有大節，好學，工文辭、舉進士中第。調上黨尉，爲監察御史，遷鳳閣舍人。居官鯁正，武后高其才。……璟後遷左臺御史中丞，會飛書告張昌宗引相工觀吉凶者，璟請窮治，后曰：『易之等已自言於朕。』璟曰：『謀反無容以首原，請下吏明國法。易之等貴寵，臣言之且有禍，然激於義，雖死不悔。』后不懌。」《通鑑》卷二〇七：「長安四年……十二月……辛未，許州人楊元嗣，告『昌宗嘗召術士李弘泰占相，弘泰言昌宗有天子相，勸於定州造佛寺，則天下歸心。』太后命韋承慶及司刑卿崔神慶、御史中丞宋璟鞫之。」《會要》卷六一「彈劾」條記載宋璟劾奏張昌宗事在大足元年。

※陽嶠　右肅政臺侍御史

《通鑑》卷二〇七：「長安四年……十二月，……左臺中丞桓彥範、右臺中丞東光袁恕己共薦詹事司直陽嶠爲御史。楊再思曰：「嶠不樂搏擊之任如何？」彥範曰：「爲官擇人，豈必待其所欲！所不欲者，尤須與之，所以長難進之風，抑躁求之路。」乃擢爲右臺侍御史。嶠，休之之玄孫也。」《舊書》卷一八五《良吏傳下‧陽嶠傳》：「長安中，桓彥範爲左御史中丞，袁恕己爲右御史中丞，爭薦嶠，請引爲御史。……再思然其言，擢爲右臺侍御史。」《新書》卷一三〇《陽嶠傳》略同。

鄭愔　殿中侍御史

《通鑑》卷二〇八：「神龍元年……五月，先是，殿中侍御史南皮鄭愔諂事二張，二張敗，貶宣州司士參軍，坐贓，亡入東都，私謁武三思。……三思大悅，與之登樓，問自安之策，引爲中書舍人，與崔湜皆爲三思謀主。」又見《題名考》卷一「侍御史並內供奉」條。

　　霍按：張柬之誅二張在神龍元年正月，殿中侍御史鄭愔諂事二張至遲應在神龍元年之前，故繫於此。

※魏靖　殿中侍御史

《墓誌彙編》開元二四一《大唐故右金吾將軍魏公墓誌銘並序》：「公諱

靖，字昭緒，鉅鹿曲陽人。……弱冠應制舉，授成武尉，轉鄭縣尉，大理評事、監察御史、殿中侍御史，……以開元十四年八月廿四日遇疾，終於邠州□定驛。」據《通鑑》卷二〇七，長安二年魏靖爲監察御史，依唐監察御史任職二十五個月計，其任殿中侍御史約在本年前後。

※馬懷素　監察御史

《通鑑》卷二〇七「長安四年，夏官侍郎、同鳳閣鸞臺三品李迥秀頗受賄賂，監察御史馬懷素劾奏之，二月癸亥，迥秀貶廬州刺史。」又見《新書》卷一九九《儒學中》：「馬懷素字惟白，潤州丹徒人。客江都，師事李善，貧無資，晝樵，夜輒然以讀書，遂博通經史。擢進士第，又中文學優贍科，補郿尉。積勞，遷左臺監察御史。」又見《墓誌彙編》開元〇七四《故銀青光祿大夫秘書監兼昭文館學士侍讀上柱國常山縣開國公贈潤州刺史馬公墓誌銘並序》：「公諱懷素，字貞規，……元帝渡江，家南徐州丹徒，故今爲郡人也。……尋改左臺監察御史，歷殿中，彈糾不避強禦。……以開元六年七月廿七日終於河南之毓財里第。」

※蕭至忠　監察御史

《通鑑》卷二〇七：「長安四年……三月，鳳閣侍郎、同鳳閣鸞臺三品蘇味道謁歸葬其父，制州縣供葬事。味道因之侵毀鄉人墓田，役使過度。監察御史蕭至忠劾奏之，左遷坊州刺史。」《通典》卷六一《御史臺中》「彈劾」條：「長安四年三月，監察御史蕭至忠，彈劾鳳閣侍郎、同鳳閣鸞臺三品蘇味道贓污，貶官。御史大夫李承嘉嘗召諸御史，責之曰：『近日彈事，不咨大夫，禮乎？』眾不敢對。至忠進曰：『故事，臺中無長官，御史，人君耳目，比肩事主，得各自彈事，不相關白。若先白大夫，而許彈則可，如不許彈，則如之何？大夫不知曰（當爲『白』字之誤）誰也。』承嘉默然，而憚其剛正。」《新書》卷一二三《蕭至忠傳》：「至忠爲御史，而李承嘉爲大夫，嘗讓諸御史曰：『彈事有不咨大夫，可乎？』眾不敢對，至忠獨曰：『故事，臺無長官。御史，天子耳目也，其所請奏當專達，若大夫許而後論，即劾大夫者，又誰白哉？』承嘉慚。……百僚震悚。」

※張廷珪　監察御史

《通鑑》卷二〇七：「長安四年……夏，四月，……太后復稅天下僧尼，

作大象於白司馬阪。……監察御史張廷珪上疏諫曰：『臣以時政論之，則宜先邊境，蓄府庫，養人力；以釋教論之，則宜救苦厄，滅諸相，崇無爲。伏願陛下察臣之愚，行佛之意，務以理爲上，不以人廢言。』太后爲之罷役，仍召見廷珪，深賞慰之。」

武則天嗣聖元年至則天長安四年待考証御史：

※李昭德　御史中丞（永昌前）

《新書》卷一一七《李昭德傳》：「昭德強幹有父風，擢明經，累官御史中丞。永昌初，坐事貶振州陵水尉。……如意元年，拜鳳閣侍郎同鳳閣鸞臺平章事。」

霍按：兩《唐書》本傳載李昭德事跡略同，唯《舊書》不載其任御史中丞事，以《新書》更爲詳贍。昭德永昌初由御史中丞貶振州陵水尉，其任中丞必在永昌前，具體任職年份待考。

格輔元　殿中侍御史　御史中丞（天授二年以前）

《新書》卷一〇二本傳：「輔元者，汴州濬儀人。……擢明經，累遷殿中侍御史，歷御史中丞，同鳳閣鸞臺平章事。」《舊書》卷七〇本傳：「格輔元者，汴州濬儀人也。……歷遷御史大夫、地官尚書、同鳳閣鸞臺平章事。」

※張蕡　監察御史裏行　左肅政臺監察御史

《唐代墓誌彙編》垂拱〇五六《大唐故左□□□監察御史張府君墓誌銘並序》：「君諱蕡，字□□，清河人也。……君資和毓德，踐粹含英，幼而清警，長而明濬。……早預國子生，應詔自舉，詔□詳問焉。封奏者千有餘人，君蔚爲舉首。爰降明詔曰：『少年聰穎，機神博達，對□策問，詞義可稱。可待詔弘文館，準學士例，供食隨仗，入內供奉。』時年十九。……尋授易州永樂縣主簿，又徙授宋州寧陵、揚州江都、魏州貴鄉三縣尉。……遷司刑評事，尋於御史裏行，俄授朝散郎行左監察御史。烏署申規，衣冠效職，權豪以之斂跡，臺閣於是生風。霜簡含清，冰壺起照，尊賢容眾，糾謬在乎無私；弘量虛懷，徇法歸乎靡忒。……以垂拱四年七月四日終於思恭里之私第春秋五十有三。」

※解琬　監察御史

《全唐文》卷九六《褒監察御史解琬敕》：「解琬孝性淳厚，言詞哀切。固辭強奪之榮，乞就終憂之典。足以激揚風俗，敦獎名教，宜遂雅懷，仍其祈請。仍俟服闋後赴上。」《新書》卷一三〇《解琬傳》：「解琬，魏州元城人。舉幽素科，中之，調新政尉。後自成都丞奏事稱旨，除監察御史，……遷侍御史，安撫烏質勒及十姓部落，以功擢御史中丞，兼北庭都護、西域安撫使。琬與郭元振善，宗楚客惡之，左授滄州刺史。爲政引大體，部人順附。景龍中，遷御史大夫，兼朔方行軍大總管。前後乘邊積二十年，大抵務農習戰，多爲長利，華虜安之。」

※王求禮　監察御史（大足元年前）

《舊書》卷一〇一本傳：「王求禮，許州長社人。則天朝爲左拾遺，遷監察御史。性忠謇敢言，每上封彈事，無所畏避。」《新書》卷一一二：「王求禮，許州長社人，武后時，爲左拾遺、監察御史。」《舊書》卷一八七《忠義傳上・王求禮傳》：「求禮累遷左臺殿中侍御史。」

霍按：王求禮任殿中侍御史在大足元年，其任監察御史當在大足元年之前，待考。

※裴大猷　侍御史

《考古與文物》2007年第 4 期載《唐故隴州汧陽縣令河東裴府君墓誌銘並序》：「君諱聞一，河東人也。……曾祖兢，西魏右光祿大夫、冠軍北地太守驃騎將軍、黃門侍郎、遂寧縣開國公；祖操之，隨司隸臺刺史、吏部尚書，皆儉德爲輔，正身三朝。父大猷，皇侍御史，　貞風自天，素質惟古。君即侍御史之第六子也。……以大足元年十月九日遘疾終於汧陽縣之官舍，春秋七十二。」

霍按：檢《新唐書》卷七一上《宰相世系表一上》裴氏西眷洗馬房，有前秦大鴻臚裴憕第三子後魏中書博士裴天壽，天壽子智深，智深第三子英，英第三子兢，兢子操之，操之第二子監察御史大猷。裴大猷任監察御史當在大足元年之前，待考。

※陸元方　監察御史（天授元年前）

《舊書》卷八八本傳：「陸元方，蘇州吳縣人。……累轉監察御史。則天

革命，使元方安輯嶺外，……使還稱旨，除殿中侍御史。」

　　霍按：天授元年，則天革命，陸元方除殿中侍御史，其任監察御史在此前，待考。

陸景倩　監察御史（武后時期）

　　《舊書》卷八八《陸元方傳·子象先附傳》：「象先弟景倩，歷監察御史。」

　　霍按：具體任職年份待考。

陸景獻　殿中侍御史（武后時期）

　　《舊書》卷八八《陸元方傳·子象先附傳》：「象先弟……景獻，歷殿中侍御史、屯田員外郎。」《新表》：「陸氏太尉枝、武后相元方子、工部尚書景融弟景獻，屯田郎中。」又見《題名考》「殿中侍御史」條。

　　霍按：具體任職年份待考。

※張敬之　侍御史（武后時期）

　　《墓誌彙編》天寶二一五《大唐清河張府君墓誌之銘並序》：「考敬之，侍御史、司勳郎中、乾封縣令、漢州刺史、太府卿、禮部侍郎。公即侍郎之元子也。」神龍二年十一月十一日卒，享年三十六，天寶十二載與夫人同葬。《唐僕尚丞郎表》卷一六《禮侍》：「張敬之，武后末葉或稍後，曾官春侍。」據此，其任侍御史應在武后時期。

※邢禮安　監察御史（武后時）

　　《墓誌彙編》開元五三五《大唐故相州林慮縣尉邢公墓誌文並序》：「君諱超，河間束城人也。……祖禮安，故監察御史。以開元二十九年九月十八日遇疾，終於崇政坊……」

　　霍按：邢超爲開元末人，其祖邢禮安約爲武后時人，暫繫於此，待考。

※張眘知　殿中侍御史（武后時）

　　《墓誌彙編》天寶〇八一《大唐故廣陵郡海陵縣丞張府君墓誌銘並序》（天水趙推撰）：「府君諱俊，字文相，其先常山人。……父眘知，皇起家殿中侍御史、兵部郎中。……時御史李遇廉問淮南，聞而多之。以天寶三載十月十三日遘疾，終於陳留郡之客舍。」

※李瑟　右御史臺殿中侍御史、侍御史（光宅～神龍前）

　　吳鋼主編《全文補編》第二集《大唐故使持節亳州諸軍事亳州刺史李府君（瑟）墓誌銘並序》（神龍二年正月二十一日）：「公諱瑟，字納言，弱冠明經及第，調補梓州飛烏尉，歷揚州江都尉，華州華陰丞，洛州河南尉，雍州乾封主簿。……丁內憂，……服闋，舉清白尤異，對策升科，授洛陽丞，初右御史臺殿中侍御史，……轉本臺侍御史。……以中表之累，出爲洪州府長史……累遷泗州刺史，歲餘除揚州大都督府司馬，又遷貝州刺史、亳州刺史……粵神龍元年，國朝中興之始，公自亳還都。」參見《墓誌彙編》神龍〇二一。《墓誌續編》開元〇九九《大唐故中散大夫守少府鹽上柱國趙郡李府君墓誌銘並序》（戶部侍郎席豫撰）：「君諱述，字處直，趙郡元氏人。……父瑟，侍御史、駕部員外郎、度支郎中，泗、貝、亳三州刺史。……君即亳州府君之第三子也，……以開元十年二月十日遘疾，終於東都陶化里之私第。」

唐中宗神龍元年至睿宗延和元年

周武則天神龍元年　唐中宗神龍元年（705）　乙巳

　　正月壬午朔，改元。乙巳，太后傳位於皇太子。丙午，中宗即位。《通鑑》卷二〇七。

　　二月甲寅，復國號曰唐。《通鑑》卷二〇八。

　　神龍（705年）年間改左、右肅政臺爲左、右御史臺，延和年（712年）廢右御史臺，先天二年（712年）復置，同年十月又廢，此後至唐末均稱御史臺。

※蘇珦　左御史臺御史大夫

　　《新書》卷一二八《蘇珦傳》：「蘇珦……五遷右司郎中。御史王弘義附來俊臣爲酷，世畏疾，莫敢觸其鋒。會督伐材於號，笞督過程，人多死，珦按奏，弘義坐免。遷給事中，進左肅政臺御史大夫。後營大象白司馬阪，糜用億計，珦上疏切諫，見納。」《舊書》卷一〇〇《蘇珦傳》：「蘇珦，雍州藍田人。明經舉，累授挈縣尉。……垂拱初，拜右臺監察御史。……珦尋遷給事中，累授左肅政臺御史大夫。……神龍初，武三思擅權，韋月將告三思將由逆謀，返爲三思所構，中宗令斬之。珦奏非時不可行刑，由是忤三思旨，轉爲右御史大夫，尋出爲岐州刺史。」

　　霍按：《舊書》本傳云神龍初，蘇珦「忤三思旨，轉爲右御史大夫」，當是從左御史臺御史大夫轉來。蘇珦長安四年任左肅政臺御史大夫，本年，左、

右肅政臺改爲左、右御史臺，蘇珦例任左御史臺御史大夫，神龍二年，轉右御史臺御史大夫。

※張知泰　右御史臺御史大夫

《舊書》卷一八五《良吏傳下・張知泰傳》：「初，知謇爲房州……及神龍元年，中宗踐極，自貝州追知謇爲左衛將軍，加雲麾將軍，封范陽郡公。知泰自兵部侍郎授右御史大夫，加銀青光祿大夫，進封漁陽郡公。鬚髮華皓，同貴於朝，時望甚美之。」《新書》卷一○○《張知謇傳》：「張知謇字匪躬，幽州方城人，徙家岐。兄弟五人，知玄、知晦、知泰、知默皆明經高第，曉吏治，清介有守，公卿爭爲引重。調露時，知謇監察御史裏行，知默左臺侍御史。……知泰歷益州長史、中臺左丞、兵部侍郎，封陳留公。……帝復位，……知泰御史臺大夫，加銀青光祿大夫，封漁陽郡公。」《舊書》云張知謇與張知泰「同貴於朝」，可知神龍元年知泰自兵部侍郎授右御史大夫。

※李嗣眞　御史大夫（贈）

《舊書》卷一九一《方伎傳・李嗣眞傳》：「永昌中，拜右御史中丞，知大夫事。……神龍初，又贈御史大夫。」《全唐詩》卷六二杜審言《和李大夫嗣眞奉使存撫河東》：「秩比司空位，官臨御史員。雄詞執刀筆，直諫罷樓船。」

※蕭至忠　御史中丞

《舊書》卷九二本傳：「蕭至忠，……少仕爲畿尉，以清謹稱。……神龍初，武三思擅權，至忠附之，自吏部員外擢拜御史中丞。遷吏部侍郎，仍兼御史中丞。」《新書》卷一二三《蕭至忠傳》：「蕭至忠，沂州丞人。……至忠少與友期諸路，會雨雲，人引避，至忠曰：寧有與人期可以失信？卒友至乃去，眾歡服。仕爲伊闕、洛陽尉。遷監察御史，劾奏鳳閣侍郎蘇味道贓貪，超拜吏部員外郎。至忠長擊斷，譽聞當時。中宗神龍初，爲御史中丞。」《新書》本傳云蕭至忠因劾奏鳳閣侍郎蘇味道贓貪，超拜吏部員外郎，轉御史中丞。《通鑒》卷二○七載，長安四年……三月，監察御史蕭至忠劾奏鳳閣侍郎、同鳳閣鸞臺三品蘇味道。

※侯令德　左肅政臺中丞（神龍中）

《新書》卷一三○《李尚隱傳》：「李尚隱，其先出趙郡，徙貫萬年。年

二十，舉明經，再調下邽主簿，……神龍中，左臺中丞侯令德爲關內黜陟使，尚隱佐之，以最擢左臺監察御史。」

賈虛舟　侍御史（神龍中）

《題名考》卷一「碑陰題名」載賈虛舟資料如下：「【侍御史並內供奉武后至玄宗末】賈虛舟，《元和姓纂》三十五『馬』：『刑部郎中賈虛舟，魏郡人。』孫逖《東都留守韋公（虛心）神道碑》：『御史賈虛舟舉以勸中丞侯令德。』《文苑英華》九百十八。」

盧懷慎　左御史臺侍御史

《新書》卷一二六《盧懷慎傳》：「盧懷慎，滑州人，……及長，第進士，歷監察御史。神龍中，遷侍御史。中宗謁武后上陽宮，后詔帝十日一朝。懷慎諫曰……」《會要》卷二四「受朝賀」：「神龍元年二月，朝則天皇帝於上陽宮，因敕每十日一朝，左臺侍御史盧懷慎上表曰……」又見《郎考》「吏部郎中」條，《題名考》卷一「碑陰題名」盧懷慎。

張行岌　侍御史

《題名考》卷一「碑陰題名」載張行岌資料如下：「【侍御史兼內供奉武后至玄宗末】張行岌，《大唐新語》四：「則天朝，或告崔宣謀反，付御史張行岌按之，略無狀。」《舊書》卷一九九《北狄傳‧渤海靺鞨傳》：「中宗即位，遣侍御史張行岌往招慰之。」又見《廣記》卷四九四。」

霍按：中宗即位在神龍元年。

※周利貞　侍御史

《舊書》卷一八六下《酷吏下》：「周利貞，神龍初爲侍御史。」

※王覿　侍御史

《會要》卷一三：「神龍元年十一月六日，（中宗）親饗太廟，相王與左御林軍李多祚參乘，侍御史王覿上疏諫曰：『多祚夷人，有功於國，適可加之寵爵，豈宜逼奉至尊……』」《舊書》卷一〇九《李多祚傳》：「其年，將有事於太廟，特令多祚與安國相王登輦夾侍。監察御史王覿上疏諫曰……」《會要》云王覿爲侍御史，《舊書》謂王覿爲監察御史，不知孰是，暫繫於此，待考。

※唐紹　右臺侍御史

《舊書》卷二一《志第一・禮儀一》：「神龍元年……十一月十三日乙丑，……時右臺侍御史唐紹奏曰：『禮所以冬至祀圓丘於南郊，夏至祭方澤於北郊者，以其日行躔次，極於南北之際也。……今欲避環周以取甲子，是背大吉而就小吉也。』」《舊書》卷八五《唐臨傳・孫紹附傳》：「……紹尋遷左臺侍御史，兼太常博士。」

韋虛心　侍御史　神龍元年（705）～二年（706）

《舊書》卷一〇一《韋湊傳・從子虛心附傳》：「……虛心舉孝廉，爲官嚴整，累至大理丞、侍御史。神龍年，推按大獄，時僕射竇懷貞、侍中劉幽求意欲寬假，虛心堅執法令，有不可奪之志。」又見《題名考》卷一「碑陰題名」韋虛心。

崔沔　殿中侍御史

《墓誌彙編》「大曆〇六〇《有唐通義大夫守太子賓客贈尚書左僕射崔公墓誌》（潁陽縣丞徐珵書）：「公諱沔，字若沖，博陵安平人也。……公廿四，鄉貢進士擢第，其年封中嶽，詔牧伯舉賢良，公與故監察御史諱渾雙名居右，敕拜麟臺校書郎。滿歲，補洛州陸渾主簿。宅汝州府君憂，外除，擢左補闕。無何，拜殿中侍御史，復換起居舍人。……春秋六十有七。嗚呼，以開元廿七年十一月十七日薨於居守之內館。」又《題名考》卷二「碑陰題名」載崔沔。

霍按：兩《唐書》均不載崔沔任殿中侍御史事。據崔沔卒年推其年廿四在天冊萬歲二年（696年），據此後推，其任殿中侍御史約在本年前後，姑繫於此。

馬懷素　殿中侍御史

見《題名考》卷二「殿中侍御史並內供奉。」《墓誌彙編》開元〇七四《故銀青光祿大夫秘書監兼昭文館學士侍讀上柱國常山縣開國公贈潤州刺史馬公墓誌銘並序》：「公諱懷素，字貞規，……元帝渡江，家南徐州丹徒，故今爲郡人也。……尋改左臺監察御史，歷殿中，彈糾不避強禦。……以開元六年七月廿七日終於河南之毓財里第。」

霍按：馬懷素長安四年爲監察御史，其任殿中侍御史約在本年及稍後。

※元福慶　監察御史

《廣記》卷二五〇引《御史臺記》：「元福慶拜右臺，與韋虛心、任正名頗事軒昂，殿中監察評之，詠曰：『韋子凝而密，任生直且狂。』」又見《全唐詩》卷八七二《三御史詠》：「韋子凝而密，任生直且狂。可憐元福慶，也學坐凝床。」

霍按：約與韋虛心同時。

崔皎　監察御史

《通鑑》卷二〇八載：「神龍元年……二月，……上數微服幸武三思第，監察御史清河崔皎密疏諫曰：『國命初復，則天皇帝在西宮，人心猶有附會；周之舊臣，列居朝廷，陛下奈何輕有外遊，不察豫且之禍！』上泄之，三思之黨切齒。」又見《題名考》卷一「碑陰題名」崔皎。

※李希倩　右臺監察御史

《舊書》卷一八七《忠義傳下·李憕傳》：「父希倩，中宗神龍初右臺監察御史。」

※韋元旦　左臺監察御史

《新書》卷二〇二《文藝中》：「韋元旦，京兆萬年人。……擢進士第，補東阿尉，遷左臺監察御史。與張易之有姻屬，易之敗，貶感義尉。」《新書》卷一〇四《張行成傳·易之、昌宗附傳》：「神龍元年，張柬之、崔玄暐等率羽林兵迎皇太子入，誅易之、昌宗於迎仙院。」韋元旦任左臺監察御史應在本年及稍前。

※吳少微　右臺監察御史　神龍元年（705）～二年（706）

《舊書》卷一九〇《文苑傳中·吳少微傳》：「中興初，調於吏部，侍郎韋嗣立稱薦，拜右臺監察御史。」《新書》卷二〇二《文藝中》：「嘉謨，武功人，舉進士，長安中，累轉晉陽尉；少微，新安人，亦尉晉陽，尤相友善；……天下文章尚徐、庾，浮俚不競，獨嘉謨、少微本經術，雅厚雄邁，人爭慕之，號吳富體。豫修三教珠英。韋嗣立薦嘉謨、少微並爲左臺監察御史。」《廣記》卷二三五引《御史臺記》：「吳少微，東海人也。少負文華，與富嘉謨友善。少微進士及第，累授晉陽太原尉，拜御史。時嘉謨疾卒，爲文哭之。其詞

日……，詞人莫不歎美。」嚴耕望《唐僕尚丞郎表》卷三考韋嗣立神龍元年（705）至二年（706）任吏部侍郎，其推薦吳少微、富嘉謨任御史在此期間。

富嘉謨　左臺監察御史　神龍元年（705）～二年（706）

《舊書》卷一九〇《文苑傳中·富嘉謨傳》：「中興初，爲左臺監察御史，卒。」

唐中宗神龍二年（706）　丙午

※蘇珦　左御史臺御史大夫

《通鑒》卷二〇八載：「神龍二年……夏，四月，處士韋月將上書告武三思潛通宮掖，必爲逆亂。上大怒，命斬之。……左御史大夫蘇珦、給事中徐堅、大理卿長安尹思貞皆以爲方夏行刑，有違時令，上乃命於杖，流嶺南。」

※蘇珦　右御史臺御史大夫

《舊書》卷一〇〇《蘇珦傳》：「蘇珦，……垂拱初，拜右臺監察御史。……珦尋遷給事中，累授左肅政臺御史大夫。……神龍初，武三思擅權，韋月將告三思將由逆謀，返爲三思所構，中宗令斬之。珦奏非時不可行刑，由是忤三思旨，轉爲右御史大夫。」本年蘇珦原任左御史臺御史大夫，因忤武三思旨，轉爲右御史大夫。

※李昭德　左御史臺大夫（贈）

《新書》卷一一七本傳：「神龍二年，贈左御史大夫。」又見《全唐文》卷一六《贈李昭德左御史大夫制》：「故李昭德，勤恪在公，強直自達，立朝正色，不吐剛以茹柔；當軸屬詞，必抗情以歷詆。……可贈左御史大夫。」

※李承嘉　御史大夫

《舊書》卷九一《桓彥範傳》：「神龍……二年，是歲秋，武三思又陰令人疏皇后穢行，牓於天津橋，請加廢黜。中宗聞之怒，命御史大夫李承嘉推求其人。承嘉希三思旨，奏言：『桓彥範與敬暉、張柬之、袁恕己、崔玄暐等教人密爲此牓，實有危君之計，請加族滅。』」《新書》卷一二〇《桓彥範傳》：「三思又疏韋后隱穢，榜於道，請廢之。帝震怒，三思猥曰：此殆彥範

輩爲之。命御史大夫李承嘉鞫狀，物色其人。承嘉即奏：彥范、暉、柬之、恕己、玄暐暴訕搖變，內託廢后，而實危君。人臣無將，當伏誅。詔有司議罪。大理丞李朝隱執奏彥範等未訊即誅，恐爲讎家誣巇，請遣御史按實。」《通鑑》卷二○八：「神龍二年……三月，初，少府監丞弘農宋之問及弟兗州司倉之遜皆坐附會張易之貶嶺南，逃歸東都，匿於友人光祿卿、駙馬都尉王同皎家。同皎疾武三思及韋后所爲，每與所親言之，輒切齒。之遜於簾下聞之，密遣其子曇及甥校書郎李悛告三思，欲以自贖。三思使曇、悛及撫州司倉冉祖雍上書告同皎與洛陽人張仲之、祖延慶、武當丞壽春周憬等潛結壯士，謀殺三思，因勒兵詣闕，廢皇后。上命御史大夫李承嘉、監察御史姚紹之按其事。……夏，四月，御史大夫李承嘉附武三思，詆尹思貞於朝。……秋，七月，武三思陰令人疏皇后穢行，榜於天津橋，請加廢黜。上大怒，命御史大夫李承嘉窮覈其事。承嘉奏言：『敬暉、桓彥範、張柬之、袁恕己、崔玄㻛使人爲之，雖云廢后，實謀大逆，請族誅之。』」

※竇懷貞　左御史臺御史大夫

　　《舊書》卷一八三《外戚傳》：「懷貞少有名譽，……神龍二年，累遷御史大夫，兼檢校雍州長史。……監察御史魏傳弓嘗以內常侍輔信義尤縱暴，將奏劾之，懷貞曰：『輔常侍深爲安樂公主所信任，權勢甚高，言成禍福，何得輒有彈糾？』……以附會太平公主，累拜侍中、兼御史大夫，代韋安石爲尚書左僕射，監修國史，賜爵魏國公。」《新書》卷一○九本傳：「竇懷貞字從一，……神龍中，進左御史大夫兼檢校雍州長史。」

※解琬　御史中丞

　　《舊書》卷一○○《解琬傳》：「聖曆初，遷侍御史，充使安撫烏質勒及十姓部落，咸得其便宜，蕃人大悅，以功擢拜御史中丞，兼北庭都護、持節西域安撫使。琬素與郭元振同官相善，遂爲宗楚客所毀，由是左遷滄州刺史。」《舊書》卷九十《郭元振傳》：「神龍中，……時西突厥首領烏質勒部落強盛，款塞通和，元振就其牙帳計會軍事。時天大雪，元振立於帳前，與烏質勒言議，須臾，雪深風凍，元振未嘗移足，烏質勒年老，不勝寒苦，會罷而死，其子娑葛以元振故殺其父，謀勒兵攻之。副使御史中丞解琬知其謀，勸元振夜遁。」《通鑑》卷二○八：「神龍二年……十二月，……安西大都護郭元振詣突騎施烏質勒牙帳議軍事，天大風雪，元振立於帳前，與烏質勒語。久之，

雪深，元振不移足；烏質勒老，不勝寒，會罷而卒。其子娑葛勒兵將攻元振，副使御之中丞解琬知之，勸元振夜逃去。元振曰：『吾以誠心待人，何所疑懼！且深在寇庭，逃將安適！』安臥不動。明旦，入哭，甚哀。娑葛感其義，待元振如初。」《全唐文》卷二三三張說《兵部尚書代國公贈少保郭公行狀》載此事在景龍年中。郭元振詣突騎施烏質勒牙帳事在神龍二年十二月，神龍三年九月即改元景龍，故張說云「景龍中」。

※蕭至忠　御史中丞

《舊書》卷七《中宗紀》：「神龍二年……秋七月……庚午，禮部尚書祝欽明為中丞蕭至忠所劾。」《舊書》卷一八九《儒學傳下·祝欽明傳》：「尋以匿忌日，為御史中丞蕭至忠所劾，貶授申州刺史。」

※周利貞　御史中丞

《舊書》卷一八六下《酷吏下》：「「周利貞，神龍初為侍御史。為桓彥範、敬暉等五王嫉之，出為嘉州司馬。時中書舍人崔湜與桓、敬善，武三思用事禁中，彥範憂之，託心腹於湜。湜反露其計於武三思，為三思所中，盡流嶺南。……利貞至，皆鴆殺之，因擢為左臺御史中丞。」《新書》卷九九《崔仁師傳·崔湜附傳》：「中宗稍疏功臣，三思日益寵，湜反以彥範等計告三思，驟遷中書舍人。彥範等被徙，又說三思速殺之以絕人望。三思問誰可使者，乃進其外兄周利貞。利貞往，彥範等皆死。擢利貞御史中丞。」《通鑒》卷二○八：「神龍二年……秋，七月，……比（利貞）至，柬之、玄琭已死，遇彥範於貴州，令左右縛之，曳於竹槎之上，肉盡至骨，然後杖殺。得暉，尚而殺之。……利貞還，擢拜御史中丞。」

鄭愔　侍御史

《舊書》卷一○○《李朝隱傳》：「李朝隱，京兆三原人也。少以明法舉，拜臨汾尉。……神龍年，功臣敬暉、桓彥範為武三思所構，諷侍御史鄭愔奏請誅之。」《新書》卷一二九《李朝隱傳》：「武三思構五王，而侍御史鄭愔請誅之，朝隱獨以不經鞫實，不宜輕用法，忤旨，貶嶺南醜地。宰相韋巨源、李嶠言於中宗曰：『朝隱素清正，一日遠逐，恐駭天下。』」《通鑒》卷二○八：「神龍二年五月，……武三思使鄭愔告朗州刺史敬暉、亳州刺史韋彥範、襄州刺史張柬之、郢州刺史袁恕己、均州刺史崔玄琭與王同皎通謀。六月，戊

寅，貶暉崖州司馬，彥範瀧州司馬，柬之新州司馬，恕己竇州司馬，玄琰白州司馬，並員外置，仍長任，削其勳封；復彥範姓桓氏。……秋，七月，……武三思陰令人疏皇后穢行，榜於天津橋，請加廢黜。上大怒，命御史大夫李承嘉窮覈其事。……三思又使安樂公主譖之於內，侍御史鄭愔言之於外。」又見《題名考》卷一碑陰題名「鄭愔」。

※周利貞　右御史臺侍御史（攝）

《舊書》卷九一《桓彥範傳》：「……三思猶慮彥範等重被進用，……特令湜姨兄嘉州司馬周利貞攝右臺侍御史，就嶺外並矯制殺之。」《通鑑》卷二〇八：「神龍二年……秋，七月，……中書舍人崔湜說三思曰：『暉等異日北歸，終爲後患，不如遣使矯制殺之。』三思問誰可使者，湜薦大理正周利貞。利貞先爲五王所惡，貶嘉州司馬，乃以利用攝右臺侍御史，奉使嶺外。」

李福業　侍御史

《題名考》卷一「碑陰題名」載李福業資料如下：「【侍御史兼內供奉武后至玄宗末】《新書・桓彥範傳》：『御史李福業者，嘗與彥範謀反，被殺，福業亦流番禺。後亡匿吉州參軍敬元禮家，吏捕得，俱坐死。』」

霍按：據《通鑑》卷二〇八載，桓彥範、敬暉被誅在神龍二年八月。

冉祖雍　侍御史

《新文藝中・宋之問傳》：「祖雍，江夏王道宗甥，及進士第，有名於時，王同皎謀殺武三思，祖雍上急變。歷中書舍人、刑部侍郎。倡飲省中，爲御史劾奏，貶蘇州刺史。睿宗立，流嶺南，賜死桂州。」又見《題名考》卷一「碑陰題名」載冉祖雍。

霍按：《通鑑》卷二〇八：「神龍二年……八月，時兵部尙書宗楚客、將作大匠宗晉卿、太府卿紀處訥、鴻臚卿甘元柬皆爲三思羽翼。御史中丞周利用、侍御史冉祖雍、太僕丞李俊、光祿丞宋之遜、監察御史姚紹之皆爲三思耳目，時人謂之五狗。」《新書》卷一一五《朱敬則傳》：「侍御史冉祖雍誣奏朱敬則與王同皎善，貶涪州刺史。」《新書》卷一二〇《桓彥範傳》：「時監察御史盧襲秀亦坐與桓、敬善，爲冉祖雍所按，不屈。或報曰：南使至，桓、敬已死。襲秀泫然。祖雍怒曰：『彥範等負國，君乃流涕。且君下獄，諸弟皆縱酒無憂色，何邪？』對曰：『我何負哉？正坐與彥範善耳。今盡殺諸弟則已，

如獨殺襲秀，恐公不得高枕而瞑！』祖雍色動，握其手曰：『當活公。』遂得不坐。」桓彥範、敬暉被誅在神龍二年八月。周利用，應爲周利貞。

王志愔　左御史臺侍御史

《題名考》卷一「碑陰題名」載王志愔資料如下：「【侍御史兼內供奉武后至玄宗末】王志愔又殿中、監察。《舊傳》：『志愔，博州聊城人。少以進士擢第。神龍年，累除左臺御史，加朝散大夫。執法剛正，百僚畏憚，時人呼爲皂雕。尋遷大理正。』新傳略同。」

霍按：《舊書》卷一〇〇本傳：「王志愔，博州聊城人也。少以進士擢第。神龍年，累除左臺御史，加朝散大夫。執法剛正，百僚畏憚，時人呼爲「皂雕」，言其顧瞻人吏，如雕鶚之視燕雀也。……景雲元年，累轉左御史中丞，……太極元年，又令以本官兼御史中丞。」依唐代官制，王志愔景雲元年轉左御史中丞，則神龍二年應任侍御史。胡滄澤《唐代御史制度研究》附表五「神龍二年」云王志愔本年任監察御史，與《題名考》不符，今移正。

※范獻忠　侍御史

《通鑑》卷二〇八：「神龍二年……十一月，……秘書監鄭普思納其女於後宮。……普思聚黨於雍、岐二州，謀作亂。事覺，西京留守蘇瑰收繫，窮治之。……及車駕還西京，瑰廷爭之，上抑瑰而祐普思；侍御史范獻忠進曰……」

※崔渾　侍御史

《墓誌彙編》「大曆〇五九《有唐朝散大夫行秘書省著作佐郎嗣安平縣開國男崔公墓誌銘並序》（從父弟中書舍人祐甫述）：「公諱眾甫，字眞孫，博陵安平人。……祖諱暟，庫部員外郎安平縣男；考諱渾，監察御史；皆有師範。」《新書》卷一二〇《張柬之傳》：「初，易之等誅後，中宗猶監國告武氏廟，而天久陰不霽。侍御史崔渾奏……」神龍元年（705年）正月十二日，張柬之、崔玄暐等趁武則天病重發動政變，迎中宗復辟，誅殺張氏兄弟。

※源乾曜　殿中侍御史

《通鑑》卷二〇八：「神龍二年……二月，……選左、右臺及內外五品以上官二十人爲十道巡察使，委之察吏撫人，薦賢直獄，二年一代，考其功罪

而進退之。易州刺史魏人姜師度、禮部員外郎馬懷素、殿中侍御史臨漳源乾曜、監察御史靈昌盧懷慎、衛尉少卿滏陽李傑皆預焉。」

姚紹之　監察御史

《通鑑》卷二〇八：「神龍二年……三月，初，少府監丞弘農宋之問及弟兗州司倉之遜皆坐附會張易之貶嶺南，逃歸東都，匿於友人光祿卿、駙馬都尉王同皎家。同皎疾武三思及韋后所為，每與所親言之，輒切齒。之遜於簾下聞之，密遣其子曇及甥校書郎李悛告三思，欲以自贖。三思使曇、悛及撫州司倉冉祖雍上書告同皎與洛陽人張仲之、祖延慶、武當丞壽春周憬等潛結壯士，謀殺三思，因勒兵詣闕，廢皇后。上命御史大夫李承嘉、監察御史姚紹之按其事。」《通鑑》卷二〇八：「神龍二年……八月，時兵部尚書宗楚客、將作大匠宗晉卿、太府卿紀處訥、鴻臚卿甘元柬皆為三思羽翼。御史中丞周利用、侍御史冉祖雍、太僕丞李俊、光祿丞宋之遜、監察御史姚紹之皆為三思耳目，時人謂之五狗。」又見《題名考》「侍御史並內供奉武后中至玄宗末」條。

※盧襲秀　監察御史

《新書》卷一二〇《桓彥範傳》：「時監察御史盧襲秀亦坐與桓、敬善，為冉祖雍所按，不屈。或報曰：南使至，桓、敬已死。襲秀泫然。祖雍怒曰：『彥範等負國，君乃流涕。且君下獄，諸弟皆縱酒無憂色，何邪？』對曰：『我何負哉？正坐與彥範善耳。今盡殺諸弟則已，如獨殺襲秀，恐公不得高枕而瞑！』祖雍色動，握其手曰：『當活公。』遂得不坐。」桓彥範、敬暉被誅在神龍二年八月。《大唐新語》卷三「公直第五」作「神龍初」。

崔日用　監察御史

《通鑑》卷二〇八：「神龍二年……十月，……秘書監鄭普思納其女於後宮，監察御史靈昌崔日用劾奏之，上不聽。」

唐中宗神龍三年　景龍元年丁未（707）

九月庚子，改元為景龍。《舊書》本紀。

※蘇珦　右御史臺御史大夫（神龍三年）

《舊書》卷一○○《蘇珦傳》：「蘇珦，……垂拱初，拜右臺監察御史。……珦尋遷給事中，累授左肅政臺御史大夫。……神龍初，武三思擅權，韋月將告三思將由逆謀，返爲三思所構，中宗令斬之。珦奏非時不可行刑，由是忤三思旨，轉爲右御史大夫，尋出爲岐州刺史，復爲右臺大夫。會節愍太子敗，詔珦窮其黨與。時睿宗在藩，爲得罪者所引，珦因辨析事狀，密奏以保持之。中宗意懈，因是多所原免。」《通鑑》卷二○八：「神龍三年……秋，七月辛丑，太子與左羽林大將軍李多祚、將軍李思沖、李承況、獨孤禕之、沙吒忠義等，矯制發羽林千騎兵三百餘人，殺三思、崇訓於其第，並親黨十餘人。……太子以百騎走終南山，至鄠西，能屬者才數人，憩於林下，爲左右所殺。上以其首獻太廟及祭三思、崇訓之柩，然後梟之朝堂。更成王千里姓曰蝮氏，同黨皆伏誅。……八月，戊寅，皇后及王公已下表上尊號曰應天神龍皇帝，改玄武門爲神武門，樓爲制勝樓。宗楚客又帥百官表請加皇后尊號曰順天翊聖皇后。上並許之。初，右臺大夫蘇珦治太子重俊之黨，囚有引相王者，珦密爲之申理，上乃不問。」《通鑑》卷二一○：「景雲元年……十月，諡故太子重俊爲節愍。」

※竇懷貞　左御史臺御史大夫

《通鑑》卷二○八：「神龍三年……九月……庚子，赦天下，改元（景龍）。……宦官左監門大將軍薛思簡等有寵於安樂公主，縱暴不法，傳弓奏請誅之，御史大夫竇從一懼，固止之。時宦官用事，從一爲雍州刺史及御史大夫，誤見訟者無須，必曲加承接。」《舊書》卷一八三《外戚傳》：「懷貞少有名譽，……神龍二年，累遷御史大夫，兼檢校雍州長史。時韋庶人及安樂公主等干預朝政，懷貞每詔順委曲取容，改名從一。」《新書》卷一○九本傳：「竇懷貞字從一，……神龍中，進左御史大夫兼檢校雍州長史。」

※張仁願　御史大夫（攝）

《舊書》卷九三《張仁願傳》：「張仁願，華州下邽人也。本名仁亶，以音類睿宗諱改焉。少有文武材幹，累遷殿中侍御史。時有御史郭霸上表稱則天是彌勒佛身，鳳閣舍人張嘉福與洛州人王慶之等請立武丞嗣爲皇太子，皆請仁願連名署表，仁願正色拒之，甚爲有識所重。……萬歲通天二年，……擢仁願爲肅政臺中丞……。神龍……三年，……詔仁願攝御史大夫，代忠義

統眾。」《新書》卷一一一本傳：「萬歲通天中，……以仁願代爲中丞，檢校幽州都督。……神龍……三年，朔方軍總管沙吒忠義爲突厥所敗，詔仁願攝御史大夫代之。……後常元楷代爲總管。……景龍二年，拜左衛大將軍，同中書門下三品，封韓國公。」

※楊再思　左御史臺大夫（景龍元年　兼）

《舊書》卷七《中宗紀》：「景龍元年九月……庚辰，侍中兼左御史臺大夫楊再思爲中書令。」《舊書》卷九〇本傳：「楊再思，鄭州原武人也，少舉明經，……歷左肅政臺御史大夫。」

※蕭至忠　左御史臺御史中丞（兼）

《舊書》卷七《中宗紀》：「神龍三年……九月丁酉，兵部尙書、郢國公宗楚客，左衛將軍兼太府卿紀處訥並同中書門下三品。吏部侍郎兼左御史臺中丞蕭至忠爲黃門侍郎，兼左御史中丞、同中書門下三品。……庚子，上皇帝尊號曰應天神龍，皇后尊號曰順天翊聖，大赦天下，改元爲景龍。」《舊書》卷九二本傳：「節愍太子誅武三思後，有三思黨與宗楚客、紀處訥令侍御史冉祖雍奏言：『安國相王及鎭國太平公主亦與太子連謀舉兵，請收付制獄。』中宗詔至忠令按其事，至忠泣而奏曰……」《新書》卷一二三《蕭至忠傳》：「蕭至忠，……中宗神龍初，爲御史中丞。……遷吏部侍郎，猶兼中丞。節愍太子以兵誅武三思而敗，宗楚客等諗侍御史冉祖雍上變，言相王與太子謀。帝欲按之，至忠泣曰：『往者，天后欲以相王爲太子，而王不食累日，獨請迎陛下，其讓德天下莫不聞……』」據《通鑑》卷二〇八載，節愍太子誅武三思在神龍三年七月。

※姚廷筠（姚庭筠）　御史中丞

《通鑑》卷二〇八：「神龍三年……九月……庚子，赦天下，改元（景龍）。……宗楚客等引右衛郎將姚廷筠爲御史中丞，使劾奏魏元忠。」

李朝隱　侍御史

《題名考》卷一「碑陰題名」載李朝隱資料如下：「【侍御史兼內供奉武后至玄宗末】見郎官吏中，又監察。《舊傳》：『中宗時，自聞喜令尋遷侍御史，三遷長安令。』《新傳》：『自聞喜令遷侍御史、吏部員外郎。遷長安令。』」

霍按：《舊書》卷一○○本傳：「李朝隱，……少以明法舉，拜臨汾尉。……神龍年，……尋遷侍御史，三遷長安令，……累封金城伯，代崔隱甫爲御史大夫。朝隱素有公直之譽，每御史大夫缺，時議咸許之。及居其職，竟無所糾劾，唯煩於細務，時望由是稍減。俄轉太常卿。二十一年，兼判廣州事，仍攝御史大夫，……明年，卒於嶺外，年七十，贈吏部尚書，……諡曰貞。」

姚紹之　左御史臺侍御史（神龍三年）

《題名考》卷一「碑陰題名」載姚紹之資料如下：「【侍御史兼內供奉武后至玄宗末】《舊·外戚武三思傳》：『監察御史姚紹之等五人，常爲武三思耳目，時人呼爲五狗。』《舊·酷吏傳下》：『累拜監察御史。中宗朝，累遷左臺侍御史，後坐賊污，黜爲嶺南瓊山尉。』」

霍按：《舊書》卷一八六下《酷吏傳下·姚紹之傳》：「（姚紹之）中宗朝，……累遷左臺侍御史，奉使江東，經汴州，辱錄事參軍魏傳弓，尋拜監察御史。」又《會要》卷六一《御史臺中》「彈劾」條：「神龍三年，……監察御史魏傳弓劾奏內常侍輔信義縱暴，竇懷貞曰：『輔常侍深受安樂公主所信任，權勢甚高，常成禍福，何得輒有糾彈？』傳弓曰：『今王綱漸懷，君子道消，正由此輩擅權耳！若得今日殺之，明日受誅，無所恨。』」由是知魏傳弓任監察御史應在神龍二年至三年之間，此亦即姚紹之任職侍御史的時間。姚紹之神龍二年任監察御史，則其遷左臺侍御史應在神龍三年。

魏傳弓　侍御史（景龍元年）

《通鑑》卷二○八：「神龍三年……九月……庚子，赦天下，改元（景龍）。……銀青光祿大夫、上庸公、聖善、中天、西明三寺主慧範於東都作聖善寺，長樂坡作大象，府庫爲之虛耗。上及韋后皆重之，勢傾內外，無敢指目者。戊申，侍御史魏傳弓發其姦贓四十餘萬，請置極法。上欲宥之，傳弓曰：『刑賞國之大事，陛下賞已妄加，豈宜刑所不及！』上乃削黜慧範，放於家。」

冉祖雍　侍御史

《通鑑》卷二○八：「神龍三年……八月，右臺大夫蘇珦治太子重俊之黨，囚有引相王者，珦密爲之申理，上乃不問。自是安樂公主及兵部尚書宗楚客日夜謀譖相王，使侍御史冉祖雍等誣奏相王及太平公主。」《舊書》卷九二《蕭

至忠傳》：「節愍太子誅武三思後，有三思黨與宗楚客、紀處訥令侍御史冉祖雍奏言：『安國相王及鎮國太平公主亦與太子連謀舉兵，請收付制獄。』中宗詔至忠令按其事，至忠泣而奏曰……」《新書》卷一二三《蕭至忠傳》：「節愍太子以兵誅武三思而敗，宗楚客等諷侍御史冉祖雍上變，言相王與太子謀。帝欲按之，至忠泣曰：『往者，天后欲以相王爲太子，而王不食累日，獨請迎陛下，其讓德天下莫不聞……』」

※唐九徵　侍御史

《舊書》卷七《中宗紀》：「神龍……三年……六月……戊子，姚巂道討擊使、侍御史唐九徵擊姚州叛蠻，破之，俘虜三千計，遂於其處勒石紀功焉。」《通鑑》卷二〇八：「神龍三年……六月，……姚巂道討擊使、監察御史晉昌唐九徵擊姚州叛蠻，破之，斬獲三千餘人。」

袁守一　殿中侍御史

《題名考》卷二「碑陰題名」載袁守一資料如下：「【殿中侍御史兼內供奉武后中至玄宗末】袁守一，又監察。《舊·魏元忠傳》：『神龍三年，宗楚客又令御史袁守一奏言：則天昔在三陽宮不豫，狄仁傑奏請陛下監國，元忠密進狀云不可。據此，則知元忠懷逆日久，伏請加以嚴誅。中宗謂楊再思等曰：以聯思之，此是守一大錯。人臣事主，必在一心，豈有主上少有不安，即請太子知事？乃是仁傑樹私惠，未見元忠有失。守一假借前事羅織元忠，豈是道理。楚客等遂止。』《新傳》略同。《朝野僉載》：『侍御史袁守一就羅公遠看年命。』《廣記》二百八十五。又『袁守一性行淺促，任萬年尉，於中書令宗楚客門餉生菜。除監察，竇懷貞爲左臺御史大夫。爲自左臺除右臺御史，無何，客以反誅，守一配流端州。』又見《廣記》二百五十九。」

崔隱甫　殿中侍御史內供奉

《題名考》卷二「碑陰題名」載崔隱甫資料如下：「【殿中侍御史兼內供奉武后至玄宗末】《新表》：『崔氏清河大房正平令元彥子隱甫，刑部尚書、忠公。』《舊傳》：太平令。《舊·良吏傳下》：『開元初，再遷洛陽令。《新傳》：解褐左玉鈐衛兵曹參軍，遷殿中侍御史內供奉。浮屠惠範倚太平公主脅人子女，隱甫劾狀，反爲所擠，貶邛州司馬。玄宗立，擢汾州長史，兼河東道支度營田使，遷洛陽令。』」

袁守一　監察御史

《題名考》卷二「碑陰題名」載袁守一資料如下：「【監察御史並□□□武后至玄宗末】袁守一，見殿中。《新·魏元忠傳》：『神龍中，魏元忠貶渠州司馬，監察御史袁守一固請行誅。』」

霍按：《通鑑》卷二〇八：「神龍三年……九月……庚子，赦天下，改元（景龍）。……監察御史袁守一復表彈元忠曰：『重俊乃陛下之子，猶如昭憲；元忠非勳非戚，焉得獨漏嚴刑！』甲辰，又貶元忠務川尉。」《新書》卷一二二《魏元忠傳》：「楚客等引右衛郎將姚廷筠為御史中丞，暴奏反狀，繇是貶渠州司馬。……監察御史袁守一固請行誅，遂貶務川尉。」

魏傳弓　監察御史（神龍三年）

《新書》卷一〇九《竇懷貞傳》：「竇懷貞，性諂詐，善諧結權貴，宦者用事，尤所畏奉，或見無須者，誤為之禮。監察御史魏傳弓嫉中人輔信義，欲劾奏其奸，懷貞曰：是安樂所信任者，奈何繩之？傳弓曰：王綱壞矣，正坐此屬。今日殺之，明日誅，無所悔！懷貞猶固止之。傳弓者，鉅鹿人，忠謇士也，終司農丞。」《會要》卷六一《御史臺中》「彈劾」條：「神龍三年，……監察御史魏傳弓劾奏內常侍輔信義縱暴，竇懷貞曰：『輔常侍深受安樂公主所信任，權勢甚高，常成禍福，何得輒有糾彈？』傳弓曰：『今王綱漸懷，君子道消，正由此輩擅權耳！若得今日殺之，明日受誅，無所恨。』景龍元年九月十二日，又劾奏銀青光祿大夫，西明寺主惠範奸贓四十萬，請置於極法，上召之，有寬惠範之色。傳弓進曰：『刑賞者，國之大事。陛下賞已妄加，豈宜刑所不及！』」又見《題名考》卷二碑陰題名「魏傳弓」。

※張敬忠　監察御史

《舊書》卷九三《張仁愿傳》：「神龍……三年，……詔仁愿攝御史大夫，代忠義統眾。……仁愿在朔方，奏用監察御史張敬忠、何鸞，長安尉寇泚……為隨機。敬忠等皆以文吏著稱，多至大官，時稱仁愿有知人之鑒。」《新書》卷一一一本傳：「神龍……三年，朔方軍總管沙吒忠義為突厥所敗，詔仁愿攝御史大夫代之。……後常元楷代為總管。……景龍二年，拜左衛大將軍，同中書門下三品，封韓國公。……（仁愿）在朔方，奏用御史張敬忠、何鸞，長安尉寇泚……皆著稱，後至大官，世名仁愿知人。」張仁愿於神龍三年（707）至景龍二年（708）任朔方軍總管攝御史大夫，擢監察御史張敬忠當在神龍三

年或景龍二年，姑繫於此。

※何鸞　監察御史

《舊書》卷九三《張仁願傳》：「神龍……三年，……詔仁願攝御史大夫，代忠義統眾。……仁願在朔方，奏用監察御史張敬忠、何鸞，長安尉寇沘……爲隨機。敬忠等皆以文吏著稱，多至大官，時稱仁願有知人之鑒。」又見《會要》卷七五「選部下」。《新書》卷一一一本傳：「神龍……三年，朔方軍總管沙吒忠義爲突厥所敗，詔仁願攝御史大夫代之。……後常元楷代爲總管。……景龍二年，拜左衛大將軍，同中書門下三品，封韓國公。……（仁願）在朔方，奏用御史張敬忠、何鸞，長安尉寇沘……皆著稱，後至大官，世名仁願知人。」

張仁願於神龍三年（707）至景龍二年（708）任朔方軍總管攝御史大夫，擢監察御史何鸞當在神龍三年或景龍二年，姑繫於此。

※韓琬　監察御史

《新書》卷一一二《韓琬傳》：「琬字茂貞，喜交酒徒，落魄少崖檢。有姻勸舉茂才，名動里中。刺史行鄉飲餞之，主人揚觶曰：『孝於家，忠於國，今始充賦，請行無算爵。』擢第，又舉文藝優長、賢良方正，連中。拜監察御史。」《新書》卷一九七《循吏》：「懷古清介審慎，在幽州時，韓琬以監察御史監軍，稱其馭士信，臨財廉，國名將云。」據孟二冬《登科記考補正》考證，韓琬於天冊萬歲二年（696）中文藝優長科，神龍三年（707）舉賢良方正能直言極諫科，因受監察御史。

唐中宗景龍二年（708）　戊申

※解琬　御史大夫（攝）

《舊書》卷一九四下《突厥傳卜》：「景龍二年，詔封爲西河郡王，令攝御史大夫解琬就加冊立。」《新書》卷一三〇《解琬傳》：「解琬，魏州元城人。舉幽素科，中之，調新政尉。後自成都丞奏事稱旨，除監察御史，……遷侍御史，安撫烏質勒及十姓部落，以功擢御史中丞，兼北庭都護、西域安撫使。琬與郭元振善，宗楚客惡之，左授滄州刺史。……景龍中，遷御史大夫，兼朔方行軍大總管。前後乘邊積二十年，大抵務農習戰，多爲長利，華虜安之。

景龍二年，復爲朔方行軍大總管」

※張仁亶　右御史臺大夫

《舊書》卷七《中宗睿宗》：景龍二年「秋七月……左屯衛大將軍、攝右御史臺大夫、朔方道行營大總管、韓國公張仁亶同中書門下三品。」

※竇懷貞　御史大夫

《通鑑》卷二〇九：「景龍二年……十二月……丁巳晦，敕中書、門下與學士、諸王、駙馬入閣守歲，設庭燎，置酒，奏樂。酒酣，上謂御史大夫竇從一曰……」《舊書》卷一八三《外戚傳》：「懷貞少有名譽，……神龍二年，累遷御史大夫，兼檢校雍州長史。時韋庶人及安樂公主等干預朝政，懷貞每詔順委曲取容，改名從一。」《新書》卷一〇九本傳：「竇懷貞字從一。」

※鄭惟忠　御史大夫

《舊書》卷一〇〇本傳：「節愍太子與將軍李多祚等舉兵誅武三思，事變伏誅，其詭誤守門者並配流，將行，有韋氏黨與密奏請盡誅之。中宗令推斷，惟忠奏曰：『今大獄始決，人心未寧，若更改推，必遞相警恐，則反側之子，無由自安。』……俄拜御史大夫，持節賑給河北道。……開元……十年卒，贈太子少保。」《通鑑》卷二〇八：「神龍三年……七月，太子兵所經諸門守者皆坐流；韋氏之黨奏請悉誅之，上更命法司推斷。大理卿宋城鄭惟忠曰：『大獄始決，人心未安，若復有改推，則反仄者眾矣。』上乃止。」《新書》卷一二八《鄭惟忠傳》略同。節愍太子誅武三思在神龍三年六月，神龍三年九月改元爲景龍元年。《舊書》云鄭惟忠「俄拜御史大夫」，應在景龍元年或二年。參之景龍元年御史大夫任職情況，應在景龍二年。

※姚廷筠（姚庭筠）　御史中丞

《會要》卷六一「彈劾」：「景龍二年十二月，御史中丞姚廷筠奏稱：『律令格式，懸之象魏，奉而行之，事無不理……』」《通鑑》卷二〇九：「景龍二年……十二月，御史中丞姚廷筠奏稱：『比見諸司不遵律令格式，事無大小皆悉聞奏。臣聞爲君者任臣，爲臣者奉法。萬機叢委，不可遍覽，豈有修一水竇，伐一枯木，皆取斷宸衷！自今若軍國大事及條式無文者，聽奏取進止，自餘各準法處分。其有故生疑滯，致有稽失，望令御史糾彈。』從之。」

霍按：《通典》卷二十四《職官六》作「姚庭筠」。

盧懷愼　右御史臺御史中丞

《新書》卷一二六《盧懷愼傳》：「盧懷愼，滑州人，……及長，第進士，歷監察御史。神龍中，遷侍御史。中宗謁武后上陽宮，后詔帝十日一朝。懷愼諫曰：……遷右御史臺中丞。上疏陳時政曰……遷黃門侍郎、漁陽縣伯。與魏知古分領東都選。開元元年，進同紫微黃門平章事。三所，改黃門監。薛王舅王仙童暴百姓，憲司按得其罪，業爲申列，有詔紫微、黃門覆實。懷愼與姚崇執奏仙童罪狀明甚，若御史可疑，則他人何可信？由是獄決。」《會要》卷六七「員外官」：「景龍二年……十月……御史中丞盧懷愼上疏曰：『臣聞唐虞稽古，建官惟百；夏商官倍，亦克用乂，此省官之義也。』」

※馮嘉賓　御史中丞

《舊書》卷九七《郭元振傳》：「……楚客等既受闕啜之賂，乃建議遣攝御史中丞馮嘉賓持節安撫闕啜，御史呂守素處置四鎮，持璽書便報元振。」《新書》卷四《中宗紀》：「景龍二年……十一月庚申，西突厥寇邊，御史中丞馮嘉賓使於突厥，死之。」

※呂守素　侍御史

《舊書》卷九七《郭元振傳》：「……楚客等既受闕啜之賂，乃建議遣攝御史中丞馮嘉賓持節安撫闕啜，御史呂守素處置四鎮，持璽書便報元振。」《通鑑》卷二〇九：「景龍二年……十一月，……遣馮嘉賓持節安撫忠節，侍御史呂守素處置四鎮，以將軍牛師獎爲安西副都護。」又見《全唐文》卷二三三張說《郭代公行狀》。

※唐紹　右御史臺侍御史

《新書》卷一四《禮樂志》：「景龍二年，右臺侍御史唐紹上書曰：禮不祭墓，唐家之制，春、秋仲月以使具鹵簿衣冠巡陵。天授之後，乃有起居，遂爲故事。」《舊書》卷二一《志》、《新書》卷一四《禮樂志》皆曰「右臺侍御史」，唯《舊書》卷八五本傳：「紹尋遷左臺侍御史。」左臺，疑「右臺」之誤。

崔蒞　左御史臺殿中侍御史

《新書》卷四五《選舉志下》：「中宗時，韋后及太平、安樂公主等用事，於側門降墨敕斜封授官，號〔斜封官〕未幾，璟、元之等罷，殿中侍御史崔蒞、太子中允薛昭希太平公主意，上言：罷斜封官，人失其所，而怨積於下，必有非常之變。乃下詔盡復斜封別敕官。」《會要》卷六七「員外官」：「景龍二年……十月……左臺殿中侍御史崔蒞、太子中允薛昭諷上疏曰……」又見《題名考》卷一「碑陰題名」「侍御史兼內供奉武后至玄宗末」。

唐中宗景龍三年（709）　己酉

※解琬　右御史臺御史大夫

《通鑑》卷二〇九：「中宗景龍三年二月引《景龍文館記》：「右臺御史大夫解琬……」。

袁從之　左御史臺侍御史

《題名考》卷一「碑陰題名」載袁從之資料如下：「【侍御史兼內供奉武后至玄宗末】袁從之，之乃一字之誤。《新·安樂公主傳》：『廝臺掠民子女為奴婢，左臺侍御史袁從一縛送獄。』」

霍按：勞格云「袁從之」乃「袁從一」之誤，但《題名考》卷一「侍御史兼內供奉」、卷二「監察御史」均作袁從之，《通鑑》卷二〇九：「景龍三年，春，正月，……長寧、安樂諸公主多縱僮奴掠百姓子女為奴婢，侍御史袁從之收繫獄，治之。公主訴於上，上手製釋之。從之奏稱：『陛下縱奴掠良人，何以理天下！』上竟釋之。」司馬光編《通鑑》，應是後出轉精，亦未對之作辨誤，可見仍應作「袁從之」為是。

※靳恒　侍御史

《通鑑》卷二〇九：景龍三年五月，「中書侍郎兼知吏部侍郎、同平章事崔湜、吏部侍郎同平章事鄭愔俱掌銓衡，傾附勢要，贓賄狼藉，數外留人，授擬不足，逆用三年闕，選法大壞。……侍御史靳恒與監察御史李尚隱對仗彈之，上下湜等獄，命監察御史裴漼按之。安樂公主諷漼寬其獄，漼復對仗彈之。夏，五月，丙寅，愔免死，流吉州，湜貶江州司馬。上官昭容密與安樂公主、武延秀曲為申理，明日，以湜為襄州刺史，愔為江州司馬。」

崔琬　監察御史

　　《通鑒》卷二〇九：「景龍三年……二月……丙申，監察御史崔琬對仗彈宗楚客、紀處訥潛通戎狄，受其貨賂，致生邊患。故事，大臣被彈，俯僂趨出，立於朝堂待罪。至是，楚客更憤怒作色，自陳忠鯁，爲琬所誣。上竟不窮問，命琬與楚客結爲兄弟以和解之，時人謂之『和事天子』。」又見《會要》卷六一「彈劾」及《題名考》卷二「碑陰題名」崔琬。

李尚隱　左御史臺監察御史

　　《通鑒》卷二〇九：景龍三年五月，「中書侍郎兼知吏部侍郎、同平章事崔湜、吏部侍郎同平章事鄭愔俱掌銓衡，傾附勢要，贓賄狼藉，數外留人，授擬不足，逆用三年闕，選法大壞。……侍御史靳恒與監察御史李尚隱對仗彈之，上下湜等獄，命監察御史裴漼按之。安樂公主諷漼寬其獄，漼復對仗彈之。」《新書》卷一三〇《李尚隱傳》：「李尚隱，其先出趙郡，徙貫萬年。年二十，舉明經，再調下邽主簿，……神龍中，左臺中丞侯令德爲關內黜陟使，尚隱佐之，以最擢左臺監察御史。」《新書》卷九九《崔仁師傳·崔湜附傳》：「湜俄拜中書侍郎，檢校吏部侍郎、同中書門下平章事，與鄭愔同典選。納賂遺，銓品無序，爲御史李尚隱劾奏，貶江州司馬。」又見《題名考》卷二碑陰題名「李尚隱」條。

　　霍按：胡滄澤《唐代御史制度研究》附表五云景龍二年李尚隱爲監察御史，誤，今移正。

裴漼　監察御史

　　《通鑒》卷二〇九：景龍三年五月，「中書侍郎兼知吏部侍郎、同平章事崔湜、吏部侍郎同平章事鄭愔俱掌銓衡，傾附勢要，贓賄狼藉，數外留人，授擬不足，逆用三年闕，選法大壞。……侍御史靳恒與監察御史李尚隱對仗彈之，上下湜等獄，命監察御史裴漼按之。安樂公主諷漼寬其獄，漼復對仗彈之。」《新書》卷一三〇《裴漼傳》：「裴漼，絳州聞喜著姓。父琰之，永徽中爲同州司戶參軍，……（琰之）以倉部郎中病廢，漼侍疾十餘年，不肯仕。琰之沒，始擢明經，調陳留主簿，遷監察御史。時崔湜、鄭愔典吏選，坐奸贓，爲李尚隱所劾，詔漼按訊，而安樂公主、上官昭容爲阿右，漼執政其罪，天下稱之。……開元五年，爲吏部侍郎，甄拔士爲多，拜御史大夫。」見《會要》卷六一「彈劾」，又見《題名考》卷二「碑陰題名」裴漼。

李懷讓　監察御史

　　《舊書・良吏下・李尙隱傳》：「景龍中，崔湜、鄭愔典選，傾附權要。左臺監察御史李尙隱與同列御史李懷讓於殿廷劾之，湜等遂貶黜，俄而復用，出懷讓爲魏縣令。湜等死，自河陽令擢拜兵部員外郎。」《新書》略同。《會要》卷六一「彈劾」：「（景龍三年）五月，李尙隱與監察御史李懷讓同奏吏部侍郎崔湜、鄭愔有所挾附，贓污狼藉。詔監察御史裴漼按其事。時安樂公主用事，諷漼寬之，漼遂對仗重彈奏，愔竟從貶削。」又見《題名考》卷二「碑陰題名」李懷讓。

※宋務光　監察御史

　　《通鑑》卷二〇九：「景龍三年……十一月……乙亥，吐蕃贊普遣其大臣尙贊咄等千餘人逆金城公主。河南道巡察使、監察御史宋務光，以『於時食實封者凡一百四十餘家，應出封戶者凡五十四州，皆割上腴之田，或一封分食數州；而太平、安樂公主又取高資多丁者，刻剝過苦，應充封戶者甚於徵役；滑州地出綾縑，人多趨射，尤受其弊，人多流亡；請稍分封戶散配餘州。又，徵封使者煩擾公私，請附租庸，每年送納。』上弗聽。」《會要》卷九〇「緣封雜記」：「景龍三年……十一月，監察御史宋務光上疏曰：『臣聞分珪列土，各有方位，通邑大都，不以封賜……』」《新書》卷一一六《韋思謙傳》：「中宗景龍中，……至安樂、太平公主，率取高資多丁家，無復如平民有所損免，爲封戶者疭於軍興。監察御史宋務光建言……」《新書》卷一一八《宋務光傳》：「宋務光，字子昂，一名烈，汾州西河人。舉進士及第，調洛陽尉。遷右衛騎曹參軍。神龍元年，大水，詔文武九品以上官直言極諫，務光上書曰：……疏奏不省。俄以監察御史巡察河南道。時滑州輸丁少而封戶多，每配封人，皆亡命失業。務光建言：『通邑大都，不以封……』不見納。以考最，進殿中侍御史，遷右臺。嘗薦汝州參軍事李欽憲，後爲名臣。卒，年四十二。」

裴子餘　左御史臺監察御史

　　《新書》卷一二九《裴守眞傳》：「裴守眞子……子餘事繼母爲爲聞孝，中明經，補鄠尉。……景龍中，爲左臺監察御史。」又見《題名考》卷二「碑陰題名」裴子餘。

　　霍按：《會要》卷八六「奴婢」：「景龍三年，司農卿趙履溫奏請以隋代番

戶子孫數千家，沒爲官奴婢，仍充賜口，以給貴幸。監察御史裴子余以爲官戶承恩，始爲番戶，且今又是子孫，不可抑之，奏免之。」

唐中宗景龍四年　少帝唐隆元年　唐睿宗景雲元年（710）　庚戌

六月壬午，中宗崩於神龍殿。甲申，（韋氏）赦天下，改元唐隆。

六月，睿宗即位，御承天門，赦天下。《通鑑》卷二〇九。

七月己巳，改元爲景雲。《舊書》本紀。

※張仁亶　右御史臺御史大夫（攝）

《舊書》卷七《中宗睿宗》：景龍四年「秋七月，右武衛大將軍、攝右御史大夫、同中書門下三品、韓國公張仁亶右衛大將軍。」事又見同書卷一九四《突厥傳》。

※竇懷貞　左御史臺御史大夫

《新書》卷一〇九本傳：「竇懷貞……景雲初，以殿中監召，閱月遷左御史大夫、同中書門下平章事，封中山縣公。……俄與李日知、郭元振、張說皆罷。爲左御史大夫。於時，歲犯左執法，術家又言懷貞有禍，大懼，表請爲安國寺奴，不許。逾年，復同中書門下三品，兼太子詹事，監修國史。又以尚書左僕射兼御史大夫，軍國重事宜共平章。」《通鑑》卷二〇九：「景雲元年……六月，……秘書監汴王邕娶韋后妹崇國夫人，與御史大夫竇從一各手斬其妻首以獻。」《新書》卷一〇九本傳：「竇懷貞字從一，……神龍中，進左御史大夫兼檢校雍州長史。」

※蕭至忠　右御史臺御史大夫

《舊書》卷九二本傳：「景雲初，……太平公主用事，……召拜刑部尚書、右御史大夫。」

※畢構　御史大夫

《舊書》卷一〇〇《畢構傳》：「景雲初，召拜左御史大夫。」《通鑑》卷二一〇：「景雲元年……八月，姚元之、宋璟及御史大夫畢構上言：『先朝斜封官悉宜停廢』。上從之。癸巳，罷斜封官凡數千人。」

※李日知　左御史臺御史大夫

《舊書》卷七《睿宗紀》：「二月……己未，改修文館爲昭文館。黃門侍郎李日知爲左臺御史大夫，依舊同中書門下三品。」《舊書》卷一八八《孝友傳》：「景雲元年，同中書門下平章事，轉御史大夫，知政事如故。」

※王志愔　御史中丞

《舊書》卷一〇〇本傳：「王志愔，博州聊城人也。少以進士擢第。神龍年，累除左臺御史，加朝散大夫。執法剛正，百僚畏憚，時人呼爲「皁雕」，言其顧瞻人吏，如雕鶚之視燕雀也。……景雲元年，累轉左御史中丞，……太極元年，又令以本官兼御史中丞。」《新書》卷一二八《王志愔傳》：「王志愔，博州聊城人。擢進士第。中宗神龍中，爲左臺侍御史，以剛鷙爲治，所居人吏畏讋，呼爲皁鵰。遷大理正，……景雲初，以左御史中丞遷大理少卿。……太極元年，兼御史中丞內供奉，實封百戶。出爲魏州刺史，改揚州長史。所至破碎姦猾，令行禁信，境內肅然。」

※張暐　左御史臺御史中丞

《舊書》卷一〇六本傳：「張暐，汝州襄城人也。……景龍初爲銅鞮令，家本豪富，好賓客，以弋獵自娛。會臨淄王爲潞州別駕，暐潛識英姿，傾身事之，日奉遊處。及樂人趙元禮自山東來，有女美麗，善歌舞，王幸之，止於暐第，生廢太子瑛。唐隆元年六月，王清內難，升爲皇太子，召暐拜宮門大夫，每與諸王、姜皎、崔滌、李令問、王守一、薛伯陽在太子左右以接歡。其年，擢拜左臺侍御史，數月遷左御史臺中丞。」

張暐　左御史臺侍御史

《題名考》卷一「碑陰題名」載張暐：「【侍御史兼內供奉武后至玄宗末】張暐，《舊傳》：『暐，汝州襄城人。唐隆元年，召拜宮門大夫，其年擢拜左臺侍御史。數月，遷左御史臺中丞。』」

霍按：《舊書》卷一〇六本傳：「先天元年，太子即位，……其年十二月，改元開元，以雍州爲京兆府，長史爲尹，暐首遷京兆尹。」

倪若水　左御史臺侍御史

《舊書》卷一八九《儒學傳下‧祝欽明傳》：「……景雲初，侍御史倪若

水劾奏欽明及郭山惲曰：『欽明等本自腐儒，素無操行，崇班列爵，實爲叨忝，而涓塵莫效，諂佞爲能。……惟茲小人，猶在朝列。臣請並從黜放，以肅周行。』……於是左授饒州刺史。」《新書》本傳：「累遷右臺監察御史。八黜陟劍南道，繩舉嚴允，課第一。開元初，爲中書舍人。」《墓誌續編》開元○二八《大唐故尚書右丞倪公墓誌銘並序》：「公諱泉，字若水，中山藁城人也。……應八道使舉，射□詮科，授秘書正字，復以舉遷右驍衛兵曹參軍，俄轉洛州福昌縣丞，又應封嶽舉，授雍州□□縣丞，調補長安縣丞。……俄授右御□□□御史，充劍南按察，加朝散大夫，轉左臺侍御史，尋遷吏部員外郎。……事出爲宋州長史，稍遷慈州刺史，徵拜中書舍人，無何，拜尚書右丞。……出爲汴州刺史。……入拜戶部侍郎，……再爲尚書右丞，……以開元七年正月廿六日，薨於京永嘉里之私第，春秋五十有九。」又見《題名考》卷一「碑陰題名」倪若水。

楊孚　侍御史

《資治通鑑・唐紀二十六》：『景雲元年，侍御史楊孚彈糾不避權貴，權貴毀之。上曰：鷹搏狡兔須急救之，不爾必反爲所噬。御史繩奸慝亦然，苟非人主保衛之，則亦爲奸慝所噬矣。孚，隋文帝之侄孫也。又見《題名考》卷一「侍御史兼內供奉武后至玄宗末」楊孚。

※李邕　侍御史（東都留臺）

《舊書》卷八六《庶人重福傳》：「王道始至東都，俄有泄其謀者，……王道等率眾……願從者已數百人，皆執持器仗，助其威勢。侍御史李邕先詣左掖門，令閉關拒守。」《舊書》卷一九○《文苑傳中・李邕傳》：「長安初，內史李嶠及監察御史張廷珪，並薦邕詞高行直，堪爲諫諍之官，由是召拜左拾遺。俄而御史中丞宋璟奏侍臣張昌宗兄弟有不順之言，請付法推斷。……唐隆元年，玄宗清內難，召拜左臺殿中侍御史。又嘗與左驍衛兵曹柳績馬一匹，及績下獄，吉溫令績引邕議及休咎，厚相賂遺，詞狀連引，敕刑部員外郎祁順之、監察御史羅希奭馳往就郡決殺之，時年七十餘。」《通鑑》卷二一○：「景雲元年八月，……留臺侍御史李邕遇重福於天津橋。從者已數百人，馳至屯營，告之曰：『譙王得罪先帝，今無故入都，此必爲亂，君等宜立功取富貴。』」《新書》卷二○二《文藝傳中》：「李邕字泰和，揚州江都人。……邕少知名。始善注文選，釋事而忘意。書成以問邕，邕不敢對，……嶠爲內

史，與監察御史張廷珪薦邕文高氣方直，才任諫諍，乃召拜左拾遺。御史中丞宋璟劾張昌宗等反狀，武后不應，邕立階下大言曰：『璟所陳社稷大計，陛下當聽。』后色解，即可璟奏。邕出，或讓曰：『子位卑，一忤旨，禍不測』。邕曰：『不如是，名亦不傳。』……韋氏平，召拜左臺殿中侍御史，彈劾任職，人頗憚之。……玄宗即位，召爲戶部郎中。張廷珪爲黃門侍郎，而姜皎方幸，共援邕爲御史中丞。姚崇疾邕險躁，左遷括州司馬，起爲陳州刺史。……天寶中，左驍衛兵曹參軍柳績有罪下獄，邕嘗遺績馬，故吉溫使引邕嘗以休咎相語，陰賂遺。宰相李林甫素忌邕，因傳以罪。詔刑部員外郎祁順之、監察御史羅希奭就郡杖殺之，時年七十。」

※朱□　侍御史（攝）景雲元年（710）～三年（712）

《墓誌彙編》開元三五七《皇朝秘書丞攝侍御史朱公妻太原郡君王氏墓誌並序》：「景雲中，侍御奔林剡山，聯邑稱最……」

※李邕　左御史臺殿中侍御史

《新書》卷二〇二《文藝傳中》：「李邕字泰和，揚州江都人。……嶠爲內史，與監察御史張廷珪薦邕文高氣方直，才任諫諍，乃召拜左拾遺。御史中丞宋璟劾張昌宗等反狀，武后不應，邕立階下大言曰：『璟所陳社稷大計，陛下當聽。』后色解，即可璟奏。邕出，或讓曰：『子位卑，一忤旨，禍不測』。邕曰：『不如是，名亦不傳。』……韋氏平，召拜左臺殿中侍御史，彈劾任職，人頗憚之。」《通鑑》卷二〇九：「景龍四年……六月，……屍韋后於市。」李邕任左臺殿中侍御史當在本年。

※宋務光　右御史臺殿中侍御史

《新書》卷一一八《宋務光傳》：「宋務光，字子昂，一名烈，汾州西河人。舉進士及第，調洛陽尉。遷右衛騎曹參軍。神龍元年，大水，詔文武九品以上官直言極諫，務光上書曰：……俄以監察御史巡察河南道。時滑州輸丁少而封戶多，每配封人，皆亡命失業。務光建言：『通邑大都不以封……』不見納。以考最，進殿中侍御史，遷右臺。嘗薦汝州參軍事李欽憲，後爲名臣。卒，年四十二。」

蕭嵩　監察御史

《舊書》卷九九：「景雲元年，爲醴泉尉。時陸象先已爲中書侍郎，引爲監察御史。及象先知政事，嵩又驟遷殿中侍御史。開元初，爲中書舍人。」又見《題名考》卷二「碑陰題名」蕭嵩。

※宋務光　監察御史

《會要》卷四八「寺」：「聖善寺，……景龍四年正月二十八日制：『東都所造聖善寺，更開拓五十餘步，以廣僧房。』監察御史宋務光上疏諫曰……」

李知古　監察御史（攝）

《通鑑》卷二一〇：「景雲元年……十二月，姚州群蠻，先附吐蕃，攝監察御史李知古請發兵擊之。」《舊書》卷一〇二《徐堅傳》：「睿宗時，監察御史李知古請兵擊姚州西洱河蠻，既降附，又請築城，重徵稅之。」《新傳》略同。《舊書》卷一九六《吐蕃傳上》：「睿宗即位，攝監察御史李知古上言……」又見《題名考》卷二「監察御史並□□□」。

齊澣　監察御史

《新書》卷一二八《齊澣傳》：「齊澣字洗心，定州義豐人。……年十四，見特進李嶠，嶠稱有王佐才。……景雲初，姚崇取爲監察御史。凡劾奏，常先風教，號善職。」又見《題名考》卷二「監察御史並□□□」。

唐睿宗景雲二年（711）　辛亥

※薛季昶　左御史臺御史大夫（贈）

《舊書》卷一八五《良吏傳上・薛季昶傳》：「睿宗即位，下制曰：『故儋州司馬薛季昶，剛幹義烈，早承先顧，驅策中外，績譽昭宣，有莊、湯之推舉，同汲黯之強直。屬醜正操衡，除其異己，橫加竄責，卒至殂亡。言念忠冤，有懷嘉悼。可贈左御史大夫，仍同敬暉等例，與一子官。』」《新書》卷一二〇《薛季昌傳》：「薛季昶者，絳州龍門人。武后時上書，自布衣擢監察御史，以累左遷平遙尉，復拜御史。屢按獄如旨，擢給事中。……睿宗立，詔贈左御史大夫，同彥範等賜一子官。」

※竇懷貞　左御史臺御史大夫

《舊書》卷七《中宗睿宗》：「景雲二年……五月……壬戌，殿中監竇懷貞爲左臺御史大夫、同中書門下平章事。……冬十月甲辰，……侍中兼檢校左臺御史大夫竇懷貞爲左臺御史大夫，兵部侍郎兼左庶子張說爲尚書左丞：罷知政事。……三年……乙未，戶部尚書岑羲、左臺御史大夫竇懷貞並同中書門下三品。……八月……庚戌，竇懷貞爲尚書左僕射、同中書門下三品，仍兼御史大夫。」《全唐文》卷一八睿宗《韋安石等罷相制》：「自頃以來，政教尤闕，時或水旱，人多困弊。府庫益竭，僚吏日滋，儽俛政途，罔然如失。雖緣朕之薄德，固亦輔佐非才。安石可尚書左僕射東都留守，元振可吏部尚書，懷貞可左御史大夫。」《新書》卷六一《宰相表上》：「景雲二年十月甲辰，日知罷爲戶部尚書，元振罷爲吏部尚書，說罷爲尚書左丞，懷貞罷爲左臺御史大夫，安石罷爲特進。」《新書》卷六一《宰相表上》：「景雲二年壬戌，殿中監竇懷貞爲左臺御史大夫、同中書門下平章事。」《通鑒》卷二一○：「景雲二年……五月……壬戌，殿中監竇懷貞爲御史大夫、同平章事。」

※竇懷貞　左御史臺御史大夫

《新書》卷五《睿宗紀》：「景雲二年……五月庚戌，復昊陵、順陵，置官屬。壬戌，殿中監竇懷貞爲左御史臺大夫、同中書門下平章事。」

※薛謙光（薛登）　御史大夫

《舊書》卷一○一本傳：「薛登，本名謙光，常州義興人也。……景雲中，擢拜御史大夫。」《通鑒》卷二一○：「景雲二年……五月……，僧慧範恃太平公主勢，逼奪民產，御史大夫薛謙光與殿中侍御史慕容珣奏彈之。公主訴於上，出謙光爲岐州刺史。」

※宋璟　御史大夫（兼）

《全唐文》卷三四三顏真卿《有唐開府儀同三司行尚書右丞相上柱國贈太尉廣平文貞公宋公神道碑銘》：「玄宗之在儲闈，鎮國太平長公主潛謀廢立，……公盛氣詰之曰：東宮有大功，宗廟社稷主也。安得異議？……緣是貶楚州刺史，……無何，復拜銀青，歷魏、袞、冀三州兼河北按察使，尋遷幽州都督兼御史大夫。」《通鑒》卷二一○：「景雲二年，太平公主與益州長史竇懷貞等結爲朋黨，欲以危太子。」

※楊茂謙　御史中丞

《舊書》卷九二《韋安石傳》:「景雲二年,……時太平公主與竇懷貞等潛有異圖,將引安石預其事,……爲御史中丞楊茂謙所劾,出爲蒲州刺史。」《舊書》卷一八五《良吏傳下‧楊茂謙傳》:「茂謙,清河人。應制舉,拜左拾遺,出爲臨洺令,擢祕書郎,……時竇懷貞爲相,數稱薦之,由是歷遷大理正、御史中丞。」《新書‧韋景駿附傳》:「擢左拾遺、內供奉,歷祕書郎、大理正、左臺御史中丞。開元初,出爲魏州刺史。」

※韋抗　御史中丞

《舊書》卷九二《韋安石傳‧從父兄子抗附傳》:「抗,弱冠舉明經,累轉吏部郎中,以清謹著稱。景雲初,爲永昌令,不務威刑而政令肅一。都輦繁劇,前後爲政,寬猛得中,無如抗者。無幾,遷右臺御史中丞。……(開元)八年,代王晙爲御史大夫,……尋以薦御史非其人,出爲安州都督,轉蒲州刺史。」《會要》卷七五「選部下」:「景雲二年,御史中丞韋抗加京畿按察使,舉奏奉天縣尉梁日升、新豐縣尉王倕金城縣尉王冰、華原縣尉王燾爲判官,其後皆著名位。」《新書》卷一二二《韋抗傳》:「抗者,安石從父兄子。弱冠舉明經,累官吏部郎中。景雲初,爲永昌令,輦轂繁要,抗不事威刑而治,前令無及者。遷右御史臺中丞。」

※和逢堯　御史中丞

《舊書》卷一八五《良吏傳下‧和逢堯傳》:「睿宗時,突厥默啜請尚公主,許之,逢堯以御史中丞攝鴻臚卿充使報命。」《舊書‧良吏下‧強循傳》:「睿宗時,和逢堯以御史中丞攝鴻臚卿,充使報突厥。」《通鑑》卷二一○:「景雲二年……冬……十月,御史中丞和逢堯攝鴻臚卿,使於突厥。」

※宋務光　侍御史

《會要》卷六八「都督府」:「景雲二年六月二十八日制救,天下分置都督府二十四,令都督府糾察所管州刺史以下官人善惡。詔令九品已上議其事,侍御史宋務光議曰……」

※慕容珣　殿中侍御史

《通鑑》卷二一○:「景雲二年……五月……壬戌,僧慧範恃太平公主勢,

逼奪民產，御史大夫薛謙光與殿中侍御史慕容珣奏彈之。公主訴於上，出謙光爲岐州刺史。」

韋鏗　殿中侍御史

《廣記》卷二五五引《御史臺記》：「唐邵景，安陽人。擢第授汾陰尉，累轉歙州司倉，遷至右臺監察、考功員外。時神武皇帝即位，景與殿中御史蕭嵩、韋鏗。俱升殿行事，職掌殊別。」又見《題名考》卷二「殿中侍御史並內供奉」。

蕭嵩　殿中侍御史

《舊書》本傳：「神龍元年，調補洺州參軍。景雲元年，爲醴泉尉，僚婿陸象先爲中書侍郎，引爲監察御史。象先知政事，驟遷殿中侍御史。開元初，爲中書舍人。」又見《題名考》卷二「監察御史並□□□」蕭嵩。

霍按：《舊書》卷八八《陸元方傳象先附傳》：「景雲二年，（陸象先）同中書門下平章事。」《舊書》卷七《中宗睿宗》：「景雲二年……冬十月甲辰，……中書侍郎陸象先同中書門下平章事。」嚴耕望《唐僕尙丞郎表》：「景雲二年，陸象先爲兵部侍郎。」（第248頁）《舊書》卷九九云：「及象先知政事，嵩又驟遷殿中侍御史。」當在此時。

邵景　右臺監察御史

《廣記》卷二五五引《御史臺記》：「唐邵景，安陽人。擢第授汾陰尉，累轉歙州司倉，遷至右臺監察、考功員外。時神武皇帝即位，景與殿中御史蕭嵩、韋鏗。俱升殿行事，職掌殊別。」又見《題名考》卷二「監察御史並□□□」邵景。

霍按：《題名考》卷二「殿中侍御史並內供奉」作「邵炅」（第35頁）。

韓琬　監察御史

《會要》卷六一「諫諍」：「景雲二年，監察御史韓琬陳時政，上疏曰：『臣敢以耳目所聞見而陳之，伏願少留意省察。臣竊聞永淳之初，尹元任分歧州雍縣令，界內婦人修路，御史彈免之……』」又見《題名考》卷二「監察御史並□□□」。

霍按：據《登科記考補正》考證，韓琬於天冊萬歲二年（696）中文藝優

長科，神龍三年（707）舉賢良方正能直言極諫科，因受監察御史。由此知韓琬任監察御史在神龍三年。景雲初年，唐王朝已於神龍元年復國號唐，正面臨對武后時期政策的撥亂反正，於是，身爲監察御史的韓琬上言。此又見《新唐書》卷一一二《韓琬傳》。

※齊澣　監察御史

《舊書》卷一九〇《齊澣傳》：「《舊書》卷一九〇《文苑傳中·齊澣傳》：「景雲二年，中書令姚崇用爲監察御史。」

柳澤　監察御史

《舊書》卷七七《柳亨傳·附孫澤傳》：「景雲中爲右率府鎧曹參軍，……澤上疏諫曰：……睿宗覽而善之，令中書省重詳議，擢拜監察御史。」《舊書》卷八《玄宗上》：「開元……十二月乙丑，封皇子嗣眞爲鄫王，嗣初爲鄂王，嗣玄爲鄧王。時右威衛中郎將周慶立爲安南市舶使，與波斯僧廣造奇巧，將以進內。監選使、殿中侍御史柳澤上書諫，上嘉納之。」《新書》本傳：「景雲中，爲右率府鎧曹參軍，拜監察御史。開元中，轉殿中侍御史，監嶺南選。歷遷太子右庶子。」《大唐新語》「極諫」第三：「柳澤，睿宗朝太平公主用事，……上疏諫曰：『藥不毒不可以觸疾，詞不切不可以裨過。……爲正者銜冤，附僞者得志。將何以止姦邪，將何以懲風俗耶？』睿宗遂從之，因而擢澤，拜監察御史。」又見《題名考》卷二「碑陰題名」柳澤。

張思鼎　左臺監察御史　景雲二年（711）～三年（712）

《題名考》卷二「監察御史」：「張思鼎，又左側，二見。《文苑英華》五百四十四有張思鼎《對城邑判》。」《墓誌彙編》天寶〇四三《大唐故朝散大夫使持節唐州諸軍事守唐州刺史張公墓誌銘並序》：「君諱思鼎，字□□，河東桑泉人也。……神龍年，郡辟秀才，擢第調補潞州銅鞮縣尉，……舉茂才，尋遷宋州宋城縣尉，……秩滿，授河南府氾水縣尉……丁太夫人苦，……服闋，拜京兆府長安縣尉，……尋遷左臺監察御史，歷殿中侍御史，柱鐵司憲，……轉尚書司門員外郎，……遷比部郎中，……唐州諸軍事唐州刺史，加朝散大夫，……非辜而黜，貶清源郡長史。無何，恩許復職，……以天寶初載歲次敦牂七月二旬有六日遇瘧虐疾終於郡之官舍，春秋六十七。」

霍按：張思鼎神龍年（705）舉秀才，先後任宋城縣尉秩滿三年，氾水縣

尉定太夫人憂三年，其任左臺監察御史約在本年及稍後。

唐睿宗太極元年　延和元年　唐玄宗先天元年（712）壬子

正月己丑，改元爲太極。《舊書》本紀。

五月辛巳，改元爲延和。《舊書》本紀。

八月庚子，玄宗即位，尊睿宗爲太上皇。《通鑑》。

甲辰，改元爲先天。《舊書》本紀。

延和年（712 年）廢右御史臺，先天二年（713 年）九月復置，同年十月又廢，此後至唐末均稱御史臺。

※趙彥昭　左御史臺御史大夫（檢校）

《舊書》卷九二《韋安石傳附趙彥昭傳》：「趙彥昭者，甘州張掖人也。……睿宗時，……又爲刑部尚書、關內道持節巡邊使、檢校左御史臺大夫。」據《通鑑》卷二一〇記載，趙彥昭開元元年任御史大夫，其在睿宗朝任左御史大夫至遲應在延和之前，故繫於此。

※竇懷貞　左御史臺御史大夫

《新書》卷五《睿宗紀》：「先天元年正月……己丑，大赦，改元爲太極。……乙未，戶部尚書岑羲、左御史臺大夫竇大夫竇懷貞同中書門下三品。」

※蕭至忠　右御史臺御史大夫

《舊書》卷九二本傳：「景雲初，……太平公主用事，至忠潛遣間使申意，求入爲京職。誅韋氏之際，至忠一子任千牛，爲亂兵所殺，公主冀至忠以此怨望，可與謀事，即納其請，詔拜刑部尚書、右御史大夫，再遷吏部尚書。先天二年，復爲中書令。」

※王志愔　御史中丞（兼，太極元年）

《舊書》卷一〇〇本傳：「王志愔，博州聊城人也。少以進士擢第。神龍年，累除左臺御史，加朝散大夫。執法剛正，百僚畏憚，時人呼爲「皁雕」，言其顧瞻人吏，如雕鶚之視燕雀也。……景雲元年，累轉左御史中丞，……太極元年，又令以本官兼御史中丞。」《新書》卷一二八《王志愔傳》：「王志

愔，博州聊城人。……太極元年，兼御史中丞內供奉，實封百戶。出爲魏州刺史，改揚州長史。所至破碎姦猾，令行禁信，境內肅然。」

※鄧光賓　侍御史（先天元年）

《通鑑》卷二一〇：「延和元年……八月庚子，玄宗即位，尊睿宗爲太上皇。……甲辰，赦天下，改元（先天）。……是時，宰相多太平公主之黨，劉幽求與右羽林將軍張暐謀以羽林兵除之。……暐泄其謀於侍御史鄧廣賓。」《新書》卷一二一《劉幽求傳》：載「暐漏言於侍御史鄧光賓。」

潘好禮　侍御史（先天元年）

《新傳》卷一二八本傳：「潘好禮，貝州宗城人。第明經，累遷上蔡令，擢監察御史。坐小累，下除芮城令，拜侍御史。徙岐王府司馬。……開元初，爲邠王府長史。」又見《題名考》卷一「碑陰題名」潘好禮。

霍按：此潘好禮與開元十四年之潘好禮爲兩人。《會要三》：「侍御史潘好禮諫以惠妃爲皇后疏。」蘇冕駁曰：「此非好禮作好禮。先天元年爲侍御史。開元十二年爲溫州刺史致仕。表是十四年獻，而云職參憲府，若題年恐錯，即惠妃先天元年始年十四，王皇后月寵未衰，張說又未爲右丞相，竟未知此表是誰獻之。」

※辛替否　殿中侍御史

《舊書》卷一〇一本傳：「……睿宗嘉其公直。稍遷爲右臺殿中侍御史。……天寶初卒，年八十餘。」《新書》卷一一八《辛替否傳》：「辛替否字協時，京兆萬年人。景龍中爲左拾遺。時置公主府官屬，而安樂府補授尤濫；武崇訓死，主棄故宅，別築第，侈費過度；又盛興佛寺，公私疲匱。替否上疏曰：……稍遷右臺殿中侍御史。雍令劉少微恃權貪贓，替否按之，岑義屢以爲請，替否曰：我爲憲司，懼勢以縱罪，謂王法何？少微坐死。累遷潁王府長史。卒，年八十。」《通鑑》卷二一〇：「景雲二年，……冬，十月，……右補闕辛替否上疏，以爲：自古失道破國亡家者，口說不如身逢，耳聞不如目睹。臣請以陛下所目睹者言之。上雖不能從，而嘉其且直。」又據《舊書》本傳「睿宗嘉其公直。稍遷爲右臺殿中侍御史」之記載，辛替否景雲二年十月尚在右補闕任，既言「稍遷」，則其遷殿中侍御史應在本年。

李畬　監察御史

《新書・循吏傳》：「李畬……歷汜水主簿，擢右臺監察御史裏行。臺廢，授監察御史，累轉國子司業。」又見《題名考》卷二「碑陰題名」李畬。

霍按：延和年（712年）廢右御史臺，先天二年（713年）復置，同年十月又廢，此後至唐末均稱御史臺。

唐中宗神龍元年至睿宗延和元年待考証御史：

※盧廣　殿中侍御史內供奉

《廣記》卷二四九引《御史臺記》：「唐殿中內供奉盧廣持法細密，雖親效貴勢，無所迴避。……嘗於景龍觀，監官行香。右臺諸御史亦預焉。臺中先號右臺爲高麗僧，時有一胡僧徙倚於前庭。右臺侍御史黃守禮指之曰：……」

※趙武孟　右肅政臺侍御史

《舊書》卷九二《韋安石傳附趙彥昭傳》：「趙彥昭者，甘州張掖人也。父武孟，初以馳騁佃獵爲事，嘗獲肥鮮以遺母，母泣曰：『汝不讀書而佃獵如是，吾無望矣。』竟不食其膳。武孟感激勤學，遂博通經史。舉進士，官至右臺侍御史，撰《河西人物志》十卷。」《舊書》卷九二載，趙彥昭「中宗時，累遷中書侍郎，同中書門下平章事。」其父趙武孟應爲高宗武后時人，具體年份待考。

王志愔　監察御史　殿中侍御史（神龍二年前）

見《題名考》「監察御史」、「殿中侍御史」條。

霍按：王志愔神龍二年任左御史臺侍御史，其任監察御史、殿中侍御史當在神龍二年前。

李朝隱　監察御史（神龍三年前）

《題名考》卷二「監察御史並□□□武后中至玄宗末」：「李朝隱，見侍御。」

霍按：李朝隱神龍三年任侍御史，其任監察御史當在神龍三年之前，待考。

崔蒞　侍御史（景龍二年後）

《題名考》卷一「碑陰題名」載崔蒞資料如下：「【侍御史兼內供奉武后至玄宗末】崔泣見郎官吏外。《新·選舉志》：『睿宗時，殿中侍御史崔泣希太平公主意，奏復斜封官。』」

霍按：據《會要》卷六七「員外官」條，崔蒞景龍二年任殿中侍御史，其任侍御史應在景龍二年後，待考。

崔琬　殿中侍御史（景龍三年後）

《舊書·宗楚客傳》：「景龍中，監察御史崔琬劾奏宗楚客等納阿史那忠節重賂，中宗不能窮覈其事，遽令琬與楚客等結為義兄弟，以和解之。」《新傳》略同。《舊書》卷九二《蕭至忠傳·宗楚客附傳》：「景龍中，西突厥娑葛與阿史那忠節不和，屢相侵擾，西陲不安，……於是監察御史崔琬劾奏楚客等曰……」又見《題名考》「侍御史並內供奉武后中至玄宗末」、「監察御史」及「殿中侍御史」條。

霍按：《通鑑》卷二○九：「景龍三年……二月……丙申，監察御史崔琬對仗彈宗楚客、紀處訥潛通戎狄，受其貨賂，致生邊患。故事，大臣被彈，俯僂趨出，立於朝堂待罪。至是，楚客更憤怒作色，自陳忠鯁，為琬所誣。卜竟不窮問，命琬與楚客結為兄弟以和解之，時人謂之『和事天子』。」崔琬景龍三年任監察御史，其任殿中侍御史應在景龍三年後。

崔琬　侍御史（景龍三年後）

《舊書·元行沖傳》：「開元初，以寧州刺史崔琬代為關內道按察使。《新表》：璵弟，同州刺史。《大詔令》：『玄宗贈王仁皎太尉益州大都督制文稱，通議大夫行京兆尹、上護軍崔琬為副監護』。中宗《賜崔琬彈宗楚客密狀敕》，張說有《王仁皎神道碑》，文亦稱『以京兆少尹崔琬為監護』。《舊書·宗楚客傳》：『景龍中，監察御史崔琬劾奏宗楚客等納阿史那忠節重賂，中宗不能窮覈其事，遽令琬與楚客等結為義兄弟，以和解之』。《新傳》略同。又見《題名考》「侍御史並內供奉武后中至玄宗末」。

霍按：崔琬景龍三年任監察御史，其任侍御史應在景龍三年後。

裴漼　殿中侍御史（景龍三年後）

《舊書》本傳：「陳留主簿，累遷監察御史。時吏部侍郎崔湜、鄭愔坐贓，

為御史李尚隱所劾，漼同鞫其獄。安樂公主、上官昭容阿黨渥等，漼竟執正奏其罪，甚為當時所稱。三遷中書舍人。」又見《題名考》卷二「碑陰題名」【殿中侍御史兼內供奉武后中至玄宗末】裴漼。

霍按：裴漼景龍三年任監察御史，其任殿中侍御史應在景龍三年後。

李懷讓　侍御史

見《題名考》卷一「碑陰題名」李懷讓。

霍按：李懷讓景龍三年任監察御史，其任侍御史應在景龍三年後。

※馮元常　監察御史（高宗時）

《舊書》卷一八五《良吏傳上·馮元常傳》：「高宗時，累遷監察御史，為劍南道巡察使，興利除害，蜀土賴焉。」

和逢堯　殿中侍御史（武后中至景雲二年前）

《新書》卷一二三《和逢堯傳》：「和逢堯，岐州岐山人。武后時，負鼎詣闕下上書，自言顧助天子和餁百度。……累擢監察御史。突厥默啜請尚公主，逢堯以御史中丞攝鴻臚卿。」又見《題名考》卷二「碑陰題名」和逢堯：【殿中侍御史兼內供奉武后中至玄宗末】《舊書·良吏下》：『睿宗時，和逢堯以御史中丞攝鴻臚卿，充使報突厥。』」

霍按：和逢堯景雲二年為御史中丞，其任殿中侍御史應在景雲二年前。

楊茂謙　侍御史（景雲二年前）

見《題名考》「侍御史並內供奉武后中至玄宗末」條。

霍按：楊茂謙景雲二年任御史中丞，其任侍御史當在此之前，具體任職年份待考。

※潘好禮　監察御史（先天元年前）

《會要》卷三「皇后」：「蘇冕駁曰：『……（潘）好禮先天元年為侍御史，開元十二年為溫州刺史致仕。』」《新書》卷一二八《潘好禮傳》：「潘好禮，貝州宗城人。第明經，累遷上蔡令，治在最，擢監察御史。坐小累，下除芮城令，拜侍御史。」又見《舊書》卷一八五《良吏傳下》。蘇冕云潘好禮先天元年任侍御史，則其任監察御史當在先天元年之前，具體年份待考。

王上客　監察御史（先天二年前）

《題名考》卷二「碑陰題名」載王上客資料如下：「【監察御史並□□□並是立碑於至今。武后中至玄宗末】王上客，見侍御。」

霍按：王上客先天年間任侍御史，其任監察御史當在先天二年前，姑繫於此。

※盧從願　監察御史（景雲元年前）

《新書》卷一二九《盧從願傳》：「盧從願字子龔。……擢明經，爲夏尉。又舉制科高第，拜右拾遺，遷監察御史，爲山南黜陟巡撫使，還奏稱旨，進累中書舍人。睿宗立，拜吏部侍郎。」睿宗即位在景雲元年，盧從願任監察御史在此之前，具體任職年份待考。

※陸慶　監察御史

《文物》1972 年第 3 期《洛陽隋唐含嘉倉的發掘》磚銘文，有「監倉御史陸慶。」

※魏恬　御史主簿（開元前）

《新書》卷一一七《魏玄同傳》：「玄同子恬，字安禮，事親以孝聞。第進士，爲御史主簿。開元中，至潁王傅。」

※趙敬先　殿中侍御史（武后時期）

《舊書》卷一八七《忠義傳下・趙曄傳》：「父敬先，殿中侍御史。曄志學，……開元中，舉進士。」趙曄爲開天時期人，建中四年卒，其父約爲武后時期人，待考。

韋虛舟　御史

《舊書》卷一〇一《韋湊傳・從子虛舟附傳》：「季弟虛舟，亦以舉孝廉，白御史累至戶部、司勳、左司郎中……父子兄弟更踐郎署，時稱『郎官家』。」又見《題名考》「碑左側題名」韋虛舟。

霍按：約與韋虛心任職同時，待考。

※嚴升期　侍御史（攝）

《朝野僉載》卷三：「洛州司僉嚴升期攝侍御史，於江南巡視，性嗜牛肉，

所至州縣，烹宰極多。事無大小，入金則彌，凡到處金銀爲之踊貴，故江南人謂爲『金牛御史』。」又見《廣記》卷二四三引《御史臺記》。

※侯承訓　御史

《廣記》卷二五〇引《御史臺記》：「唐姚貞操云：『自余以評事，入臺，侯承訓繼入。此後相繼不絕，故知拔茅連茹也。』」本條又見《紺珠集》卷七、《類說》卷六、《唐語林》卷五、《南部新書》卷辛亦載。

※張由古、宋之順　侍御史

《廣記》卷二五四引《御史臺記》：「唐杜文範，襄陽人也。自長安尉應舉，擢第，拜監察御史，選殿中，授刑部員外，以承務郎特授西臺舍人。先時與高上智俱任殿中，爲侍御史張由古、宋之順所排擯，與上智遷員外。既五旬，由古、之順方入省。」《廣記》卷二五九引《御史臺記》：「監察杜文範，因使還，會鄭仁恭方出使，問臺中事意，恭答曰：「寶節敗後，小張復呼我曹爲兄矣。」時人以爲談笑。」

※傅岩　左臺監察御史

《廣記》卷二五五引《御史臺記》：「傅岩，魏州人，本名佛慶。嘗在左臺，監察中溜，而中溜小伺，無犧牲之禮。」

※劉如璿　侍御史

《廣記》卷二六九引《御史臺記》：「劉如璿事親以孝聞。解褐唐昌尉累遷乾封尉，爲侍御史，轉吏部員外。則天朝，自夏官郎中，左授都城令，轉南鄭令，遷司僕司農少卿秋官侍郎。」

※王豫　侍御史（中宗末）

《墓誌彙編》天寶〇三四《大唐故朝散大夫譙郡司馬琅琊王府君墓誌銘並序》：「府君諱秦客，字元賓，……父豫，皇侍御史，屯田郎中，正議大夫、東陽郡太守。」秦客天寶二年四月寢疾，春秋七十三。

※姚懷亮　殿中侍御史內供奉（開元初）

《墓誌彙編》天寶〇三三《唐故朝散郎行臨海郡樂安縣尉姚君墓誌銘並序》：「君諱晅，字玢，……父懷亮，唐召拜殿中侍御史內供奉，遷少府監丞，

司農寺丞，殿中丞，……攝司農寺少卿，太中大夫、河東縣開國男。」旭天
寶元年十一月六日卒，春秋五十。

唐玄宗開元年間

唐玄宗先天二年　開元元年（713）　癸丑

十二月庚寅朔，改元爲開元。《舊書》本紀。

※尹思貞　御史大夫

《舊書》卷一〇〇本傳：「睿宗即位，……其年，竇懷貞伏誅，乃下制曰：『將作大匠尹思貞，賢良方正，碩儒耆德，剛不護缺，清而畏知，簡言易從，莊色難犯。徵先王之體要，敷衽必陳。折佞臣之怙權，拂衣而謝。故以事聞海內，名動京師，鷹隼是擊，豺狼自遠。必能條理前弊，發揮舊章，宜承弄印之榮，式允登車之志。可御史大夫。』……開元四年卒。」又見《新書》卷一二八《尹思貞傳》。《通鑑》卷二一〇：「先天元年……秋，七月，魏知古告公主欲以是月四日作亂，令元楷、慈以羽林兵突入武德殿，懷貞、至忠、羲等於南牙舉兵應之。上乃與岐王範、薛王業、郭元振及龍武將軍王毛仲、殿中少監姜皎、太僕少卿李令問、尙乘奉御王守一、內給事高力士、果毅李守德等定計誅之。……懷貞逃入溝中，自縊死，戮其屍，改姓曰毒。」知竇懷貞先天元年卒，其年尹思貞任御史大夫。

※趙彥昭　御史大夫

《通鑑》卷二一〇：「先天二年，……冬，十月……甲辰，獵於渭川。上欲以同州刺史姚元之爲相，張說疾之，使御史大夫趙彥昭彈之，上不納。」《全唐詩》卷一〇三小傳：「趙彥昭，字渙然，甘州張掖人。少豪邁，風骨秀爽，

及進士第，調南部尉。歷左臺監察御史，中宗景龍中，累遷中書舍人，同中書門下平章事。」

※王琚　御史大夫

《通鑑》卷二一〇：「先天二年，……冬，十一月，中書侍郎王琚爲上所親厚，群臣莫及。……是月，命琚兼御史大夫，按行北邊諸軍。」《舊書》卷一〇六《王琚傳》：「（先天二年）十一月，令御史大夫（王琚）持節巡天兵以北諸軍。十二月，改年號爲開元。」

※郭元振　御史大夫（兼）

《舊書》卷八《玄宗紀上》：「（先天）二年九月，郭元振兼御史大夫。」又見《全唐文》卷二三三張說《郭代公行狀》：「及上即位，宿中書十四日，獨知政事。……尋兼御史大夫天下行軍大元帥。」《全唐文》卷二〇五「小傳」：「震，字符振，以字顯，魏州貴鄉人。……以誅太平公主功進封代國公兼御史大夫。」《新書》卷一二二《郭元震傳》：「郭震字符振，魏州貴鄉人，以字顯，長七尺，美鬚髯，少有大志。……十八舉進士，爲通泉尉。任俠使氣……武后知所，召欲詰，既與語，奇之，索所爲文章，上《寶劍篇》，后覽嘉歎，詔示學士李嶠等，即授右武衛鎧曹參軍，進奉宸監丞。……楚客等因建遣攝御史中丞馮嘉賓持節安撫闕啜，以御史呂守素處置四鎮，以牛師獎爲安西副都護，代元振領甘、涼兵，召吐蕃並力擊娑葛……睿宗立，召爲太僕卿。……景雲二年，進同中書門下三品，遷吏部尙書，封館陶縣男。先天元年，爲朔方軍大總官，……明年，以兵部尙書復同中書門下三品。玄宗誅太平公主也，睿宗御承天門，諸宰相走伏外省，獨元振總兵扈帝，事定，宿中書者十四昔乃休。進封代國公，實封四百戶，賜一子官，物千段。俄又兼御史大夫，復爲朔方大總管，以備突厥。」唐代郭震實爲兩人，一爲監察御史郭震，一爲御史大夫郭震，字符振。郭元振入相時，郭震尙爲殿中侍御史。《全唐文》卷二〇五將郭震《劾趙彥昭韋嗣立韋安石奏》一文錄入郭元振名下，顯係誤收。詳見本書「開元二年郭震」條考證。

※姜師度　御史中丞（攝）

《舊書》卷一八五《良吏傳下·姜師度傳》：「神龍初，累遷易州刺史、兼御史中丞，爲河北道監察兼支度營田使。……遂令師度與戶部侍郎強循並

攝御史中丞，與諸道按察使計會，以收海內鹽鐵。」《舊書》卷四八《食貨志上》：「開元元年十一月，河中尹姜師度以安邑鹽池漸涸，師度開拓疏決水道，置爲屯田，公私大收其利。其年十一月五日，左拾遺劉彤上表，……遂令將作大匠姜師度、戶部侍郎強循俱攝御史中丞，與諸道按察使檢責海內鹽鐵之課。」《新書》卷一〇〇《姜師度傳》：「玄宗徙營州治柳城，拜營田支度修築使。進爲河中尹。……左拾遺劉彤建権天下監鐵利內之官，免貧民賦，詔戶部侍郎強循與師度並假御史中丞，會諸道按察使議所以権之之法，俄爲議者沮，閣不行。」

※強循　御史中丞（攝）

《舊書》卷四八《食貨志上》：「開元元年十一月，河中尹姜師度以安邑鹽池漸涸，師度開拓疏決水道，置爲屯田，公私大收其利。其年十一月五日，左拾遺劉彤上表，……遂令將作大匠姜師度、戶部侍郎強循俱攝御史中丞，與諸道按察使檢責海內鹽鐵之課。」《墓誌彙編》開元二八四《□□議郎前行忻州定襄縣令上柱國張府君墓誌銘並序》：「□諱楚璋，字楚璋，……戶部侍郎兼御史中丞強循深器之，願與從事。」

楊茂謙　御史中丞（先天中）

《舊書・良吏傳下》：「茂謙，清河人。應制舉，拜左拾遺，出爲臨洺令，擢祕書郎，歷遷大理正、御史中丞。開元初，出爲魏州刺史。」《新書・附韋景駿傳》：「擢左拾遺、內供奉，歷祕書郎、大理正、左臺御史中丞。開元初，出爲魏州刺史。」又見《題名考》卷一「碑陰題名」楊茂謙。

霍按：楊茂謙開元初由御史中丞出爲魏州刺史，其任御史中丞約在先天中。

任正名（知古）　侍御史（先天二年）

見《題名考》卷一碑陰題名「任正名」條。《舊書》卷一〇六《王琚傳》：「先天……二年七月三日，琚與岐王範、薛王業、姜皎、李令問、王毛仲、王守一併預誅逆，以鐵騎至承天門。時睿宗聞鼓譟聲，召郭元振升承天樓，宣詔下關，侍御史任知古召募數百人於朝堂，不得入。」《舊書》卷九九《嚴挺之傳》：「先天二年，……時侍御史任知古恃憲威，於朝行訶詈衣冠，挺之深讓之，以爲不敬，乃爲臺司所劾，左遷萬州員外參軍。」《新書・嚴挺之傳》：

「先天二年，侍御史任正名恃風憲，至廷中南罵衣冠，嚴挺之讓其不敬，反爲所劾。」可知任知古即任正名。

褚璆　侍御史

《新書》卷一〇五《褚遂良傳》：「遂良曾孫璆，字伯玉，擢進士第，累拜監察御史裏行。先天中，突厥圍北庭，詔璆持節監總督諸將，破之。遷侍御史，拜禮部員外郎。而氣象凝挺，不減在臺時。」蘇頲《授褚璆侍御史制》：「……通直郎、監察御史裏行驍騎尉褚璆，清識雅致，遒文贍學。養能見其盤錯，臨事杜於脂韋。北鶩輕軺，且持嚴簡。逢二庭之寇，無乏於饋軍；徵萬里之兵，有聞於赴敵。念勞斯屬，懋賞攸憑。增遷御史之端，式寵侍臣之列。可侍御史，勳如故。」又見《題名考》卷一「碑陰題名」褚璆條。

霍按：突厥圍北庭事，《全唐文》卷二三三張說《郭代公行狀》記在先天元年：「後默啜大寇邊，拜刑部尚書，充朔方道行軍大總管，築豐安、定遠等城，以拒賊路。」此即《新書·褚遂良傳》所謂褚璆「先天中，突厥圍北庭，詔璆持節監總督諸將」事。褚璆任侍御史應在本年。

王上客　侍御史

《廣記》卷二五〇引《兩京新記》：「先天中，王上客爲侍御史，自以才望清雅，妙當人省，常望前行，忽除膳部員外郎，微有悵惋。吏部郎中張敬忠戲詠之曰：『有意嫌兵部，專心取考功。誰知腳踜蹬，幾落省牆東。』」又見《題名考》卷一「碑陰題名」王上客。

張思鼎　殿中侍御史（開元初）

《墓誌彙編》天寶〇四三《大唐故朝散大夫使持節唐州諸軍事守唐州刺史張公墓誌銘並序》：「君諱思鼎，字□□，河東桑泉人也。……神龍年，郡辟秀才，擢第調補潞州銅鞮縣尉，……舉茂才，尋遷宋州宋城縣尉，……秩滿，授河南府氾水縣尉……丁太夫人憂，……服闋，拜京兆府長安縣尉，……尋遷左臺監察御史，歷殿中侍御史，杜鐵司憲，……轉尚書司門員外郎，……遷比部郎中，……以天寶初載歲次敦牂七月二旬有六日遇瘵虐疾終於郡之官舍，春秋六十七。」又見《題名考》卷二「監察御史」張思鼎。

霍按：張思鼎景雲年間爲左臺監察御史，又唐代於延和年（712 年）廢右御史臺，《墓誌》云其任殿中侍御史，其任殿中侍御史約在開元初。

席豫　監察御史

《廣記》卷一一五引《廣異記》:「開元初,席豫以監察御史按覆河西。」又見《題名考》卷二碑陰題名「席豫」條。《新書》卷一二八《席豫傳》:「席豫字建侯,襄州襄陽人。……開元初,觀察使薦豫賢,遷監察御史,出爲樂壽令。」

※蔣挺　監察御史

《舊書》卷一〇一《張廷珪傳》:「長安中,(張廷珪)累遷監察御史。開元初,……時監察御史蔣挺以監決杖刑稍輕,敕朝堂杖之,廷珪奏曰:『御史憲司,清望耳目之官,有犯當殺即殺,當流即流,不可決杖。士可殺,不可辱也。』時制命已行,然議者以廷珪之言爲是。」《新書》卷一一八:「張廷珪……再遷黃門侍郎,監察御史蔣挺坐法,詔決杖朝堂,廷珪執奏:『御史有譴,當殺,殺之,不可辱也。』士大夫服其知體。」又見《郎考》「封中」條。

褚琇　監察御史裏行

《新書·褚遂良傳》:「曾孫琇,累拜監察御史裏行。先天中,突厥圍北庭,詔琇持節監總督諸將,破之。遷侍御史,拜禮部員外郎。」又見《題名考》卷二碑陰題名「褚琇」。

霍按:《全唐文》卷二五一蘇頲《授褚琇侍御史制》:「敕,通直郎、監察御史裏行驍騎尉褚琇,清識雅致,遒文瞻學。養能見其盤錯,臨事杜於脂韋。北鶩輕軺,且持嚴簡。逢二庭之寇,無乏於饋軍;徵萬里之兵,有聞於赴敵。念勞斯屬,懋賞攸憑。增遷御史之端,式寵侍臣之列。可侍御史,勳如故。」可知褚琇先天二年由監察御史裏行遷侍御史。

※翟璋　監察御史裏行

《會要》卷六二「知班」:「開元元年正月,殿中侍御史出使盡,監察裏行翟璋知班,乃牒中書省,勘侍郎王琚及太子左庶子竇希瓘入晚,遂爲所擠,出授岐陽縣令。」

霍按:延和年(712年)廢右御史臺,先天二年(713年)復置,同年十月又廢,此後至唐末均稱御史臺。十二月庚寅朔,改元爲開元。翟璋任監察御史裏行應是先天二年正月。

※陸遺勉　御史

《朝野僉載》卷三：「右丞盧藏用，中書令崔湜，太平黨，被流嶺南。湜夜夢講座下聽法而照鏡，……尋有御史陸遺勉齎敕，令湜自盡。」《廣記》卷四九四引《御史臺記》：「房光庭爲尚書郎，故人薛昭流放，而投光庭，光庭匿之。既敗，御史陸遺逸逼之急。光庭懼，乃見時宰。」據《通鑑》卷二一○，崔湜被誅在開元元年。陸遺逸、陸遺勉疑爲一人。

唐玄宗開元二年（714）　甲寅

※宋璟　御史大夫

《全唐文》卷三四三顏眞卿《有唐開府儀同三司行尚書右丞相上柱國贈太尉廣平文貞公宋公神道碑銘》：「開元二年尋拜御史大夫兼京兆尹，貶睦州刺史。轉廣州都督，充按察經略討擊使，又兼御史大夫，特許便宜從事。」

※郭虔瓘　御史大夫（攝）

《舊書》卷一○三本傳：「郭虔瓘，齊州歷城人也。開元初，累遷右驍衛將軍，兼北庭都護。二年春，突厥默啜遣其子移涅可汗……率精騎圍逼北庭，虔瓘率眾固守，……以破賊之功，拜冠軍大將軍，行右驍衛大將軍。……俄轉安西副大都護、攝御史大夫、四鎮經略安撫使，進封潞國公。」

※解琬　御史大夫（攝）　開元二年（714）～三年（715）

《舊書》卷一○○本傳：「吐蕃寇邊，復召拜左散騎常侍。……遷太子賓客。開元五年，出爲同州刺史。明年卒，年八十餘。」《全唐文》卷二五玄宗《宣慰突厥降戶詔》：「葛邏祿陰山都督部落，驕天縱毒，候月爲妖。桀驁之心久矣，脅從之禍深矣。……宜令左散騎常侍解琬攝御史大夫持節往北庭，宣慰突厥部落緣邊降戶。」《舊書》卷八《玄宗紀上》：開元二年「七月，吐蕃寇臨洮軍，又遊寇蘭州、渭州。」解琬攝御史大夫應在開元二年（714）至三年（715）。

※姜晦　御史中丞

《舊書》卷九二《韋安石傳》：「安石初在蒲州時，太常卿姜皎有所請託，安石拒之，皎大怒。開元二年，皎弟晦爲御史中丞，……令侍御史洪子輿舉

劾之。……監察御史郭震希晈等意，越次奏之……」事又見《舊書》卷一九
四《突厥傳》。《舊書》卷五九《姜謩傳·附姜晦傳》：「晦，又歷御史中丞，
吏部侍郎，兄弟當朝用事。侍中宋璟以其權寵太盛，恐非久安之道，屢奏請
稍抑損之。開元五年……又遷晦爲宗正卿，以去其權。」《通鑑》卷二一一：
「開元二年……三月，……御史中丞姜晦以宗楚客等改中宗遺詔，青州刺史
韋安石、太子賓客韋嗣立、刑部尚書趙彥昭、特進致仕李嶠，於時同爲宰相，
不能匡正，令監察御史郭震彈之。」《新書》卷九一《姜謩·孫晦傳》：「晦，
起家蒲州參軍，累爲高陵令，治有聲，遷長安令，人畏愛之。開元初，擢御
史中丞。先是，永徽、顯慶時，御史不拜宰相，銜命使四方者，廷中揖見，
後稍屈下。至晦，獨徇舊體，謂御史曰：『不如故事，且奏譴公等。』由是臺
儀復振。轉太常少卿。」

※源乾曜　御史中丞（開元二年～四年）

　　《舊書》卷九八本傳：「開元初，……上令左右求堪爲王府長史者，太常
卿姜晈薦乾曜，……上甚悅之，乃拜少府少監，兼邠王府，尋遷戶部侍郎、
兼御史中丞。」《唐僕尚丞郎表》考源乾曜開元二年至四年期間由少府少監遷
戶部侍郎、兼御史中丞。《唐九卿考》考姜晦開元二年至三年爲太常少卿，《舊
書》云姜晈，爲姜晦之誤。

※強修　御史中丞（攝）

　　《元龜》卷一一九《帝王部·選將》：「玄宗開元二年四月庚午敕曰：……
靈武道行軍副大總管右領軍衛大將軍張知運，……宜令先持節赴軍，簡行處
置，……融乃與幽州刺史攝御史中丞強修計議便宜。」又見《全唐文》卷三
四玄宗《命張知運持節赴軍敕》。

洪子輿　侍御史

　　《新書》卷一二二《韋安石傳》：「晈弟晦爲中丞，以安石昔相中宗，受
遺制，而宗楚客、韋溫擅削相王輔政語，安石無所建正，諷侍御史洪子輿劾
舉，子輿以更敕不從。監察御史郭震奏之，有詔與韋嗣立、趙彥昭等皆貶，
安石爲沔州別駕。」又見《題名考》卷一「碑陰題名」【侍御史兼內供奉武后
至玄宗末】洪子輿。

　　霍按：姜晦開元二年至四年爲御史中丞，洪子輿任侍御史在此期間。

王旭　侍御史

《新書》卷一二八《李傑傳》：「李傑本名務光，相州滏陽人。……先天中，進陝州刺史、水陸發運使。置使自傑始。改河南尹。……入代宋璟爲御史大夫。……初，傑引侍御史王旭爲護陵判官，旭貪贓，傑將繩之，未及發，反爲所構，出衢州刺史。遷揚州大都督府長史，復爲御史劾，免。」又見《題名考》卷一「碑陰題名」載王旭。

柳澤　殿中侍御史

《舊書·玄宗紀》：『開元二年，殿中侍御史爲監選使柳澤上書諫，上嘉納之。」又見《題名考》卷二碑陰題名「柳澤」條。

郭震　監察御史

《題名考》卷二「碑陰題名」載郭震資料如下：「【監察御史並□□□並是立碑於至今。武后中至玄宗末】郭震見侍御、殿中，又見下。《舊·韋安石傳》：『開元二年，姜晦爲御史中丞，以韋安石等作相時，同受中宗遺制，宗楚客、韋溫削除相王輔政之辭，安石不能正其事，令侍御史洪子輿舉劾之。子輿以事經赦令，固稱不可。監察御史郭震希姜皎等間，越次奏之。』《新傳》同。」《新書》卷一二三《趙彥昭傳》：「趙彥昭字奐然，甘州張掖人。……遂力學，淹該書記。自長安丞爲右臺侍御史，著河西人物志十篇。彥昭少豪邁，風骨秀爽。及進士第，調爲南部尉。……自新豐丞爲左臺監察御史。景龍中，累遷中書侍郎、同中書門下平章事。……郎，持節按邊。遷御史大夫。……彥昭本以權倖進，中宗時，有巫趙挾鬼道出入禁掖，彥昭以姑事之。嘗衣婦服，乘車與妻偕謁，其得宰相，巫力也。於是殿中侍御史郭震劾暴舊惡。會姚崇執政，惡其爲人，貶江州別駕，卒。」又《新書》卷一二二《韋安石傳》：「會妻薛怨婿婢，笞殺之，爲御史中丞楊茂謙所劾，下遷蒲州刺史，徙青州。安石在蒲，太常卿姜皎有所請，拒之。皎弟晦爲中丞，以安石昔相中宗，受遺制，而宗楚客、韋溫擅削相王輔政語，安石無所建正，諷侍御史洪子輿劾舉，子輿以更赦不從。監察御史郭震奏之，有詔與韋嗣立、趙彥昭等皆貶，安石爲沔州別駕。皎又奏安石護作定陵，有所盜沒，詔籍其贓。安石歎曰：祗須我死乃已。發憤卒，年六十四。開元十七年，贈蒲州刺史。」

霍按：《通鑑》卷二一一：「開元二年……三月，……御史中丞姜晦以宗楚客等改中宗遺詔，青州刺史韋安石、太子賓客韋嗣立、刑部尚書趙彥昭、

特進致仕李嶠，於時同為宰相，不能匡正，令監察御史郭震彈之；且言彥昭拜巫趙氏為姑，蒙婦人服，與妻乘車詣其家。甲辰，貶安石為沔州別駕，嗣立為岳州別駕，彥昭為袁州別駕，嶠為滁州別駕。」《會要》卷六一「彈劾」：「開元二年……三月，殿中侍御史郭震劾刑部尚書趙彥昭、太子賓客韋嗣立、青州刺史韋安石，曰：『彥昭以女巫趙五娘左道亂常，詫為諸姑，潛相援引。……臣雖才識妄庸，忝司清憲，熟見奸僻，敢不糾彈。彥昭並請準法處分。』」郭震，《通鑑》作監察御史，《舊書》、《會要》作殿中侍御史。《題名考》監察御史、殿中侍御史均有郭震，均為劾趙彥昭事，可見郭震實為一人，《題名考》作二人解，誤，今移正。《全唐文》卷二〇五將郭震《劾趙彥昭韋嗣立韋安石奏》一文錄入郭元振名下，顯係誤收。

※蔣挺 監察御史

《舊書》卷一〇一《張廷珪傳》：「張廷珪，……開元初，入為禮部侍郎。……再遷黃門侍郎。時監察御史蔣挺以監決杖刑稍輕，敕朝堂杖之，廷珪奏曰：『御史憲司，清望耳目之官，有犯當殺即殺，當流即流，不可決杖。士可殺，不可辱也。』時制命已行，然議者以廷珪之言為是。」《新書》卷一一八《張廷珪傳》：「玄宗開元初……張廷珪再遷黃門侍郎，監察御史蔣挺坐法，詔決杖朝堂，廷珪執奏：『御史有譴，當殺殺之，不可辱也。』士大夫服其知體。」《會要》卷四〇「臣下守法」：「開元二年八月，監察御史蔣挺有犯，敕朝堂杖之。黃門侍郎張廷珪執奏曰：『御史，憲司清望，耳目之官，有犯當殺即殺，當流即流，不可決杖，可殺而不可辱也。』」

李全交 監察御史 殿中侍御史

《舊書》卷一四九《張鷟傳》：「開元初，澄正風俗，鷟為御史李全交所糾，言鷟語多譏刺時，坐貶嶺南。」《朝野僉載》：「監察御史李嵩、李全交，殿中王旭，京師號為『三豹』。」又同書：「監察御史李全交素以羅織酷虐為業，臺中號為『人頭羅剎』。」《全唐詩》卷八六九有石惠泰《與李全交詩》：「御史非常任，參軍不久居。待君遷轉後，此職還到餘。」題下有注：「全交，監察御史。」《新表》：「李氏東祖房沂州刺史志子、光祿少卿全昌弟見上。全交，忠州司馬。」《舊書·張鷟傳》：「開元初，御史李全交糾張鷟，語多譏刺。」《廣記》卷二一六引《朝野僉載》：「開元二年，安國觀道李若虛被御史李全交致其罪。」又見《題名考》「殿中侍御史」條。

唐玄宗開元三年（715） 乙卯

※宋璟　御史大夫

　　《新書》卷一二四《宋璟傳》：「……玄宗開元初，以雍州爲京兆府，復爲尹。進御史大夫。」《舊書》卷九八《魏知古傳》：「開元……三年（魏知古）卒，時年六十九。御史大夫宋璟聞而歎曰……」《通鑑》卷二一一：「開元三年，春，正月，……御史大夫宋璟坐監朝堂杖人杖輕，貶睦州刺史。」

※李傑　御史大夫

　　《舊書》卷一〇〇本傳：「尋代宋璟爲御史大夫。」《舊書》卷一八五《良吏下・楊瑒傳》：「開元初，遷侍御史。時崔日知爲京兆尹，貪暴犯法，瑒與御史大夫李傑將糾劾之。傑反爲日知所構，瑒廷奏曰：『糾彈之司，若遭恐脅，以成姦人之謀，御史臺固可廢矣。』上以其言切直，遂令傑依舊視事，貶日知爲歙縣丞。」《舊書》卷七〇《王珪傳》：「（盧）崇基孫旭，開元初……兼侍御史。……旭又與御史大夫李傑不協，遞相糾訐，傑竟坐左遷衢州刺史。」《通鑑》卷二一一：「開元三年，……京兆尹崔日知貪暴不法，御史大夫李傑將糾之，日知反構傑罪。十二月，侍御史楊瑒廷奏曰：『若糾彈之司，使姦人得而恐愒，則御史臺可廢矣。』上遽命傑視事如故，貶日知爲歙縣丞。」又《通鑑》卷二一一：「開元三年……十二月，皇后妹夫尚衣奉御長孫昕以細故與御史大夫李傑不協。」《會要》卷六一「彈劾」載御史大夫李傑彈劾京兆尹崔日知在開元二年，誤，今移正。

※王晙　御史大夫（攝）

　　《舊書》卷九三本傳：「王晙，滄州景城人，……晙弱冠明經擢第，歷遷殿中侍御史，……開元（三年）尋遷御史大夫。……九年，……仍兼御史大夫。」《新書》卷一二二《韋抗傳》：「抗者，安石從父兄子。弱冠舉明經，累官吏部郎中。景雲初，爲永昌令，輦轂繁要，抗不事威刑而治，前令無及者。遷右御史臺中丞，邑民詣闕留，不聽，乃立碑著其惠。開元三年，自太子左庶子爲益州大都督府長史，授黃門侍郎。河曲胡康待賓叛，詔持節慰撫。抗於武略非所長，稱疾逗留，不及賊而返。俄代王晙爲御史大夫，兼按察京畿。……坐薦御史非其人，授安州都督，改蒲州刺史。」《全唐文》卷二一玄宗《征突厥制》：「朔方道行軍大總管銀青光祿大夫右散騎常侍攝御史大夫王

晙……」

※姜晙　御史中丞

　　據《通鑑》卷二一一，姜晙於開元二年、四年在御史中丞任，則其開元三年當在御史中丞任上。

楊瑒　侍御史

　　《通鑑》卷二一一：「開元三年，……京兆尹崔日知貪暴不法，御史大夫李傑將糾之，日知反構傑罪。十二月，侍御史楊瑒廷奏曰：『若糾彈之司，使姦人得而恐愒，則御史臺可廢矣。』上遽命傑視事如故，貶日知爲歙縣丞。」《舊書》卷一八五下《良吏下·楊瑒傳》：「開元初，遷侍御史。時崔日知爲京兆尹，貪暴犯法，瑒與御史大夫李傑將糾劾之。傑反爲日知所構，瑒廷奏曰：『糾彈之司，若遭恐脅，以成姦人之謀，御史臺固可廢矣。』上以其言切直，遽令傑依舊視事，貶日知爲歙縣丞。瑒歷遷御史中丞、戶部侍郎。」《英華》卷三九四蘇頲《授楊瑒侍御史制》：「敕：朝議郎行殿中侍御史楊瑒，風度凝整，器懷沈密。清心所以激貪，明識由其應務。頃司王憲，深練朝經。體文質以會理，過柔剛以爲用。必能履繩作則，執簡弘宜。夙從臺閣之遷，更寵軒墀之列。可行侍御史，散官如故。」又見《題名考》「殿中侍御史」及「侍御史」條。

解忠順　侍御史

　　《題名考》卷一「碑陰題名」載解忠順資料如下：「【侍御史兼內供奉武后至玄宗末】解忠順，《元和姓纂》十二蟹：『職方員外郎解忠順，魏州貴鄉人。』《舊·突厥蘇錄傳》：『開元三年，遣侍御史解忠順齊璽書冊立蘇錄爲忠順可汗。』」

王旭　侍御史

　　《舊書》卷一八六《酷吏傳·王旭傳》：「開元二年，（王旭）累遷左臺侍御史。……五年，遷左司郎中，常帶侍御史。」又見《舊書》卷七〇《王珪傳》及《題名考》卷一【侍御史兼內供奉武后至玄宗末】「王旭」條。

　　霍按：據《舊書》本傳，王旭開元二年至開元四年應在侍御史任。又延和年（712年）廢右御史臺，先天二年（713年）復置，同年十月又廢，此後

至唐末均稱御史臺。《舊書》云王旭任左臺侍御史，顯係誤記。

宋遙　殿中侍御史　侍御史內供奉　開元初

《墓誌彙編》天寶一一八《唐故上黨郡大都督府長史宋公墓誌銘並序》：「公諱遙，字仲遠，廣平列人人也。……自國子進士補東萊郡錄事參軍，……移密縣尉，擢監察御史、殿中侍御史、侍御史內供奉。遷司勳員外郎、度支郎中，拜中書舍人，除御史中丞，賜緋魚袋。尋加朝散大夫，戶部、禮部、吏部、再戶部四侍郎左丞，……天寶六栽二月五日，終上黨公舍，享齡六十有五。」

宋遙　監察御史　開元三年、或四年

《墓誌彙編》天寶一一八《唐故上黨郡大都督府長史宋公墓誌銘並序》：「公諱遙，字仲遠，廣平列人人也。……自國子進士補東萊郡錄事參軍，……移密縣尉，擢監察御史、殿中侍御史、侍御史內供奉。遷司勳員外郎、度支郎中，拜中書舍人，除御史中丞，賜緋魚袋。尋加朝散大夫，戶部、禮部、吏部、再戶部四侍郎左丞，出博平、滎陽、絳、魏、陳留、襄陽、貶武當七郡太守，河北、河南、山南三採訪，上黨郡大都督府長史。……天寶六栽二月五日，終上黨公舍，享齡六十有五。」《全唐文》卷三四三顏眞卿《朝議大夫贈梁州都督上柱國徐府君（秀）神道碑銘》：「公諱秀，……年十五，為崇文生應舉，考功員外郎沈科讖偈浴抖堂壁畫賦，……遂擢高第。調補幽都縣尉，充相國尚書趙彥昭朔方節度判官。以事去職，又歷蔡州參軍，為御史宋遙關內覆囚判官。」又見《題名考》卷二「碑陰題名」宋遙。

霍按：趙彥昭開元元年（713）為刑部尚書、朔方節度使，徐秀由趙彥昭朔方節度判官，歷蔡州參軍，轉宋遙關內覆囚判官約在開元三年、或四年間，此亦宋遙任監察御史之時。

※張孝嵩　監察御史

《通鑑》卷二一一：「開元三年，……初，監察御史張孝嵩奉使廓州還，陳磧西利害，請往察其形勢；上許之，聽以便宜從事。」

劉沼　監察御史

《新書》卷一一八《韓思復傳》：「韓思復開元初為諫議大夫。山東大蝗，

宰相姚崇遣使分道捕瘞。……崇又遣監察御史劉沼覆視，沼希宰相意，悉易故牒以聞，故河南數州賦不得蠲。崇惡之，出爲德州刺史。拜黃門侍郎。帝北巡，爲行在巡問賑給大使。遷御史大夫，性活澹，不喜爲繩察，徙太子賓客，進爵伯。」又見《題名考》卷二「碑陰題名」劉沼。

　　霍按：《通鑑》卷二一一：「開元三年……三月，……山東大蝗，民或於田旁焚香膜拜設祭而不敢殺，姚崇奏遣御史督州縣捕而瘞之。」即指此事。

唐玄宗開元四年（716）　丙辰

※李傑　御史大夫

　　《舊書》卷八《玄宗上》：「（開元）四年春正月癸未，尚衣奉御長孫昕恃以皇后妹婿，與其妹夫楊仙玉毆擊御史大夫李傑，上令朝堂斬昕以謝百官。以陽和之月不可行刑，累表陳請，乃命杖殺之。」《通鑑》卷二一一：「開元四年……十月，庚午，葬大聖皇帝於橋陵，廟號睿宗。御史大夫李傑護橋陵作，判官王旭犯贓，傑按之，反爲所構，左遷衢州刺史。」

※姜晦　御史中丞

　　《通鑑》卷二一一：「開元四年……十月，單于副都護張知運悉收降戶兵仗，令渡河而南，降戶怨怒。御史中丞姜晦爲巡邊使，降戶訴無弓矢，不得射獵，晦悉還之；降戶得之，遂叛。張知運不設備，與之戰於青剛嶺，爲虜所擒，欲送突厥；至綏州境，將軍郭知運以朔方兵邀擊之，大破其眾於黑山呼延谷，虜釋張知運而去。上以張知運喪師，斬之以徇。」《新書》卷一九四《突厥傳上》：「初，降戶南至單于，左衛大將軍單于副都護張知運，盡收其器仗，令渡河而南，蕃人怨怒。御史中丞姜晦爲巡邊使，蕃人訴無弓矢。不得射獵，晦悉給還之。」

※崔沔　御史中丞（攝）

　　《舊書》卷一八八《孝友傳·崔沔傳》：「睿宗時，徵拜（沔）中書舍人。……無何，檢校御史中丞。時監察御史宋宣遠，恃盧懷愼之親，頗犯法，沔舉劾之。又姚崇之子光祿少卿彝，留司東都，頗通賓客，廣納賄賂，沔又將按驗其事。姚、盧時在政事，遽薦沔有史才，轉爲著作郎，其實去權也。」《新書》卷一二九《崔沔傳》：「崔沔字善沖，京兆長安人，後周隴州刺史士約四世孫，

自博陵徙焉。純謹無二言，事親篤孝，有才章。擢進士。舉賢良方正高第，不中者誦訾之，武后敕有司覆試，對益工，遂為第一。……睿宗召授中書舍人，以母病東都不忍去，固辭求侍，……詔改虞部郎中，俄檢校御史中丞。……監察御史宋宣遠與盧懷慎姻家，恃以弄法；姚崇子彝留司東都，通賓客，招賄賂。沔將按劾，崇、懷慎方執政，共薦沔有史才，轉著作郎，去其權，蓋憚之也。」《墓誌彙編》「大曆○六○《有唐通議大夫守太子賓客贈尚書左僕射崔公墓誌》（潁陽縣丞徐珙書）：「公諱沔，字若沖，博陵安平人也。……公廿四，鄉貢進士擢第，其年封中嶽，詔牧伯舉賢良，公與故監察御史諱渾雙名居右，敕拜麟臺校書郎。滿歲，補洛州陸渾主簿。宅汝州府君憂，外除，擢左補闕。無何，拜殿中侍御史，復換起居舍人。累祠部員外郎，擢給事中。居數月，轉中書舍人，辭官請侍，憂制改虞部郎中，仍都留司，因攝御史中丞，尋即眞，充都畿按察使，時宰反聽，屈著作郎。……入為左散騎常侍兼判國子祭酒。始東都副留守，復秘書監上籍田東都留守冊太子賓客兼懷州刺史。俄而去兼，加通議大夫。終東都副留守，時春秋六十有七。……以開元廿七年十一月十七日薨於居守之內館。」

霍按：郁賢皓、胡可先《唐九卿考》考姚彝任光祿少卿在開元四年（716年）。《通鑒》卷二一一：「開元四年……十一月……，崇子光祿少卿彝……廣通賓客，頗受饋遺，為時所譏。」據此知崔沔任御史中丞（攝）在本年。

※楊執一　御史中丞（攝）

《全唐文》卷二二九張說《贈戶部尚書河東公楊君神道碑》：「公諱執一，字某，弘農華陰人也。……詔徵為梁州都督兼左衛將軍河西諸軍州節度督察九姓赤水軍等大使。公富以農政，……遂攝御史中丞。……開元十四年正月二日薨。」吳廷燮《唐方鎮年表》（第 1217 頁）考楊執一攝御史中丞在開元四年，今從之。

王旭　侍御史

《舊書》卷一○○《李傑傳》：「傑明年以護橋陵作，賜爵武威子。初，傑護作時，引侍御史王旭為判官。旭貪冒受贓，傑將繩之而不得實，反謂旭所構，出為衢州刺史。」《通鑒》卷二一一：「開元四年……十月，御史大夫李傑護橋陵作，判官王旭犯贓，傑按之，反為所構，左遷衢州刺史。」又見《題名考》卷一【侍御史兼內供奉】「王旭」條。

霍按：《通鑑》卷二一一記載李傑引王旭爲判官在開元四年，時王旭爲侍御史。

※鄭齊嬰　監察御史

《會要》卷五三「舉賢」：「開元四年，黃門監盧懷慎上疏曰：『……竊見廣州都督宋璟立性公直，執心貞固，文學可以經務，識略可以佐時，動惟直道，行不苟合，聞諸朝野之說，實爲社稷之臣。……謹令外生監察御史鄭齊嬰奉表以聞。』」

楊範臣（楊軌臣）　監察御史

《通鑑》卷二一一：「開元四年……五月，……上命監察御史楊範臣與胡人偕往求之，範臣從容奏曰：『陛下前年焚珠玉、錦繡，示不復用。今所求者何以異於所焚者乎！彼市舶與商賈爭利，殆非王者之體。胡藥之性，中國多不能知；況於胡媼，豈宜置之宮掖！夫御史，天子耳目之官，必有軍國大事，臣雖觸冒炎瘴，死不敢辭。此特胡人眩惑求媚，無益聖德，竊恐非陛下之意，願熟思之。』上遽自引咎，慰諭而罷之。」《郎考》卷三「吏部郎中」作楊範臣。又見《題名考》卷二「碑陰題名」載楊軌臣。

杜暹　監察御史

《舊書》卷九八本傳：「杜暹，濮州濮陽人也。……開元四年，遷監察御史。」《新書》卷一二六《杜暹傳》：「杜暹，……擢明經第，補婺州參軍，秩滿歸，吏以紙萬番賺之，暹爲受百番，眾歎曰：『昔清吏受一大錢，何異哉』？爲鄭尉，復以清節顯。華州司馬楊孚，公挺人也，每咨重暹。會孚遷大理正，暹適以累當坐，孚曰：『使若人得罪，眾安勸乎？』以狀言執政，繇是擢爲大理評事。……開元四年，以監察御史覆屯磧西。……十四年，召同中書門下平章事。」又見《題名考》卷二「碑陰題名」杜暹。

※狄光嗣　監察御史

《會要》卷四四「螟蜮」：「開元四年五月，山東諸州大蝗，分遣御史捕而埋之。汴州刺史倪若水拒御史，執奏曰：『蝗是天災。自宜修德。劉聰時。除既不得。爲害滋深。』宰相姚崇牒報之曰：『劉聰僞主也。德不勝妖。今日聖朝也。妖不勝德。古之良守。蝗蟲避境。若言修德可免。彼豈無德致然。

今坐看食苗。忍而不救。因此飢饉。將何自安？』卒行埋瘞之法。獲蝗一十四萬石。投之汴水。流下者不可勝數。朝議喧然。上復以問崇。崇對曰：『凡事有違經而合道。有反道而適權者。彼庸儒不足以知之。縱除之不盡。猶勝養以成災。』上又曰：『殺蟲太多。有傷和氣。公其思之。』崇對曰：『若救人殺蟲致禍。崇所甘心。』八月二十四日己卯，敕河南河北檢校殺蝗蟲使狄光嗣、康瓘、敬昭道、高昌、賈彥璿等，宜令待蟲盡，看刈禾有次序，即入京奏事。」

※康瓘　監察御史

《會要》卷四四「蟓蝛」：「開元四年五月，山東諸州大蝗，分遣御史捕而埋之。……八月二十四日己卯，敕河南河北檢校殺蝗蟲使狄光嗣、康瓘、敬昭道、高昌、賈彥璿等，宜令待蟲盡，看刈禾有次序，即入京奏事。」

敬昭道　監察御史

《舊書》卷一八六下《酷吏傳》：「敬羽，寶鼎人也，父昭道，開元初爲監察御史。」《會要》卷四四「蟓蝛」：「開元四年五月，山東諸州大蝗，分遣御史捕而埋之。……八月二十四日己卯，敕河南河北檢校殺蝗蟲使狄光嗣、康瓘、敬昭道、高昌、賈彥璿等，宜令待蟲盡，看刈禾有次序，即入京奏事。」《舊書・五行志》：「開元四年五月，山東蟓蝗害稼，分遣御史捕而埋之。河南、河北檢校捕蝗使敬昭道等。又見《題名考》「監察御史」條。《廣記》卷一六六引《大唐新語》卷四：「敬昭道爲大理評事，遷監察御史。」

※高昌　監察御史

《會要》卷四四「蟓蝛」：「開元四年五月，山東諸州大蝗，分遣御史捕而埋之。……八月二十四日己卯，敕河南河北檢校殺蝗蟲使狄光嗣、康瓘、敬昭道、高昌、賈彥璿等，宜令待蟲盡，看刈禾有次序，即入京奏事。」

※賈彥璿　監察御史

《會要》卷四四「蟓蝛」：「開元四年五月，山東諸州大蝗，分遣御史捕而埋之。……八月二十四日己卯，敕河南河北檢校殺蝗蟲使狄光嗣、康瓘、敬昭道、高昌、賈彥璿等，宜令待蟲盡，看刈禾有次序，即入京奏事。」

宋宣遠　監察御史

　　《舊書》卷一八八《孝友傳·崔沔傳》:「睿宗時,徵拜(沔)中書舍人。……無何,檢校御史中丞。時監察御史宋宣遠,恃盧懷慎之親,頗犯法,沔舉劾之。又姚崇之子光祿少卿彝,留司東都,頗通賓客,廣納賄賂,沔又將按驗其事。姚、盧時在政事,遽薦沔有史才,轉爲著作郎,其實去權也。」《新書》卷一二九《崔沔傳》:「崔沔字善沖,京兆長安人,……睿宗召授中書舍人,以母病東都不忍去,固辭求侍,……詔改虞部郎中,俄檢校御史中丞。……監察御史宋宣遠與盧懷慎姻家,恃以弄法;姚崇子彝留司東都,通賓客,招賄賂。沔將按劾,崇、懷慎方執政,共薦沔有史才,轉著作郎,去其權,蓋憚之也。」《通鑑》卷二一一:「開元四年……十一月……,崇子光祿少卿彝……廣通賓客,頗受饋遺,爲時所譏。」又見《題名考》卷二「監察御史並□□□」宋宣遠。

劉昇　監察御史

　　《元龜》卷六三:開元四年「閏十二月詔曰:『』如聞兩京間驛家,緣使命極繁,其中多有妄索供給,宜令御史劉昇南北兩路簡察,隨事奏聞。」《全唐文》卷二七《簡察驛路妄索供給詔》:「如聞兩京間驛家,緣使命極繁,其中多有妄索供給。宜令御史劉昇往南北兩路簡察,隨事奏聞。」又見《題名考》卷二「監察御史並□□□」。

唐玄宗開元五年（717）　丁巳

※賈至　御史大夫（兼）

　　《舊書》卷一九○《文苑傳中·賈至傳》:「五年,轉京兆尹、兼御史大夫,卒。」

※裴漼　御史大夫

　　《新書》卷一三○本傳:「開元五年,爲吏部侍郎,甄拔士爲多,拜御史大夫。」

※崔沔　御史中丞

　　《墓誌彙編》「大曆○六○《有唐通議大夫守太子賓客贈尚書左僕射崔公

墓誌》（潁陽縣丞徐珹書）：「公諱沔，字若沖，博陵安平人也。……公廿四，鄉貢進士擢第，其年封中嶽，詔牧伯舉賢良，公與故監察御史諱渾雙名居右，敕拜麟臺校書郎。滿歲，補洛州陸渾主簿。宅汝州府君憂，外除，擢左補闕。無何，拜殿中侍御史，復換起居舍人。累祠部員外郎，擢給事中。居數月，轉中書舍人，辭官請侍，憂制改虞部郎中，仍都留司，因攝御史中丞，尋即眞，充都畿按察使，時宰反聽，屈著作郎。」據「開元四年崔沔條」考，崔沔開元四年十一月任御史中丞（攝），《墓誌》云「攝御史中丞，尋即眞。」崔沔任御史中丞當在本年。

※崔喬　侍御史

《元龜》卷一六二：「（開元）五年二月詔曰：『……宜令戶部郎中蔡容往河北道、侍御史崔喬往河南道，觀察風俗，問利害便……』」《全唐文》卷二六《遣使巡察河南北詔》：「……宜令戶部郎中蔡容往河北道、侍御史崔喬往河南道，觀察風俗，問利害，便與州縣籌度，隨事處置，還日奏聞。」

※趙冬曦　監察御史

《新書》卷二〇〇《儒學下》：「趙冬曦，定州鼓城人。進士擢第，歷左拾遺。……開元初，遷監察御史。」《墓誌續編》天寶〇六八（第630頁）《唐故國子祭酒趙君廣》：「府君諱冬曦，字仲慶，博陵鼓城人也。……覆王政之得失，陳理體之終始，凡十七篇。景龍中，河南罷黜陟使盧懷慎覽而欽歎，持表上聞，天子嘉焉。……奏以進士試，對策甲科。是歲調集有司，即授校書郎，旌巽等也。慈州刺史倪若水舉文藻絕倫，對策上中第，除右拾遺，還監察御史以他事聯及，放於岳州。歲滿□恩，名家艱停；私服闋，重操本官，兼掌國史，轉殿中侍御史、集賢院學士，遷考功員外郎，中書舍人、太僕少卿，以親累貶合州刺史。……春秋七十有四，天寶九載二月丁亥薨背於西京善和里第。」郁賢皓《唐刺史考全編》考得倪若水任慈州刺史約在開元元年、二年，可信。趙冬曦舉文藻絕倫科，對策上中第當在此間，其任監察御史約在開元四年、五年，旋以「他事聯及，放於岳州。」又《唐故國子祭酒趙君廣》云：「（趙冬曦）夫人隴西牛氏，……春秋三十有二，開元六年岳州之還也，在路遇疾，七月癸巳，薨北於襄州。」正與此合。

唐玄宗開元六年（718） 戊午

※王晙　御史大夫

《舊書》卷九九《張嘉貞傳》:「張嘉貞,蒲州猗氏人也。弱冠應五經舉。……（開元）六年春,……御史大夫王晙因而劾奏之。」事又見同書卷一九四《突厥傳》。

※郭知運　御史中丞（攝）

《舊書》卷一〇三本傳:「郭知運字逢時,瓜州常樂人。……開元……六年,知運又率兵入討吐蕃,賊徒無備,遂掩至九曲,獲鎖甲及馬氂牛等數萬計。知運獻捷,……拜知運爲兼鴻臚卿、攝御史中丞,加封太原郡公。

敬昭道　殿中侍御史

《英華》卷三九五賈至《授敬昭道殿中侍御史等制》:「敕:朝議郎行監察御史敬昭道,見素爲質,懷清守道。學以潤身,文能比事。……或入持天憲。傳使者之命,往則有功;按罪人之贓,居而不撓。因其績用,採其聲華,宜叶歲遷,允符時議,可依前件。」又見《題名考》「殿中侍御史」條。

霍按:敬昭道開元四年任監察御史,據唐代監察御史二十五個月職滿遷轉計,其轉殿中侍御史應在本年,姑繫於此。

蕭隱之　監察御史

《舊書·食貨志上》:「時江淮錢尤濫惡,有官爐、偏爐、棱錢、時錢等數色。宋璟開元六年,遣監察御史蕭隱之充江淮使。隱之乃令率戶出錢,務加督責。」又見《題名考》卷二「碑陰題名」蕭隱之。

唐玄宗開元七年（719） 己未

※張說　御史大夫（攝）

《舊書》卷九七本傳:「開元七年,檢校幷州大都督府長史,兼天兵軍大使,攝御史大夫,兼修國史。」《全唐文》卷二二玄宗《授張說同中書門下三品制》:「門下:乾坤以陰陽化成,後王以輔相興理,所以寅亮天工,緝熙帝圖,非夫大賢,孰寄斯任。天兵軍節度大使右羽林將軍兼併州長史攝御史大

夫燕國公兼修國史張說，挺其公才，生我王國。體文武之道，則出將入相；盡忠貞之節，亦前疑後丞。諒可以宏此大猷，總其邦政，允釐庶績，保乂皇家。可守兵部尚書同中書門下三品。」又見《全唐文》卷二八《命張說修國史詔》：「林軍將軍攝御史檢校并州大都督府長史持節天兵軍節度大使燕國公張說……」

※裴寬　御史中丞

《會要》卷六〇「監察御史」：「……至開元七年三月，敕並令隨仗入閣。西監察院，即今中丞東廨是也。中丞裴寬因修廨宇，遂移監察院於十道使院置之，舊院遂爲中丞廨宇。」

※蕭隱之　監察御史

霍按：《舊書·食貨志上》：「宋璟開元六年，遣監察御史蕭隱之充江淮使。」《通鑑》卷二一二：「（開元）八年……正月，時璟與中書侍郎、同平章事蘇瓌建議嚴禁惡錢，江、淮間惡錢尤甚。璟以監察用途是蕭隱之充使括惡錢。」據此知蕭隱之本年在監察御史任。

※翟璋　監察御史

《會要》卷六二「知班」：「（開元）七年正月二十一日，上御紫宸殿，朝集使魏州長史敬讓、辰州長史周利貞俱欲奏事，左臺御史翟璋監殿廷，揖利貞先進。讓以父暉爲利貞所斃，不勝憤恨，遂越次而奏。利貞受武三思使，枉害臣父。璋劾讓不待監引，請付法。上曰：『讓訴父枉，不可不矜，朝儀亦不可不肅，可奪一季祿而已。』貶利貞爲邕州長史。」延和年（712年）廢右御史臺，先天二年（713年）復置，同年十月又廢，此後至唐末均稱御史臺。《會要》稱翟璋左臺御史，係誤記，今移正。

唐玄宗開元八年（720）　庚申

※韋抗　御史大夫

《舊書》卷八《玄宗上》：「（開元）八年……秋九月，……以御史大夫王晙爲兵部尚書兼幽州都督，黃門侍郎韋抗爲御史大夫、朔方總管以禦之。」《舊書》卷九二《韋安石傳·從父兄子抗附傳》：「抗，弱冠舉明經，累轉吏部郎

中，以清謹著稱。景雲初，爲永昌令，不務威刑而政令肅一。……無幾，遷右臺御史中丞。……（開元）八年，代王晙爲御史大夫，……尋以薦御史非其人，出爲安州都督，轉蒲州刺史。」又見《新書》卷一二二《韋抗傳》。

※王晙　御史大夫

《舊書》卷八《玄宗上》：「（開元）八年……秋九月，突厥欲谷寇甘、涼等州，……以御史大夫王晙爲兵部尙書兼幽州都督，黃門侍郎韋抗爲御史大夫、朔方總管以禦之。」《舊書》卷九二《韋安石傳從父兄子抗附傳》：「抗，弱冠舉明經，累轉吏部郎中，以清謹著稱。景雲初，爲永昌令，不務威刑而政令肅一。……（開元）八年，代王晙爲御史大夫。」

※李謹度　御史中丞

《通鑑》卷二一二：「（開元）八年，……春，正月，……侍中宋璟疾負罪而妄訴不已者，悉付御史臺治之。謂中丞李謹度曰……」

※崔訓　殿中侍御史

《舊書》卷九九《張嘉貞傳》：「……（開元）八年春，……嘉貞爲中書侍郎、同中書門下平章事。……時……殿中侍御史崔訓，皆嘉貞所引，位列清要。」《新書》卷一二七《張嘉貞傳》：「嘉貞性簡疏，與人不疑，內曠如也，或時以此失。有嗜進者，汲引之，能以恩終始。所薦中書舍人苗延嗣、呂太一，考功員外郎員嘉靜，殿中侍御史崔訓，皆位清要，日與議政事。故當時語曰：令君四俊，苗、呂、崔、員。」《通鑑》卷二一二「開元八年」記載同。

劉昇　殿中侍御史

見《題名考》卷二「殿中侍御史內供奉」。鉞按：「今陝西華陰縣有開元八年所立《精享昭應之碑》，爲殿中侍御史彭城劉昇書。」又見《徐州志》。

韓朝宗　監察御史

《舊書·張嘉貞傳》：「開元中，張嘉貞作相，薦萬年縣主簿韓朝宗，擢爲監察御史。」又見《題名考》卷二「監察御史並□□□」。

霍按：開元八年，唐玄宗罷免宋璟與蘇頲的宰相之職，張嘉貞拜相，擢韓朝宗爲監察御史。

※蕭隱之　監察御史

《通鑑》卷二一二：「（開元）八年……正月，時璟與中書侍郎、同平章事蘇瓌建議嚴禁惡錢，江淮間惡錢尤甚。璟以監察御史蕭隱之充使括惡錢。」孫逖《授蕭隱之御史中丞制》：「門下：列彼三獨，徵於百僚，選眾為人，舉能斯在。中大夫檢校大府少卿東都和雜等使護軍蕭隱之，敏行深識，貞標雅器。性與公清，寧欺於暗室；才優決斷，豈避於盤根。自任以長府，委之平雜，備聞堅正，深叶和均。將寄朝綱，允副人望，宜贊貳於南憲，俾肅清於東都。可行御史中丞，仍充東京畿採訪處置使兼充和市和糴使，散官勳如故。

※李□　監察御史

《墓誌彙編》天寶一九七《大唐故監察御史趙郡李府君夫人博陵崔氏墓誌銘並序》：「夫人博陵人也，……府君之履臺憲也，以持斧之雄，受登車之任，江湖風靡，甌越星馳。……及府君之末世也，夫人才廿九矣。……夫人……天寶十載遇疾，十二日終於東京仁和里之私第，春秋六十。」天寶十載（751）夫人六十歲終，以此推，夫人廿九歲，即開元八年（720）年及稍前一段時間李府君任監察御史。

唐玄宗開元九年（721）　辛酉

※王晙　御史大夫（兼）

《舊書》卷九三本傳：「王晙，滄州景城人，……晙弱冠明經擢第，歷遷殿中侍御史，……尋遷御史大夫。……九年，……仍兼御史大夫。」《全唐文》卷二一玄宗《征突厥制》：「朔方道行軍大總管銀青光祿大夫右散騎常侍攝御史大夫王晙，長才多奇，大勇不鬥，寄用扞城，隱當敵國，當出閫之寄，有辭第之公，故可總是中軍，以宏上略。」

※臧懷亮　御史中丞（攝）

《墓誌續編》開元○九八《大唐故冠軍大將軍左羽林軍大將軍上柱國東莞郡開國公臧府君墓誌並序》：「公諱懷亮，字時明，東莞莒人也。……會六州胡叛，將兵討除，……恩拜右武衛大將軍、節度河東道諸軍州兵馬，重往討擊，罄盡巢穴。以功最拜左羽林軍大將軍，復以本官兼安東大都護、營府都督攝御史中丞、平盧軍節度大使、支度、營田，海運大使。」《通鑑》卷二

一二載王師討康待賓六州胡叛事在開元九年。

宇文融　侍御史

　　《舊書》卷一〇五本傳：「融，開元初，累轉富平主簿，明辯有吏幹，俄拜監察御史，充使搜括逃戶，特加朝散大夫，再遷兵部員外郎，兼侍御史。融於是奏置勸農判官十人，並攝御史，分往天下，所在檢括田疇。……融由是擢拜御史中丞。」據《舊書》卷一〇五本傳、《會要》《會要》卷八五，宇文融括戶在開元九年，其兼侍御史當在此年。又見《題名考》卷一「碑陰題名」宇文融條。

※張洽　侍御史（開元九年～十年）

　　《新書》卷一一八《韋湊傳》：「開元初，……韋湊遷右衛大將軍，……尋徙河南尹，封彭城郡公。會洛陽主簿王鈞以賕抵死，詔曰：『兩臺御史、河南尹縱吏侵漁，春秋重責帥，其出湊曹州刺史，侍御史張洽通州司馬。』」《全唐文》卷九九三《唐太原節度使韋湊神道碑》：「（開元）十年，以屬官有犯，出爲杭州刺史；十一年，轉汾州刺史。」《舊書》卷一〇一《韋湊傳》略同。《新書》云「出湊曹州刺史」，疑誤記，或由曹州刺史轉杭州刺史。

※宇文融　監察御史

　　《舊書》卷一〇五本傳：「融，開元初，累轉富平主簿，明辯有吏幹，俄拜監察御史，充使搜括逃戶，特加朝散大夫，再遷兵部員外郎，兼侍御史。融於是奏置勸農判官十人，並攝御史，分往天下，所在檢括田疇。……融由是擢拜御史中丞。」《新傳》略同。《舊書》卷四八「食貨上」：「開元中，有御史宇文融獻策，括籍外剩田、色役僞濫，及逃戶許歸首，免五年徵賦。每丁量稅一千五百錢，置攝御史，分路檢括隱審。得戶八十餘萬，田亦稱是，得錢數百萬貫。玄宗以爲能，數年間拔爲御史中丞、戶部侍郎。」《會要》卷八五：「開元九年正月二十八日，監察御史宇文融請檢察色役僞濫，並科逃戶及籍田，因令充使，於是奏勸農判官數人，華州錄事參軍慕容琦、長安縣尉王冰、太原司錄張均、太原兵曹宋希玉、大理評事宋珣、長安主簿韋利涉、汾州錄事參軍韋恰、氾水縣尉薛侃、三原縣尉喬夢松、大理寺丞王誘、右拾遺徐楚璧、告成縣尉徐鍔、長安縣尉裴寬、萬年縣尉岑希逸、同州司馬邊仲寂、大理評事班景倩、榆次縣尉郭庭倩、河南府法曹元將茂、洛陽縣尉劉日

貞。至十二年，又加長安縣尉王燾、河南縣尉于孺卿、左拾遺王忠翼、奉天縣尉何千里、伊闕縣尉梁勳、富平縣尉盧怡、咸陽縣尉庫狄履溫、渭南縣尉賈晉、長安縣尉李憕、前大理評事盛等，皆當時名士，判官得人，於此為獨盛，分往天下，安輯戶口，檢責剩田。」

慕容琦　監察御史（攝），開元九年（721）～十二年（724）

《會要》卷八五：「開元九年正月二十八日，監察御史宇文融請檢察色役偽濫，並科逃戶及籍田，因令充使，於是奏勸農判官數人，華州錄事參軍慕容琦、長安縣尉王冰、太原司錄張均、太原兵曹宋希玉、大理評事宋珣、長安主簿韋利涉、汾州錄事參軍韋恰、氾水縣尉薛侃、三原縣尉喬夢松、大理寺丞王誘、右拾遺徐楚璧、告成縣尉徐鍔、長安縣尉裴寬、萬年縣尉岑希逸、同州司馬邊仲寂、大理評事班景倩、榆次縣尉郭庭倩、河南府法曹元將茂、洛陽縣尉劉日貞。至十二年，又加長安縣尉王燾、河南縣尉於孺卿、左拾遺王忠翼、奉天縣尉何千里、伊闕縣尉梁勳、富平縣尉盧怡、咸陽縣尉庫狄履溫、渭南縣尉賈晉、長安縣尉李登、前大理評事盛廙等，皆當時名士，判官得人，於此為獨盛，分往天下，安輯戶口，檢責剩田。」《元龜》卷一六二《帝王部・命使第二》：「開元……十一年五月命左拾遺徐楚璧，大理丞王誘，大理評事宋珣、班景倩，河南府法曹參軍元將茂，大原府司錄參軍張均，大原府兵曹參軍宋希玉，長安縣主簿韋利涉，長安縣尉王冰，雒陽主簿劉日正，長安縣尉裴寬，萬年縣尉崔希逸，三原縣尉喬夢松，告成縣尉徐鍔，氾水縣尉薛侃，同州司法參軍邊沖寂，分州錄事參軍韋洽，榆次縣尉郭庭等，攝監察御史分巡諸道。」又見《題名考》「監察御史並□□□」。

※王冰　監察御史（攝）開元九年（721）～十二年（724）

見本年「宇文融」條。

※張均　監察御史（攝）開元九年（721）～十二年（724）

見本年「宇文融」條。

※宋希玉　監察御史（攝）開元九年（721）～十二年（724）

見本年「宇文融」條。

※宋珣　監察御史（攝）開元九年（721）～十二年（724）
　　　見本年「宇文融」條。

※韋利涉　監察御史（攝）開元九年（721）～十二年（724）
　　　見本年「宇文融」條。

※韋恰　監察御史（攝）開元九年（721）～十二年（724）
　　　見本年「宇文融」條。

※薛侃　監察御史（攝）開元九年（721）～十二年（724）
　　　見本年「宇文融」條。

※喬夢松　監察御史（攝）開元九年（721）～十二年（724）
　　　見本年「宇文融」條。

※王誘　監察御史（攝）開元九年（721）～十二年（724）
　　　見本年「宇文融」條。

※徐楚璧　監察御史（攝）開元九年（721）～十二年（724）
　　　見本年「宇文融」條。

※徐鍔　監察御史（攝）開元九年（721）～十二年（724）
　　　見本年「宇文融」條。

※裴寬　監察御史（攝）開元九年（721）～十二年（724）
　　　見本年「宇文融」條。

※邊仲寂　監察御史（攝）開元九年（721）～十二年（724）
　　　見本年「宇文融」條。

※班景倩　監察御史（攝）開元九年（721）～十二年（724）
　　　見本年「宇文融」條。又見《題名考》「監察御史」、「殿中侍御史」、「侍御史」條。

※郭庭倩　監察御史（攝）開元九年（721）～十二年（724）

見本年「宇文融」條。

※元將茂　監察御史（攝）開元九年（721）～十二年（724）

見本年「宇文融」條。

※劉日貞　監察御史（攝）開元九年（721）～十二年（724）

見本年「宇文融」條。

※崔希逸　監察御史　開元九年（721）～十二年（724）

《舊書》卷一八七《忠義傳下・李憕傳》：「開元九年，張說「入爲相，憕又爲長安尉。屬宇文融爲御史，括田戶，奏知名之士崔希逸、咸廙業、宇文順、於孺卿、李宙及爲判官，攝監察御史，分路檢察，以課並遷監察御史」

霍按：《會要》卷八五：「開元九年正月，監察御史宇文融奏萬年縣尉岑希逸等充勸農判官。」「岑」當爲「崔」之誤。

咸廙業　監察御史　開元九年（721）～十二年（724）

《舊書》卷一八七《忠義傳下・李憕傳》：「……屬宇文融爲御史，括田戶，奏知名之士崔希逸、咸廙業、宇文順、于孺卿、李宙及憕爲判官，攝監察御史，分路檢察，以課並遷監察御史。」《通志・氏族略四》：「開元中，殿中侍御史咸廙業世居東海監朐。」《會要》卷七六：「神龍二年才膺管樂科成廙業及第。」《新書・儒學下趙冬曦傳》：「開元九年，宇文融爲御史，括田戶，奏知名之士咸廙業等爲判官，攝監察御史，分路檢察，以課並遷監察御史。」《《英華》卷八六〇李華《杭州餘杭縣龍泉寺故大律師碑》：故成御史廙業等屈身郡邑，艫舸洄沿。」《全唐文》卷三六二徐季鴒《屯留令薛僅善政碑》：「自江陽丞，中丞宇文融、殿中侍御史咸廙業並引爲判官。」又見《題名考》「監察御史」及「殿中侍御史」條。

張樽　監察御史

《元龜》卷一五九：開元九年「六月丁亥詔：化度寺無盡藏財物田宅六畜，並宜散施京城觀寺。……仍令御史張樽與禮部侍郎崔據、京兆尹孟溫禮取元奏數，揀京城大德戒行灼然者共檢校，量事均融，處置訖奏聞。」又見《全唐文》卷二八《分散化度寺無盡藏財物詔》及《題名考》卷二「監察御

史並□□□」。

※韓朝宗　監察御史

　　《元龜》卷一三六：「（開元）九年九月詔曰：「如聞鹽夏兩州百姓及六州胡等，被胡賊殺掠。宜令御史韓朝宗、皇甫翼齎書……量事處置，訖回日奏聞。」《全唐文》卷二八《慰問鹽夏兩州百姓詔》：「如聞鹽夏兩州百姓及六州胡等，被胡賊殺掠。宜令御史韓朝宗、皇甫翼齎書分往慰問。」又見《新書·韓朝宗傳》。

皇甫翼　監察御史

　　《元龜》卷一三六：「（開元）九年九月詔曰：「如聞鹽夏兩州百姓及六州胡等，被胡賊殺掠。宜令御史韓朝宗、皇甫翼齎書……量事處置，訖回日奏聞。」又見《題名考》卷二「監察御史並□□□」。

韋紹　監察御史

　　《英華》卷三九五韓休《授皇甫翼等監察御史制》：「敕：朝議郎行河南縣尉皇甫翼、朝議郎行長安縣尉韋紹、朝議郎行醴泉縣尉張季珝等，……任之舉直，可以獨邪，並可監察御史。」又見《題名考》卷二「監察御史並□□□」。

　　霍按：皇甫翼開元九年在監察御史任，韋紹任監察御史在本年前後。

張季珝　監察御史

　　《英華》卷三九五韓休《授皇甫翼等監察御史制》：「敕：朝議郎行河南縣尉皇甫翼、朝議郎行長安縣尉韋紹、朝議郎行醴泉縣尉張季珝等，……任之舉直，可以獨邪，並可監察御史。」又見《題名考》卷二「監察御史並□□□」。

　　霍按：皇甫翼開元九年在監察御史任，張季珝任監察御史在本年前後。

唐玄宗開元十年（722）　壬戌

※韋抗　御史大夫

　　《舊書》卷九九《張嘉貞傳》：「……開元十年，車駕幸東都。有洛陽主

簿王鈞爲嘉貞修宅，將以求御史，因受賕事發，……乃歸罪於御史大夫韋抗、中丞韋虛心，皆貶黜之。」

※裴漼　御史大夫

《舊書》卷一○○本傳：「漼色養劬勞，十數年不求仕進。父卒後，應大禮舉，……累遷監察御史。時吏部侍郎崔湜、鄭愔坐賕爲御史李尙隱所劾，漼同鞫其獄。……開元五年，遷吏部侍郎，……再轉黃門侍郎，代韋抗爲御史大夫。……二十四年卒。」《新書》卷一三○《裴漼傳》：「裴漼，絳州聞喜著姓。父琰之，永徽中爲同州司戶參軍，……（琰之）以倉部郎中病廢，漼侍疾十餘年，不肯仕。琰之沒，始擢明經，調陳留主簿，遷監察御史。時崔湜、鄭愔典吏選，坐奸賕，爲李尙隱所劾，詔漼按訊，而安樂公主、上官昭容爲阿右，漼執政其罪，天下稱之。……開元五年，爲吏部侍郎，甄拔士爲多。拜御史大夫。」《舊書》卷九九《張嘉貞傳》，開元十年韋抗爲御史大夫。裴漼代韋抗爲御史大夫當在本年。

※韋虛心　御史中丞

《舊書》卷九九《張嘉貞傳》：「……開元十年，車駕幸東都。有洛陽主簿王鈞爲嘉貞修宅，將以求御史，因受賕事發，……乃歸罪於御史大夫韋抗、中丞韋虛心，皆貶黜之。」《舊書》卷一○一《韋湊傳·從子虛心附傳》：「……虛心舉孝廉，爲官嚴整，累至大理丞、侍御史。神龍年，推按大獄，時僕射竇懷貞、侍中劉幽求意欲寬假，虛心堅執法令，有不可奪之志。景龍中，西域羌胡背叛，時並擒獲，有敕盡欲誅之。虛心論奏，但罪元首，其所全者千餘人。……後遷御史中丞。」《新書》卷一一八《韋虛心傳》：「虛心字無逸，維子。舉孝廉。遷大理丞、侍御史。神龍中，按大獄，僕射竇懷貞、侍中劉幽求有所輕重，虛心據正不橈。景龍中，屬羌叛，既禽捕，有詔悉誅，虛心惟論酋長死，原活其餘。遷御史中丞。」

※張洽　御史中丞

《元龜》卷五二二《憲官部·遣讓》。

※趙冬曦　監察御史

《舊書》卷一九○《文苑傳中·賀知章傳》：「開元十年，兵部尙書張說

為麗正殿修書使，奏請知章及秘書員外監徐堅、監察御史趙多曦皆入書院，同撰《六典》及《文纂》等，累年，書竟不就。」《張燕公集》存張說與趙多曦唱和詩多首，又見《郎考》外補。《墓誌續編》天寶○六八（第630頁）《唐故國子祭酒趙君廣》：「府君諱多曦，字仲慶，博陵鼓城人也。……覆王政之得失，陳理體之終始，凡十七篇。景龍中，河南罷黜陟使盧懷愼覽而欽歎，持表上聞，天子嘉焉。……奏以進士試，對策甲科。是歲調集有司，即授校書郎，旋巽等也。慈州刺史倪若水舉文藻絕倫，對策上中第，除右拾遺，還監察御史以他事聯及，放於岳州。歲滿□恩，名家艱停；私服闋，重操本官，兼掌國史，轉殿中侍御史、集賢院學士，遷考功員外郎，中書舍人、太僕少卿，以親累貶合州刺史。……春秋七十有四，天寶九載二月丁亥薨背於西京善和里第。」趙多曦約開元四年、五年任監察御史，開元十年又任監察御史，故《唐故國子祭酒趙君廣》曰「私服闋，重操本官」。

唐玄宗開元十一年（723）　癸亥

※韓思復　御史大夫

《舊書》卷一○一《韓思復傳》：「開元初，……思復遂為崇所擠，出為德州刺史，……代裴漼為御史大夫。」《新書》卷一一八《韓思復傳》：「韓思復開元初為諫議大夫。山東大蝗，宰相姚崇遣使分道捕瘞。……崇又遣監察御史劉沼覆視，沼希宰相意，悉易故牒以聞，故河南數州賦不得蠲。崇惡之，出為德州刺史。拜黃門侍郎。帝北巡，為行在巡問賑給大使。遷御史大夫，性沽澹，不喜為繩察，徙太子賓客，進爵伯。」《舊書》卷一○一本傳言韓思復「裴漼為御史大夫」，韓思復任御史大夫應在本年。

※楊執一　御史大夫（攝）

《全唐文》卷二二九張說《贈戶部尚書河東公楊君神道碑》：「公諱執一，字某，弘農華陰人也。……詔徵為梁州都督兼左衛將軍河西諸軍州節度督察九姓赤水軍等大使。公富以農政，……遂攝御史中丞。……復梁州都督，改右衛將軍，……尋移許州刺史，未到，……授右衛將軍檢校勝州都督兼處置降戶使。……又兼原州都督。徵拜右威衛大將軍，進檢校右金吾大將軍，尋而即真。皇上哀庶蘗之不辜，念群胡之自擊，……乃命公攝御史大夫，為朔

方元帥。……改右衛大將軍，……無何，右金吾大將軍，……改金紫光祿大夫鄜州刺史，……開元十四年正月二日薨。」《新表一下》楊氏觀王房：「執一，朔方節度使，河東郡公。」據《新表》及《楊公神道碑》，其攝御史大夫當在開元十一年前後。又見《墓誌彙編》開元二六三《大唐故金紫光祿大夫行鄜州刺史贈戶部尚書上柱國河東忠公楊府君墓誌銘並序》（右庶子集賢學士賀知章撰）。

梁昇卿　殿中侍御史

《題名考》載《大唐御史臺精舍題名考並序》：「中書令崔湜任殿中侍御史日纂文，開元十一年，殿中侍御史梁昇卿追書。」又見《郎考》戶中，又《題名考》監察。

趙冬曦　殿中侍御史

《題名考》卷二「碑陰題名」【殿中侍御史兼內供奉武后中至玄宗末】：「趙冬曦，見郎官考外補。《舊·賀知章傳》：『開元十年，官監察御史。』鈇案：王氏《金石萃編》載，開元十一年，少林寺賜田牒有判官、殿中侍御史趙冬曦，銜與此官合。云判官者，當是東都留守判官也。《新·儒學傳下》：『開元初，遷監察御史，坐事遷岳州。召還復官，未幾，知史官事，遷考功員外郎。』」

霍按：趙鈇《題名考》考證，趙冬曦本年任殿中侍御史，從之。《通鑑》卷二一二載開元十一年「監察御史趙冬曦」，非是。

※宇文融　殿中侍御史

《會要》卷八四「租庸使」：「開元十一年十一月，宇文融除殿中侍御史，勾當租庸地稅使。」「《姓纂》卷九「虞」：「融，黃門侍郎、平章事。」又見《題名考》「監察御史」、「殿中侍御史」、「侍御史」條。《英華》有《授宇文融汝州刺史敕》，文稱「三遷憲府」，即任監察、殿中及侍御史。

唐玄宗開元十二年（724）　甲子

※韓思復　御史大夫

據開元十一年「韓思復」條考證，韓於開元十一年任御史大夫。又開元十三年，程行諶爲御史大夫，則本年韓思復當在御史大夫任。

※宇文融　御史中丞

　　《通鑑》卷二一二：「開元十二年……八月……己亥，以宇文融爲御史中丞。」同書卷一八五《楊瑒傳》：「開元初，……時御史中丞宇文融奏括戶口，議者或以爲不便，敕百僚省中集議，時融方在權要，公卿已下，多雷同融議，瑒獨與盡理爭之。尋出爲華州刺史。」《舊書》卷九七《張說傳》：「先是，御史中丞宇文融獻策，請括天下逃戶及籍外剩田，置十道勸農使，分往檢察。說嫌其擾人不便，數建議違之。」《舊書》卷九九《張九齡傳》：「……時御史中丞宇文融方知田戶之事，每有所奏，說多建議違之，融亦以此不平於說。」《舊書》卷一〇〇《盧從願傳》：「御史中丞宇文融承恩用事，以括獲田戶之功，本司校考爲上下，從願抑不與之。融頗以爲恨。」又見《會要》卷八五《戶口使》。

※楊瑒　御史中丞

　　《舊書》卷一八五下《良吏下・楊瑒傳》：「……瑒歷遷御史中丞、戶部侍郎。上曾於延英殿召中書門下與諸司尙書及瑒議戶口之事，瑒因奏人間損益，甚見嗟賞。時御史中丞宇文融奏括戶口，議者或以爲不便，敕百僚省中集議，時融方在權要，公卿已下，多雷同融議，瑒獨與盡理爭之。尋出爲華州刺史。」又見《新書》卷一三〇《楊瑒傳》。嚴耕望《唐僕尙丞郎表》卷三考楊瑒開元十二年由御史中丞遷戶部侍郎。其年宇文融爲御史中丞，正與《舊書・楊瑒傳》記載合。

韋恒　殿中侍御史（開元十二年～開元十五年）

　　《新書》卷一一六《韋恒傳》：「恒，開元初爲碭山令，……姑子御史中丞宇文融薦恒有經濟才，讓以其位，擢殿中侍御史。累轉給事中，爲隴右、河西黜陟使。」《舊書》卷八八《韋思謙傳・子嗣立附傳》：「恒，開元初爲碭山令，爲政寬惠，人吏愛之。……遠近稱焉。御史中丞宇文融，即恒之姑子也，嘗密薦恒有經濟之才，請以己之官秩回授，乃擢拜殿中侍御史。」又見《題名考》卷二「殿中侍御史兼內供奏」。

　　霍按：宇文融開元十二年至十五年爲御史中丞，其擢韋恒任殿中侍御史應在此期間。

王燾　監察御史

《會要》卷八五：「開元九年正月二十八日，監察御史宇文融請檢察色役僞濫，⋯⋯至十二年，又加長安縣尉王燾、河南縣尉于孺卿、左拾遺王忠翼、奉天縣尉何千里、伊闕縣尉梁勳、富平縣尉盧怡、咸陽縣尉庫狄履溫、渭南縣尉賈晉、長安縣尉李登、前大理評事咸廙業等，皆當時名士，判官得人，於此爲獨盛，分往天下，安輯戶口，檢責剩田。」又見《題名考》卷二「殿中侍御史兼內供奉」。

于孺卿　監察御史

《會要》卷八五：「開元九年正月二十八日，監察御史宇文融請檢察色役僞濫，⋯⋯至十二年，又加長安縣尉王燾、河南縣尉于孺卿、左拾遺王忠翼、奉天縣尉何千里、伊闕縣尉梁勳、富平縣尉盧怡、咸陽縣尉庫狄履溫、渭南縣尉賈晉、長安縣尉李登、前大理評事咸廙業等，皆當時名士，判官得人，於此爲獨盛，分往天下，安輯戶口，檢責剩田。」又見《題名考》卷二碑陰題名「于孺卿」條。

※王忠翼　監察御史

《會要》卷八五：「開元九年正月二十八日，監察御史宇文融請檢察色役僞濫，⋯⋯至十二年，又加長安縣尉王燾、河南縣尉于孺卿、左拾遺王忠翼、奉天縣尉何千里、伊闕縣尉梁勳、富平縣尉盧怡、咸陽縣尉庫狄履溫、渭南縣尉賈晉、長安縣尉李登、前大理評事咸廙業等，皆當時名士，判官得人，於此爲獨盛，分往天下，安輯戶口，檢責剩田。」

何千里　殿中侍御史　監察御史

《會要》卷八五：「開元九年正月二十八日，監察御史宇文融請檢察色役僞濫，⋯⋯至十二年，又加長安縣尉王燾、河南縣尉于孺卿、左拾遺王忠翼、奉天縣尉何千里、伊闕縣尉梁勳、富平縣尉盧怡、咸陽縣尉庫狄履溫、渭南縣尉賈晉、長安縣尉李登、前大理評事咸廙業等，皆當時名士，判官得人，於此爲獨盛，分往天下，安輯戶口，檢責剩田。」《顏魯公文傳》卷六《鮮于少保碑》：「父令徵，與殿中侍御史何千里以氣慨相高」。又見《題名考》卷二殿中監察。

梁勳　監察御史

《會要》卷八五：「開元九年正月二十八日，監察御史宇文融請檢察色役僞濫，……至十二年，又加長安縣尉王燾、河南縣尉于孺卿、左拾遺王忠翼、奉天縣尉何千里、伊闕縣尉梁勳、富平縣尉盧怡、咸陽縣尉庫狄履溫、渭南縣尉賈晉、長安縣尉李登、前大理評事咸廙業等，皆當時名士，判官得人，於此爲獨盛，分往天下，安輯戶口，檢責剩田。」又見《題名考》卷二「監察御史並□□□」。

盧怡　殿中侍御史　監察御史

《會要》卷八五：「開元九年正月二十八日，監察御史宇文融請檢察色役僞濫，……至十二年，又加長安縣尉王燾、河南縣尉于孺卿、左拾遺王忠翼、奉天縣尉何千里、伊闕縣尉梁勳、富平縣尉盧怡、咸陽縣尉庫狄履溫、渭南縣尉賈晉、長安縣尉李登、前大理評事咸廙業等，皆當時名士，判官得人，於此爲獨盛，分往天下，安輯戶口，檢責剩田。」又見《題名考》卷二「殿中侍御史並內供奉」及監察。

庫狄履溫　監察御史

《會要》卷八五：「開元九年正月二十八日，監察御史宇文融請檢察色役僞濫，……至十二年，又加長安縣尉王燾、河南縣尉于孺卿、左拾遺王忠翼、奉天縣尉何千里、伊闕縣尉梁勳、富平縣尉盧怡、咸陽縣尉庫狄履溫、渭南縣尉賈晉、長安縣尉李登、前大理評事咸廙業等，皆當時名士，判官得人，於此爲獨盛，分往天下，安輯戶口，檢責剩田。」又見《題名考》卷二「殿中侍御史並內供奉」。

賈晉　殿中侍御史

《會要》卷八五：「開元九年正月二十八日，監察御史宇文融請檢察色役僞濫，……至十二年，又加長安縣尉王燾、河南縣尉干孺卿、左拾遺王忠翼、奉天縣尉何千里、伊闕縣尉梁勳、富平縣尉盧怡、咸陽縣尉庫狄履溫、渭南縣尉賈晉、長安縣尉李登、前大理評事咸廙業等，皆當時名士，判官得人，於此爲獨盛，分往天下，安輯戶口，檢責剩田。」《墓誌彙編》貞元〇〇九《唐故汝州司戶參軍張君墓誌銘並序》（前同州司士參軍尹雲撰）：「君諱偭，字偭，清河人也。……建中四年十月七日寢疾，……享年七十八。夫人賈氏，殿中

侍御史江南道採訪使晉之女，……乾元二年十月二日，先君而終，春秋卅有二。」依《墓誌》記載，賈晉應爲殿中侍御史。又見《題名考》卷二「碑陰題名」【監察御史並□□□】。

咸廙業　監察御史

《會要》卷八五：「開元九年正月二十八日，監察御史宇文融請檢察色役僞濫，……至十二年，又加長安縣尉王燾、河南縣尉于孺卿、左拾遺王忠翼、奉天縣尉何千里、伊闕縣尉梁勳、富平縣尉盧怡、咸陽縣尉庫狄履溫、渭南縣尉賈晉、長安縣尉李登、前大理評事咸廙業等，皆當時名士，判官得人，於此爲獨盛，分往天下，安輯戶口，檢責剩田。」又見《題名考》卷二「殿中侍御史並內供奉」及監察。

宇文順　監察御史

《舊書》卷一八七《忠義傳下·李橙傳》：「……屬宇文融爲御史，括田戶，奏知名之士崔希逸、咸廙業、宇文順、于孺卿、李宙及橙爲判官，攝監察御史，分路檢察，以課並遷監察御史。」又見《題名考》「監察御史」條。

李橙　監察御史

《舊書》卷一八七《忠義傳下·李橙傳》：「父希倩，中宗神龍初右臺監察御史。……開元九年，張說入爲相，橙又爲長安尉，屬宇文融爲御史，括田戶，奏知名之士李橙等爲判官，攝監察御史，分路檢察，以課並遷監察御史，驟歷兵吏部郎中、給事中。」《會要》卷八五：「開元九年正月二十八日，監察御史宇文融請檢察色役僞濫，……至十二年，又加長安縣尉王燾、河南縣尉于孺卿、左拾遺王忠翼、奉天縣尉何千里、伊闕縣尉梁勳、富平縣尉盧怡、咸陽縣尉庫狄履溫、渭南縣尉賈晉、長安縣尉李登、前大理評事咸廙業等，皆當時名士，判官得人，於此爲獨盛，分往天下，安輯戶口，檢責剩田。」又見《題名考》「監察御史」及「殿中侍御史」條。

霍按：《會要》云「李登」，疑「李橙」之誤。

唐玄宗開元十三年（725）　乙丑

※程行諶　御史大夫

《舊書》卷八《玄宗上》：「三月……丙申，御史大夫程行諶奏：『周朝酷吏來子珣、萬國俊、王弘義、侯思止、郭霸、焦仁亶、張知默、李敬仁、唐奉一、來俊臣、周興、丘神勣、索元禮、曹仁哲、王景昭、裴籍、李秦授、劉光業、王德壽、屈貞筠、鮑思恭、劉景陽、王處貞等二十三人，殘害宗枝，毒陷良善，情狀尤重，子孫不許仕宦。陳嘉言、魚承曄、皇甫文備、傅遊藝四人，情狀雖輕，子孫不許近任。請依開元二年二月五制。』」《舊書》卷一八六《酷吏傳上·來俊臣傳》：「……開元十三年三月十二日，御史大夫程行諶奏：『周朝酷吏來子珣……二十三人，殘害宗枝，毒陷良善，情狀尤重，子孫不許與官。陳嘉言、魚承曄、皇甫文備、傅遊藝四人，情狀稍輕，子孫不許近任。』」《通鑑》卷二一二：「開元十三年……三月……丙申，御史大夫程行諶奏：『周朝酷吏來俊臣等二十三人，情狀尤重，子孫請皆禁錮……』從之」。

※蔣欽緒　御史中丞

《舊唐書》卷八《玄宗上》：「十三年春正月乙酉，以幽州都督府為大都督府。戊子，降死罪從流，流已下罪悉原之。分遣御史中丞蔣欽緒等往十道疏決囚徒。」《全唐文》卷二二玄宗《分遣蔣欽緒等往十道疏決囚徒宣慰百姓制》：「仍令中丞蔣欽緒往河南……，所至之處，疏決囚徒，宣慰百姓。」

※崔寬　御史中丞

《會要》卷五三「雜錄」：「（開元）十三年正月，國子祭酒楊縞拜中書侍郎、平章事，詔出，朝野相賀。縞素以德行顯著，質性貞廉，車服儉樸，居廟堂未數月，人心自化。御史中丞崔寬家富於財，有別墅在皇城之南，池館臺榭，當時第一，寬即日潛遣毀折。」又見《新書·楊縞傳》。

※宇文融　御史中丞

《通鑑》卷二一二：「開元十三年……春，二月庚申，以御史中丞宇文融兼戶部侍郎。」

※裴曠　御史中丞

《墓誌彙編》大曆〇七三《故賀州長史趙府君妻河東裴夫人墓誌銘並敘》：「夫人諱婉，……皇考曠，克紹前烈，休有耿光，開元中，官至御史中丞。」又《墓誌彙編》元和〇二三《唐故河南少尹裴君墓誌銘》：「公諱復，

字茂紹，河東人，……大父曠，御史中丞、京畿採訪使。」裴復元和三年卒。

趙頤貞　侍御史

《全唐文》卷三四三顏眞卿《朝議大夫贈梁州都督上柱國徐府君神道碑銘》：「君諱秀，……戶部侍郎徐知仁請爲招慰南蠻判官，奏課居最，轉瀛州司法參軍。侍御史趙頤貞辟宣慰判官，歷湖州德清、長城、潤州丹陽三縣令。天寶二載春二月加朝散大夫，敕攝新安郡別駕。」《新書・儒學下趙冬曦傳》：「弟頤貞，擢進士，安西都護。」《舊書・玄宗紀》：「開元十五年閏月庚子，突騎施蘇祿、吐蕃贊普圍安西，副大都護趙頤貞擊走之。……十六年正月壬寅，安西副大都護趙頤貞敗吐蕃於曲子城。」又見《題名考》卷二「碑陰題名」趙頤貞。

霍按：《唐僕尚丞郎表》卷三考徐知仁開元十二年（724）任戶部侍郎，趙頤貞由徐知仁招慰南蠻判官，轉瀛州司法參軍，其遷侍御史約在開元十三年或十四年。

孫濟　殿中侍御史

《全唐文》卷二二玄宗《分遣蔣欽緒等往十道疏決囚徒宣慰百姓制》：「仍令……中丞蔣欽緒往河南，……殿中侍御史孫濟往隴右道，……所至之處，疏決囚徒，宣慰百姓。」又見《題名考》卷二「殿中侍御史兼內供奏」孫濟。

※慕容琦　殿中侍御史

《墓誌彙編》乾元〇〇二《河南慕容府君墓誌銘並序》：「祖知廉，皇朝左臺侍御史；父琦，皇朝殿中御史，鄭州管城令。……公諱曉，字濟，……大唐乾元元年三月十三日，葬於邙山……」《會要》卷八五：「開元九年正月二十八日，監察御史宇文融請檢察色役僞濫，並科逃戶及籍田，因令充使，於是奏勸農判官數人，華州錄事參軍慕容琦……」慕容琦開元九年（721）至十二年（724）爲監察御史，其任殿中侍御史應在本年及稍後。

咸廙業　監察御史

《會要》卷六四：「開元十三年四月，監察御史咸廙業爲集賢院直學士。」又見《題名考》卷二「殿中侍御史兼內供奏」咸廙業。

趙悅　監察御史（開元十三年前後）

　　《墓誌彙編》天寶〇六九《大唐故監察御史荊州大都督府法曹曹軍趙府君墓誌銘並序》：「公諱思廉，字思廉，天水人。……二子悅、坦之。悅揚歷監察御史、江陵安邑二縣令。」《李太白全集》卷二九《趙公西侯新亭頌》：「惟十有四載，皇帝以歲之驕陽，秋五不稔，乃慎擇明牧，恤南方雕枯。伊四月孟夏，自淮陰遷我天水趙公作藩於宛陵，祗明命也。惟公代秉天憲，作保南臺，洪柯大本，聿生懿德。初以鐵冠白筆，佐我燕京，威雄振肅，虜不敢視。而後鳴琴二邦，天下取則，起草三省，朝端有聲。天子識面，宰衡動聽，殷南山之雷，剖赤縣之劇。悅強項不屈，下有脫字。三州所居大化，咸列碑頌。」又見《題名考》卷三「碑左側題名」趙悅。

唐玄宗開元十四年（726）　丙寅

※崔隱甫　御史大夫

　　《舊書》卷八《玄宗上》：「御史大夫崔隱甫彈尚書右丞相、兼中書令張說。二月……己巳，尚書右丞相張說、御史大夫崔隱甫、中丞宇文融以朋黨相構，制說致仕，隱甫免官侍母，融左遷魏州刺史。」《舊書》卷九七《張說傳》：「……及東封還，……融乃與御史大夫崔隱甫、中丞李林甫奏彈說引術士夜解及受贓等狀，敕宰臣……御史大夫崔隱甫就尚書省鞫問。」《舊書》卷九九《崔日用傳・從兄日知附傳》：「日用從父兄日知，亦有吏幹。……累遷京兆尹。……說薦之，奏請授御史大夫。上不許，……而以河南尹崔隱甫為御史大夫。」《舊書》卷一八五《良吏傳下・崔隱甫傳》：「（開元）十四年，代程行諶為御史大夫。」《舊書》卷一〇〇《李朝隱傳》：「李朝隱，……少以明法舉，拜臨汾尉。……累封金城伯，代崔隱甫為御史大夫。」《舊書》卷一〇四《宇文融傳》：「中書令張說素惡融之為人，……融乃與御史大夫崔隱甫連名劾說，廷奏其狀，說由是罷知政事。」《新表》：「崔氏清河大房正下令元彥子隱甫，刑部尚書、忠公。」《新書》本傳：「解褐左玉鈐衛兵曹參軍，遷殿中侍御史內供奉。浮屠惠範倚太平公主脅人子女，隱甫劾狀，反為所擠，貶邛州司馬。玄宗立，擢汾州長史，兼河東道支度營田使，遷洛陽令。」《會要》卷六〇「御史臺上「：」開元十四年，崔隱甫為（御史）大夫。」《通鑑》卷二一三：「開元十四年……春，……上召河南尹崔隱甫，欲用之，中書令張

說薄其無文，奏擬金吾大將軍；前殿中監崔日知素與說善，說薦爲御史大夫；上不從。丙辰，以日知爲左羽林大將軍，丁巳，以隱甫爲御史大夫。」

※宇文融　御史中丞

《舊書‧玄宗上》：「開元……十四年……夏四月癸丑，御史中丞宇文融與御史大夫崔隱甫彈尙書右丞相、兼中書令張說，……張說停兼中書令。……是秋，十五州言旱及霜，五十州言水，河南、河北尤甚，蘇、同、常、福四州漂壞廬舍，遣御史中丞宇文融檢覆賑給之。」《通鑑》卷二一三：「開元十四年……春，……說有才智而好賄，百官白事有不合者，好面折之，至於叱罵。惡御史中丞宇文融之爲人，且患其權重，融所建白，多抑之。……夏，四月，壬子，隱甫、融及御史中丞李林甫共奏彈說『引術士占星，徇私僭侈，受納賄賂。』敕源乾曜及刑部尙書韋抗、大理少卿明珪與隱甫等同於御史臺鞫之。」

※李林甫　御史中丞

《舊書》卷九七《張說傳》：「……及東封還，……融乃與御史大夫崔隱甫、中丞李林甫奏彈說引術士夜解及受賕等狀，敕宰臣源乾曜、刑部尙書韋抗、大理少卿胡珪、御史大夫崔隱甫就尙書省鞫問。」《舊書》卷一○六本傳：「（開元）十四年，宇文融爲御史中丞，引之同列，因拜御史中丞，歷刑、吏二侍郎。……林甫京城邸第，田園水磑，利盡上腴。……天下珍玩，前後賜與，不可勝紀。宰相用事之盛，開元已來，未有其比。……而耽寵固權，己自封植，朝望稍著，必陰計中傷之。」《通鑑》卷二一三：「開元十四年……夏，四月，壬子，隱甫、融及御史中丞李林甫共奏彈說『引術士占星，徇私僭侈，受納賄賂。』敕源乾曜及刑部尙書韋抗、大理少卿明珪與隱甫等同於御史臺鞫之。」

潘好禮　御史

《新書‧玄宗貞順皇后武氏傳》：「開元十四年，帝將遂立惠妃爲皇后，御史潘好禮上疏諫，遂不果立。」此潘好禮與先天元年之潘好禮爲兩人。

唐玄宗開元十五年（727）　丁卯

※崔隱甫　御史大夫

《舊書》卷八《玄宗上》：「（開元）十五年……二月……己巳，尙書右丞

相張說、御史大夫崔隱甫、中丞宇文融以朋黨相構，制說致仕，隱甫免官侍母，融左遷魏州刺史。」《舊書》卷九九《崔日用傳·從兄日知附傳》：「日用從父兄日知，亦有吏幹。景雲中，爲洛州司馬。……累遷京兆尹。坐贓爲御史李如璧所劾，……說薦之，奏請授御史大夫。上不許，……而以河南尹崔隱甫爲御史大夫。」崔隱甫本年二月罷御史大夫職。

※李朝隱　御史大夫

《舊書》卷一〇〇本傳：「李朝隱，……少以明法舉，拜臨汾尉。……神龍年，……尋遷侍御史，三遷長安令，……累封金城伯，代崔隱甫爲御史大夫。朝隱素有公直之譽，每御史大夫缺，時議咸許之。及居其職，竟無所糾劾，唯煩於細務，時望由是稍減。俄轉太常卿。二十一年，兼判廣州事，仍攝御史大夫，……明年，卒於嶺外，年七十，贈吏部尚書，……諡曰貞。」《舊書》卷八本紀第八《玄宗上》：「六月……丙子，……御史大夫李朝隱……率十八總管以討契丹及奚等，事竟不行。……九月……乙卯，御史大夫李朝隱奏請薄稅百姓一年租錢充。」此又見《會要》卷九一「內外官料錢上」。《舊書》卷一〇《肅宗本紀》：「（開元）十八年，奚、契丹犯塞，……帥御史大夫李朝隱、京兆尹裴伷先等八人總管兵以討之。」《新書》本傳：「自聞喜令遷侍御史、吏部員外郎。遷長安令。」

※李禕　御史大夫（兼）

《舊書》卷七六《信安王禕傳》：「禕少有志尚，……開元……十五年，服除，拜左金吾衛大將軍、朔方節度使副大使、知節度事，兼攝御史大夫。」

※宇文融　御史中丞

《舊書》卷八《玄宗上》：「（開元）十五年……二月……己巳，尚書右丞相張說、御史大夫崔隱甫、中丞宇文融以朋黨相構，制說致仕，隱甫免官侍母，融左遷魏州刺史。」

霍按：宇文融本年二月罷御史中丞。

※劉彥回　侍御史

《元龜》卷一六二《帝王部·命使第二》：「開元十五年……七月詔曰：同州邠州，近屬霖雨稍多，水潦爲害，念彼黎人，載懷憂惕，宜令侍御史劉

彥回乘傳宣百姓屋宇、田苗被漂損者，量事賑恤。」《全唐文》卷二九《賑給同鄜等州詔》同。又見《題名考》卷一「侍御史並內供奉」劉彥回。

唐玄宗開元十六年（728） 戊辰

※李朝隱　御史大夫

據《舊書》卷一○○本傳，李朝隱於開元十五年「代崔隱甫爲御史大夫。」又據《通鑑》卷二一三，李朝隱開元十八年仍在御史大夫任，可知本年李朝隱在御史大夫任上。

※王君㚟　御史中丞（開元十六年）

《舊書》卷一○三本傳：「王君㚟，瓜州常樂人也。……開元十六年多，……以功遷右羽林軍大將軍攝御史中丞。」

※李林甫　御史中丞

《會要》卷四○：「開元十六年五月三日，御史中丞李林甫奏曰：……」

唐玄宗開元十七年（729） 己巳

※李朝隱　御史大夫

據《舊書》卷一○○本傳，李朝隱於開元十五年「代崔隱甫爲御史大夫。」又據《通鑑》卷二一三，李朝隱開元十八年仍在御史大夫任，可知本年李朝隱在御史大夫任上。

※裴光庭　御史大夫

《舊書》卷八《玄宗上》：「（開元）十七年……八月癸亥，上以降誕日，宴百僚於花萼樓下。百僚表請以每年八月五日爲千秋節，王公已下獻鏡及承露囊，天下諸州咸令宴樂，休暇三日，仍編爲令，從之。……己卯，中書侍郎裴光庭兼御史大夫，依舊知政事。乙酉，尚書右丞相、開府儀同三司兼吏部尚書宋璟爲尚書左丞相，尚書左丞相源乾曜爲太子少傅。十八年春正月辛卯，黃門侍郎裴光庭爲侍中，依舊兼御史大夫。」《舊書》卷八四《裴行儉傳·子光庭附傳》：「（開元）十七年，拜中書侍郎、同中書門下平章事，尋兼御史

大夫。」《舊書》卷一〇四《宇文融傳》：「裴光庭時兼御史大夫，又彈融交遊朋黨及男受贓等事，貶昭州平樂尉。」《新書》卷六二《宰相表中》：「開元十七年開元八月己卯，光庭兼御史大夫。」

※宋遙　御史中丞　十七年、或十八年

《墓誌彙編》天寶一一八《唐故上黨郡大都督府長史宋公墓誌銘並序》：「公諱遙，字仲遠，廣平列人人也。……自國子進士補東萊郡錄事參軍，……移密縣尉，擢監察御史、殿中侍御史、侍御史內供奉。遷司勳員外郎、度支郎中，拜中書舍人，除御史中丞，賜緋魚袋。尋加朝散大夫，戶部、禮部、吏部、再戶部四侍郎左丞，出博平、滎陽、絳、魏、陳留、襄陽、貶武當七郡太守，河北、河南、山南三採訪，上黨郡大都督府長史。……天寶六栽二月五日，終上黨公舍，享齡六十有五。」《唐僕尚丞郎表》卷三考開元十八年或十九年宋遙任戶部侍郎，其任御史中丞應在此前約開元十七年或十八年。

李宙　殿中侍御史

《舊書》卷一〇四《宇文融傳》：「十六年，復入爲鴻臚卿，兼戶部侍郎。明年，拜黃門侍郎，與裴光庭併兼同中書門下平章事。……然（融）性躁急多言，……爲時論所譏。時禮部尙書、信安王禕爲朔方節度使，殿中侍御史李宙劾之。」《舊書》卷一八七《忠義傳下・李憕傳》：「……屬宇文融爲御史，括田戶，奏知名之士崔希逸、咸廙業、宇文順、于孺卿、李宙及憕爲判官，攝監察御史，分路檢察，以課並遷監察御史。」《會要》卷八五失載。《新書》本傳：「信安王禕節度朔方，宇文融畏其權，諷侍御史李宙劾之。禕密知，因玉眞公主、高力士自歸。翌日，宙通奏，帝怒。」《新表》：「李宙，趙郡李氏西祖房中山貞公乂子。」《昆陵集》卷八獨孤及《唐故朝議大夫高平郡別駕權公（徹）神道碑銘》：「開元十八年，考校書判甲乙丙丁科，公與徐安貞、王敬從、吳鞏、裴肔、李宙、張烜等十學士參焉。」又見《題名考》卷二「殿中侍御史并內供奉」。

唐玄宗開元十八年（730）　庚午

※李朝隱　御史大夫

《通鑑》卷二一三：「開元十八年……六月，丙子，以單于大都護忠王浚

領河北道行軍元帥，以御史大夫李朝隱、京兆尹裴伷先副之，帥十八總管以討奚、契丹。」

※裴光庭　御史大夫

《舊書》卷八《玄宗上》：「（開元）十七年……八月……己卯，中書侍郎裴光庭兼御史大夫，依舊知政事。……十八年春正月辛卯，黃門侍郎裴光庭爲侍中，依舊兼御史大夫。」

李之芳　殿中侍御史

孫逖《送李侍御之芳黔中掌選序》：『頃者持斧河朔，獨按專城。明罰飭法，所向風靡。是以有黔中之往，俾修河朔之政。』又見《題名考》卷三「碑右棱題名」載李之芳。

霍按：孫逖開元十八年爲起居舍人，其作《送李侍御之芳黔中掌選序》約在此時。

吳鞏　監察御史

《舊書·文苑侍中·富嘉謨傳》：「吳少微子鞏，開元中爲中書舍人」。又見《題名考》「監察御史」及「碑左棱題名」。

唐玄宗開元十九年（731）　辛未

※崔琳　御史大夫

《舊書》卷八《玄宗紀上》：「開元十九年二月甲午，以崔琳爲御史大夫。」《舊書》卷一九六《吐蕃傳上》：「詔御史大夫崔琳充使報聘。……二十八年春，兼瓊密與安戎城中吐蕃翟都局及維州別駕董承宴等通謀，都局等遂翻城歸款第。」《全唐文》卷四○玄宗《賜吐蕃贊普書》：「今故使御史大夫崔琳往申信約，所有陳請，咸不相違。」今甘肅省永靖縣炳靈寺存《靈岩寺記》唐代摩崖，云：「使御史大夫上柱國魏縣開國侯崔琳……」。

※張守珪　御史中丞

甘肅省永靖縣炳靈寺唐代摩崖《靈岩寺記》云：「鍾羌不庭，虐亂西鄙。……使御史大夫上柱國魏縣開國侯崔琳，……御史臺令史楊庭誨，……隴右節度

支度營田副大使云麾將軍右羽林將軍□（兼）御史中丞檢校鄴州都督上柱國
□守珪。」

霍按：《舊書》卷八《玄宗紀》：「開元十九年……二月甲午，以崔琳爲御
史大夫。三月乙酉朔，崔琳使于吐蕃。」又《舊書》卷一○三《張守珪傳》：
「張守珪，陝州河北人也，……（開元）二十一年，轉幽州長史，兼御史中
丞，營州都督、河北節度副大使。」據此，《靈岩寺記》載：「□守珪」即張
守珪，《舊書》本傳不載張守珪開元十九年任御史中丞，此條材料可補《舊書》
之不足。

楊汪（楊萬頃）　監察御史

《通鑑》卷二一三：「（開元十九年）冬，十月，丙申，上幸東都。……
或告嶲州都督解人張審素贓污，制遣監察御史楊汪按之。總管董元禮將兵七
百圍汪，殺告者，謂汪曰：『善奏審素則生，不然則死。』會救兵至，擊斬之。
汪奏審素謀反，十二月，癸未，審素坐斬，籍沒其家。」又見《題名考》卷
二「碑陰題名」載楊汪。

※楊庭誨　御史臺令史

見本年「張守珪」條。

唐玄宗開元二十年（732）　壬申

※崔琳　御史大夫

《舊書》卷一○○《王丘傳》：「（開元）二十一年，侍中裴光庭病卒，中
書令蕭嵩與丘有舊，將薦丘知政事，丘知而固辭，且盛推尚書右丞韓休，嵩
因而奏之。及休作相，遂薦丘代崔琳爲御史大夫。」《舊書·王丘傳》云「丘
代崔琳爲御史大夫。」又《舊書》卷八《玄宗紀上》：「開元十九年二月甲午，
以崔琳爲御史人夫。」則崔琳本年當在御史大夫任。《會要》卷六○「御史臺
上」：「開元二十一年十一月，大夫崔琳割秘書省東北地，迴改修造，二中丞
遂各別廳。」當爲「開元二十年」。

※皇甫惟明　侍御史（攝）

《會要》卷五九《長春宮使》：「開元……二十年三月，左衛郎將皇甫惟

明攝侍御史，充長春宮使。」

※李　御史

《全唐詩》卷二一四高適《信安王幕府詩並序》：「開元二十年，國家有事林胡，詔禮部尚書信安王總戎大舉。時考功郎中王公，司勳郎中劉公，主客郎中魏公，侍御史李公，監察御史崔公，咸在幕府，詩以頌美數公，見於詞凡三十韻。」王公即王敬從；劉公，劉日政；見陶敏《全詩人名考》。李公、崔公，失其名，俟考。

※崔　監察御史

《全唐詩》卷二一四高適《信安王幕府詩並序》：「開元二十年，國家有事林胡，詔禮部尚書信安王總戎大舉。時考功郎中王公，司勳郎中劉公，主客郎中魏公，侍御史李公，監察御史崔公，咸在幕府，詩以頌美數公，見於詞凡三十韻。」王公即王敬從；劉公，劉日政；見陶敏《全詩人名考》。李公、崔公，失其名，俟考。

唐玄宗開元二十一年（733）　　癸酉

※崔琳　御史大夫

《舊書》卷一〇〇《王丘傳》：「（開元）二十一年，侍中裴光庭病卒，中書令蕭嵩與丘有舊，將薦丘知政事，丘知而固辭，且盛推尚書右丞韓休，嵩因而奏之。及休作相，遂薦丘代崔琳爲御史大夫。」

※王丘　御史大夫

《新書》卷一二九《王丘傳》：「王丘字仲山，……丘十一擢童子科，……自偃師主簿擢監察御史。開元初，遷考功員外郎。考功異時多請託，進者濫冒，歲數百人。丘務核實材，登科纔滿百，義者謂自武后至是數十年，採錄精明無丘比。其後席豫、嚴挺之亦有稱，皆出丘下。遷紫微舍人、吏部侍郎，典選，復號平允。其獎用如山陰尉孫逖、桃林尉張鏡微、湖城尉張晉明、進士王泠然，皆一時茂秀。久之，爲黃門侍郎。……與當國，丘固辭，盛推韓休行能。及休秉政，薦爲御史大夫。丘訥於言，所白奏帝多不喜，改太子賓客，襲父封。以疾徙禮部尚書，致仕。」

※李尙隱　御史大夫

《新書》卷一三〇《李尙隱傳》：「李尙隱，其先出趙郡，徙貫萬年。……尙隱性剛亮，論議皆披心示誠，處事分明，御下不苛密。尤詳練故實，前後制令，誦記略無遺。代王丘爲御史大夫。……自開元二十二年置京畿採訪處置等使，用中丞盧奐爲之，尙隱以大夫不充使。」

※李朝隱　御史大夫（兼）

《舊書》卷一〇〇本傳：「李朝隱，……少以明法舉，拜臨汾尉。……神龍年，……尋遷侍御史，三遷長安令，……累封金城伯，代崔隱甫爲御史大夫。朝隱素有公直之譽，每御史大夫缺，時議咸許之。及居其職，竟無所糾劾，唯煩於細務，時望由是稍減。俄轉太常卿。二十一年，兼判廣州事，仍攝御史大夫，充嶺南採訪處置使。明年，卒於嶺外，年七十，贈吏部尙書，……諡曰貞。」

※張守珪　御史中丞（兼）　開元二十年（732）～開元二十七年（739）

《舊書》卷一〇三本傳：「（開元）二十一年，（張守珪）轉幽州長史、兼御史中丞、營州都督、河北節度副大使。」《舊書》卷一九九《北狄傳・契丹傳》：「又詔……御史大夫婁師德爲副大總管，右武衛將軍沙吒忠義爲前軍總管，率兵三十萬以討之。……詔以張守珪爲幽州長史兼御史中丞以經略之。」《墓誌彙編》開元四一七《大唐故定州無極縣丞白府君墓誌銘並序》：「君諱慶先，……御史中丞兼幽府長史張守珪知君誠懇，奏充判官。」又見開元十八年張守珪條。

※許□　侍御史

《墓誌彙編》開元三八八《大唐侍御史歙州司馬許公故夫人趙君李氏墓誌銘並序》：「夫人諱肅邕，……逮笄，歸於高陽許公，……開元廿一年八月十五日遇疾，終於洛陽……」

※郭虛己　侍御史　開元二十一年（733）～二十四年（736）

《墓誌彙編》開元三八九《唐故宣州溧陽縣令贈秘書丞上柱國開府君墓誌銘並序》（朝議郎前行侍御史太原郭虛己文）：「公諱成簡，……今以開元廿

一年十一月九日葬於北邙山⋯⋯」《全文補遺》第八輯《郭虛己墓誌銘並序》：「轉駕部郎中兼侍御史，充朔方行軍司馬。開元廿四載，以本官兼御史中丞、關內道採訪處置使。」

李麟　殿中侍御史

《新書》卷一四二《李麟傳》：「李麟，⋯⋯麟好學，善文辭。以父蔭補京兆府戶曹參軍，舉宗室異能，轉殿中侍御史。累擢兵部侍郎，與楊國忠同列，國忠怙權，疾之，改權禮部貢舉。國忠遷，麟複本官。改國子祭酒。出爲河東太守，有清政。」又見《題名考》卷二「碑陰題名」李麟。

霍按：《新書》卷二七上《曆三上》：「開元二十一年，詔侍御史李麟、太史令桓執圭較靈臺候簿。」《新書》曰李麟爲侍御史，誤，當爲「殿中侍御史」。

楊愼矜　監察御史

《舊書》卷一〇五本傳：「愼矜沉毅有材幹，任氣尙朋執。⋯⋯玄宗訪其子堪委其父任者。宰臣以愼餘、愼矜、愼名三人皆勤恪清白有父風，而愼矜爲其最，因拜監察御史，知太府出納。⋯⋯二十六年服闋，累遷侍御史，仍知太府出納。」同書卷一〇六《楊國忠傳》、卷一五〇同。又同書卷四八「食貨志上」：「開元中，⋯⋯楊崇禮爲太府卿，清嚴善勾剝，⋯⋯以其子愼矜爲御史，專知太府出納，其弟愼名又專知京倉，皆以苛刻害人。」又見《題名考》卷三「碑左棱題名」載楊愼矜。

※楊愼名　監察御史（攝）

《舊書》卷一〇五《楊愼矜傳》：「宰臣以愼餘、愼矜、愼名三人皆勤恪清白有父風，而愼矜爲其最，⋯⋯愼名授大理評事，攝監察御史，充都含嘉倉出納使，甚承恩顧。」《通鑒》卷二一三：「開元二十一年，⋯⋯太府卿楊崇禮，政道之子也，在太府二十餘年，前後爲太府者莫能及。時承平日久，財貨山積，嘗經楊卿者，無不精美；每歲句駁省便，出錢數百萬緡。是歲，以戶部尙書致仕，年九十餘矣。上問宰相：『崇禮諸子，誰能繼其父者？』對曰：『崇禮三子，愼餘、愼矜、愼名，皆廉勤有才，而愼矜爲優。』上乃擢愼矜自汝陽令爲監察御史，知太府出納，愼名攝監察御史，知含嘉倉出給，亦皆稱職；上甚悅之。」

周子諒　監察御史

《舊書》卷九九《張九齡傳》：「初，九齡爲相，薦長安尉周子諒爲監察御史。」又見《題名考》卷二「監察御史」。

霍按：《舊書》卷九九《張九齡傳》云：「初，張說知集賢院事，常薦張九齡堪爲學士，以備顧問。……二十一年十二月，起復拜中書侍郎、同中書門下平章事。明年，遷中書令，兼修國史。」由是知張九齡拜相在開元二十一年。

徐浩　監察御史　開元二十一年（733）～開元二十七年（739）

《舊書》卷一三七本傳：「浩少舉明經，工草隸，以文學爲張說所器重。……幽州節度使張守珪奏在幕府，改監察御史。」《新書》卷一六○《徐浩傳》略同。見《郎考》金外，又見《題名考》「碑左側題名」條。

唐玄宗開元二十二年（734）　甲戌

※李朝隱　御史大夫（兼）

《舊書》卷一○○本傳：「李朝隱，……少以明法舉，拜臨汾尉。……累封金城伯，代崔隱甫爲御史大夫。朝隱素有公直之譽，每御史大夫缺，時議咸許之。及居其職，竟無所糾劾，唯煩於細務，時望由是稍減。俄轉太常卿。二十一年，兼判廣州事，仍攝御史大夫，充嶺南採訪處置使。明年，卒於嶺外，年七十，贈吏部尙書，……諡曰貞。」據《舊書》本傳，李朝隱當在攝御史大夫，出使嶺南期間病卒。

※李尙隱　御史大夫

《新書》卷一三○《李尙隱傳》：「自開元二十二年置京畿採訪處置等使，用中丞盧奐爲之，尙隱以大夫不充使。」

※盧奐　御史中丞

《舊書》卷九八《盧懷愼傳·子奐附傳》：「子奐，……開元中，爲中書舍人、御史中丞、陝州刺史。二十四年，玄宗幸京師，次陝城頓，審其能政，於廳事題贊而去，曰：『專城之重，分陝之雄，人多惠愛，性實謙沖。亦既利物，在乎匪躬。斯爲國寶，不墜家風。』」尋除兵部侍郎。天寶初，爲晉陵太

守。」《新書》卷一三〇《李尚隱傳》：「……自開元二十二年置京畿採訪處置等使，用中丞盧奐爲之，尚隱以大夫不充使。」《會要》卷七八「採訪處置使」條：「開元二十二年二月十九日，（宰相張九齡奏）初置十道採訪處置使，以御史中丞盧絢等爲之。」《會要》卷八七「盧絢」疑爲「盧奐」之誤。

※盧怡　御史中丞

《舊書》卷九九《張九齡傳》：「九齡爲中書令時，……又與中書侍郎嚴挺之、……御史中丞盧怡結交友善。」《全唐文》卷三〇玄宗《貶盧怡詔》：「御史中丞盧怡，累登清密，爰委繩準，宜遵國典，以正朝綱。而乃妄起猜嫌，輒爲朋黨，交通小吏，傾側大臣，……可潮州司馬員外置。」

※王敬從　御史中丞

《舊書》卷五〇《刑法志》：「（開元）二十二年，……林甫遷中書令，乃與侍中牛仙客、御史中丞王敬從，與明法之官前左武衛冑曹參軍崔見、衛州司戶參軍直中書陳承信、酸棗尉直刑部俞元杞等，共加刪緝舊格式律令及敕，……總成律十二卷，《律疏》三十卷，《令》三十卷，《式》二十卷，《開元新格》十卷。」

李麟　殿中侍御史

《舊書》卷一一二本傳：「麟以父任補職，累授京兆府戶曹。開元二十二年，舉宗室異能，轉殿中侍御史，歷戶部、考功、吏部三員外郎。……天寶七載，遷兵部侍郎。同列楊國忠專權，不悅麟同職，宰臣奏麟以本官權知禮部貢舉。俄而國忠爲御史大夫，麟複本官。」《新傳》略同。又見《題名考》卷二「碑陰題名」。

房琯　監察御史

《舊書》卷一一一本傳：「房琯，河南人，天後朝正議大夫、平章事融之子。琯少好學，風義沈整。以門蔭補弘文生。性好隱遁，與東平呂向於陸渾伊陽山中讀書爲事，凡十餘歲。開元十二年，玄宗將封岱嶽，琯撰《封禪書》一篇及箋啓以獻。中書令張說奇其才，奏授秘書省校書郎，調補同州馮翊尉。……二十二年，拜監察御史。」見《郎考》主中補，《新傳》同，又見《題名考》「監察御史」條。

周子諒　監察御史

霍按：《舊書》卷九九《張九齡傳》：「初，九齡爲相，薦長安尉周子諒爲監察御史。」《舊書》卷九《玄宗紀下》：「開元二十四年……夏四月……辛酉，監察御史周子諒上書忤旨，暴之殿庭，朝堂決杖死之。」由是知周子諒自開元二十一年至二十四年均在監察御史任。

唐玄宗開元二十三年（735）　乙亥

※張守珪　御史大夫（兼）

《舊書》卷九《玄宗紀下》：「（開元）二十三年……六月甲戌，……幽州節度使、兼御史大夫張守珪以賄貶爲括州刺史。太子太師、徐國公蕭嵩以嘗賂仙童，左授青州刺史。」《舊書》卷一〇三本傳：「（開元）二十三年春，守珪詣東都獻捷，……上賦詩以褒美之。延拜守珪爲輔國將軍、右羽林大將軍、兼御史大夫，餘官並如故。」

※王敬從　御史中丞

《舊書》卷五〇《刑法志》：「（開元）二十二年，……林甫遷中書令，乃與侍中牛仙客、御史中丞王敬從，與明法之官前左武衛胄曹參軍崔見、衛州司戶參軍直中書陳承信、酸棗尉直刑部俞元杞等，共加刪緝舊格式律令及敕，……總成律十二卷，《律疏》三十卷，《令》三十卷，《式》二十卷，《開元新格》十卷。」又《新書》卷五八《藝文志二》：「《格式律令事類》四十卷，中書令李林甫、侍中牛仙客、御史中丞王敬從……等刪定，開元二十五年上。」據是知本年王敬從在御史中丞任。

楊汪（楊萬頃）　殿中侍御史

《舊書》卷八《玄宗紀上》「（開元）二十三年……三月丁卯，殿中侍御史楊萬頃爲仇人所殺。」《舊·孝友傳》：「敕監察御史楊汪馳傳按巂州都督張審素贓罪在路，爲審素黨與所劫，脅令奏雪罪。汪還至州，因深構成其罪，斬之。汪後累轉殿中侍御史，改名萬頃。開元二十三年，審素子瑝、琇候萬頃於都城，殺之。」又見《題名考》卷二「碑陰題名」殿中侍御史兼內供奉載楊汪。

權徹　監察御史

《毘陵集》卷八獨孤及《唐故朝議大夫高平郡別駕權公神道碑銘》：「公諱徹（《英華》〔胤〕），字幼明，隴西天水人也。連尉湖城、汾陰、新繁、渭南、河南五縣。開元二十三年，拜監察御史。」又見《題名考》卷二「碑陰題名」載權徹資。

周子諒　監察御史

霍按：《舊書》卷九九《張九齡傳》：「初，九齡爲相，薦長安尉周子諒爲監察御史。」《舊書》卷九《玄宗紀下》：「開元二十五年……夏四月……辛酉，監察御史周子諒上書忤旨，暴之殿庭，朝堂決杖死之。」由是知周子諒自開元二十一年至二十五年均在監察御史任。

唐玄宗開元二十四年（736）　丙子

※李适之　御史大夫

《舊書》卷九九本傳：「李适之，一名昌，恒山王承幹之孫也。……開元中，……拜御史大夫。」《舊書》卷一○三《牛仙客傳》：「開元二十四年……十一月，九齡等罷知政事，遂以仙客爲工部尚書、同中書門下三品，仍知門下事。時有監察御史周子諒竊言於御史大夫李适之曰……」《會要》卷六○「御史臺上」云「開元……二十四年六月，李适之爲（御史）大夫。」

※王敬從　御史中丞

《舊書》卷五○《刑法志》：「（開元）二十二年，……林甫遷中書令，乃與侍中牛仙客、御史中丞王敬從，與明法之官前左武衛胄曹參軍崔見、衛州司戶參軍直中書陳承信、酸棗尉直刑部俞元杞等，共加刪緝舊格式律令及敕，……總成律十二卷，《律疏》三十卷，《令》三十卷，《式》二十卷，《開元新格》十卷。」又《新書》卷五八《藝文志二》：「《格式律令事類》四十卷，中書令李林甫、侍中牛仙客、御史中丞王敬從……等刪定，開元二十五年上。」據是知本年王敬從在御史中丞任。《新書》卷一六八《劉禹錫傳》：「禹錫嘗歎天下學校廢，乃奏記宰相曰：……武德初，詔國學立周公、孔子廟，四時祭。貞觀中，詔修孔子廟兗州。後許敬宗等奏天下州縣置三獻官，其它如立社。玄宗與儒臣議，罷釋奠牲牢，薦酒脯。時王孫林甫爲宰相，不涉學，使御史

中丞王敬從以明衣牲牢著爲令，遂無有非之者。今虁四縣歲釋奠費十六萬，舉天下州縣歲凡費四千萬，適資三獻官飾衣裳，飴妻子，於學無補也。」

※崔希逸　御史中丞

陳鐵民《王維集校注》卷八《爲崔常侍祭牙門姜將軍文》：「維大唐開元二十五年歲次丁丑十一月辛未朔四日甲戌，左散騎常侍、河西節度副大使攝御史中丞崔公，致祭於故姜公之靈……」《唐方鎮年表》卷八記載，崔希逸始爲河西節度副大使知節度事，在開元二十四年。

※郭虛己　御史中丞（兼）

《英華》卷四〇四蘇頲《授郭虛己太子左庶子制》稱：「朝議郎、守駕部員外郎、兼御史中丞、朔方節度行軍司馬、關內道採訪處置使、賜紫金魚袋郭虛己，……可朝散大夫、守左庶子，兼御史中丞，餘如故。」《全文補遺》第八輯《郭虛己墓誌銘並序》：「轉駕部郎中兼侍御史，充朔方行軍司馬。開元廿四載，以本官兼御史中丞、關內道採訪處置使。」

周子諒　監察御史

《舊書》卷九《玄宗紀下》：「開元二十五年，官監察御史，上書忤旨，播之殿庭，朝堂決仗死之。」《舊書·牛仙客傳》：「監察御史周子諒竊言於御史大夫李适之曰：牛仙客不才，濫登相位，大夫國之懿親，豈得坐觀其事？适之遽奏子諒之言，上大怒，廷詰之。子諒辭窮，於朝堂決配，流瀼州，行至藍田而死。」《舊書·李林甫傳》：「監察御史周子諒言仙客非宰相器，玄宗怒而殺之。」又見《題名考》卷二「碑陰題名」載周子諒。

※王鉷　監察御史

《舊書》卷一〇五本傳：「王鉷，太原祁人也。……開元十年，爲鄠縣尉、京兆尹稻田判官。二十四年，再遷監察御史。」

唐玄宗開元二十五年（737）　丁丑

※李适之　御史大夫

《新書》卷二十四《車服志》：「開元二十五年，御史大夫李适之建議：

多至、元日大禮，朝參官及六品清官服朱衣，六品以下通服綺褶。天寶中，御史丞吉溫建議：京官朔、望朝參，衣朱綺褶，五品以上有珂傘。」

※李通　御史大夫

《會要》卷二四「朔望朝參」：「開元二十五年，御史大夫李通奏：『每至冬至，乃緣大禮……』」

※王敬從　御史中丞

《新書》卷五八《藝文志二》：「《格式律令事類》四十卷，中書令李林甫、侍中牛仙客、御史中丞王敬從……等刪定，開元二十五年上。」

※王璵　侍御史

《通鑑》卷二一四：「開元二十五年……太常博士王璵上疏請立青帝壇以迎春；從之。冬，十月，辛丑，制自今立春親迎春於東郊。時上頗好祀神鬼，故璵專習祠祭之禮以干時。上悅之，以為侍御史，領祠祭使。璵祈禱或焚紙錢，類巫覡，習禮者羞之。」

※周子諒　監察御史

《通鑑》卷二一四：「開元二十五年……夏，四月，辛酉，監察御史周子諒彈牛仙客非才，引讖書為證。上怒，命左右暴於殿庭，絕而復蘇；仍杖之朝堂，流瀼州，至藍田而死。」

羅文信　監察御史

《會要》五十九：「開元二十五年二月，監察御史羅文信充諸道鑄錢使。」又見《題名考》卷二「碑陰右棱題名」載羅文信。

鄭審　監察御史

《會要》卷六一「館驛使」：「開元二十五年五月，監察御史鄭審檢校兩京館驛，猶未稱使，今驛門前十二辰堆，即審創焉。」又見《題名考》卷二「碑陰右棱題名」載鄭審。

王維　監察御史

《題名考》卷三「碑陰下層題名」在王維資料如下：「王維，見郎官吏中，

又右棱。陰左棱，又右側侍御兼殿中。《舊‧文苑傳下》：『歷右拾遺、監察御史、左補闕。』王士源《孟浩然詩集序》：『侍御史京兆王維等，與浩然為忘形之交。』又有《留別王侍御詩》。」

霍按：陳鐵民《王維集校注》考王維開元二十五年夏，赴河西節度使幕，先為監察御史，後兼節度判官。《舊書》卷一九〇《文苑傳下‧王維傳》：「歷右拾遺、監察御史、左補闕、庫部郎中。」《全唐詩》卷一二八《出塞》（時為御史監察塞上作）：「居延城外獵天驕，白草連山野火燒。暮雲空磧時驅馬，秋日平原好射雕。護羌校尉朝乘障，破虜將軍夜渡遼。玉靶角弓珠勒馬，漢家將賜霍嫖姚。」另有《使至塞上》等詩。

唐玄宗開元二十六年（738）　戊寅

※李适之　御史大夫

《新書》卷一三一《李适之傳》：「李适之，恒山愍王孫也，始名昌。神龍初，擢左衛郎將。開元中，遷累通州刺史，以辨治聞。按察使韓朝宗言諸朝，擢秦州都督。徙陝州刺史、河南尹。其政不苛細，為下所便。玄宗患穀、洛歲暴耗徭力，詔适之以禁錢作三大防，曰上陽、積翠、月陂，自是水不能患。刻石著功，詔永王璘書，皇太子瑛署額。進御史大夫。二十七年，兼幽州長史，知節度事。」《全唐文》卷三五玄宗《遣祭郊廟山川敕》：「時和年豐，神所福也，精意備物，祭之義也。……宜令兵部尚書兼中書令晉國公李林甫、工部尚書同中書門下三品邠國公牛仙客即分祭郊廟社稷，尚書左丞相裴耀卿祭中嶽，禮部尚書杜暹祭東嶽，御史大夫李适之祭西嶽……」《唐僕尚丞郎表》考開元二十六年，李林甫為兵部尚書、牛仙客為工部尚書。

※楊慎矜　侍御史

《會要》卷五九「出納使」：「開元二十六年九月，侍御史楊慎矜，充太府出納使。」

※楊慎餘　侍御史

《舊書》卷一〇五《楊慎矜傳》：「謹慎餘先為司農丞，除太子舍人，監京倉，尋丁父憂。（開元）二十六年服闋，累遷侍御史，仍知太府出納。」

陳繇　侍御史

《大唐西市博物館藏墓誌》（第 282 頁）《唐故前河東節度副使朝散大夫檢校尚書屯田郎中兼侍御史柱國賜紫金魚袋陳公府君墓誌》：「皇曾祖諱繇，位侍御史，贈禮部郎中。皇祖諱皆，位台州刺史兼御史中丞，賜紫金魚袋。皇考諱庶，登進士甲科，文名巧思，冠絕當世。位大理司直，贈庫部郎中……」《全唐文》卷八太宗《宣慰劍南將士詔》：「吐蕃醜類，背約孤恩。卿等同嫉寇讎，爲國展效，深入賊境，久冒艱危。至於勤勞，豈不知委。頃聞在彼，小有喪敗。卿等非不盡力，自是主將無謀。古之用兵，在於責師，王昱緣此，亦已貶官。卿等但須悉心，不可因茲阻氣，遞相激勵，以保功名。戰亡之人，深可憫惜，並申弔祭，用慰幽魂。其病醫及陳亡之家，宜委陳繇與州縣相知優恤。」《元龜》卷一三六：「（開元）二十六年十月壬申命侍御史陳繇使於劍南安戎城宣慰將士敕曰……」又見《題名考》卷二「監察御史並□□□」載陳繇。

霍按：《題名考》卷二「監察御史並□□□陳繇」條，鍼按「王昱敗於安戎城，《舊紀》在開元二十六年九月。」《全唐文》卷八太宗《宣慰劍南將士詔》，《勞記》「懷疑是玄宗」，《岑記》據《舊書》一九六上證其所言爲是。

※鄭審　御史

霍按：據《會要》卷六一「館驛使」：「開元二十五年五月，監察御史鄭審檢校兩京館驛，猶未稱使……」又據《會要》卷八六「道路」：「開元二十八年正月十三日，令兩京道路並種果樹，令殿中侍御史鄭審充使。」則，本年鄭審應爲監察御史或殿中侍御史，具體任職待考。

唐玄宗開元二十七年（739）　己卯

※李适之　御史大夫

《通鑒》卷二一四：「開元二十七年……六月，癸酉，以御史大夫李适之兼幽州節度使。」

※鄭審　殿中侍御史

《會要》卷八六「道路」：「開元二十八年正月十三日，令兩京道路並種果樹，令殿中侍御史鄭審充使。」

霍按：《會要》言開元二十八年正月十三日鄭審殿中侍御史，則本年鄭審應在殿中侍御史任。

※王維　監察御史

陳鐵民《王維集校注》附錄《王維年譜》：「開元二十七年己卯，（王維）在長安，疑仍兼監察御史。」姑從之。《全唐詩》卷一六〇孟浩然有《留別王侍御維》詩。孟浩然云「王侍御維」，可見王維本年仍在監察御史任。趙璘《因話錄》云：「御史臺三院，一曰臺院。其僚曰侍御史，眾呼爲端公。見宰相及臺長，則曰某姓侍御。知雜事，謂之雜端，見臺長，則曰知雜侍御。雖他官高職兼之，其侍御號不改。見宰相，則曰知雜某姓某官。臺院非知雜者，乃俗號散端。二曰殿院。其僚曰殿中侍御史，眾呼爲侍御。……三曰察院，其僚曰監察御史，眾呼亦曰侍御。見宰相及臺長雜端，則曰某姓監察。若三院同見臺長，則通曰三院侍御，而主簿紀其所行之事。」

唐玄宗開元二十八年（740）　庚辰

※李适之　御史大夫

據《通鑑》卷二一四，李适之本年在御史大夫任。參開元二十七年「李适之」條。

※張倚　御史中丞

《會要》卷八六「城郭」：「開元……二十八年，都畿採訪使、御史中丞張倚請整齊都城侵街牆宇。」

※鄭審　殿中侍御史

《會要》卷八六「道路」：「開元二十八年正月十三日，令兩京道路並種果樹，令殿中侍御史鄭審充使。」

※許遠　監察御史

《通鑑》卷二一四：「開元二十八年，……章仇兼瓊潛與安戎城中吐蕃翟都局及維州別駕董承晏結謀，使局開門引內唐兵，盡殺吐蕃將卒，使監察御史許遠將兵守之。遠，敬宗之曾孫也。」《舊書》卷一九六《吐蕃傳上》：「（開

元）二十八年，……因引官軍入城，盡殺吐蕃將士，使監察御史許遠率兵鎮守。」

※王維　殿中侍御史

陳鐵民《王維集校注》附錄《王維年譜》：「開元二十八年庚辰，（王維）遷殿中侍御史。是冬，知南選，自長安經襄陽、郢州、夏口至嶺南。」《全唐詩》卷一二八有《哭孟浩然（題下注：時爲殿中侍御史，知南選，至襄陽有作）》詩。

唐玄宗開元二十九年（741）　辛巳

※李适之　御史大夫

據《通鑑》卷二一四，李适之本年在御史大夫任。參開元二十七年「李适之」條。

※張倚　御史中丞

《舊書》卷九《玄宗下》：「（開元）二十九年，……是秋，河北博、洺等二十四州言雨水害稼，命御史中丞張倚往東都及河北賑恤之。」

※張利貞　御史中丞

《通鑑》卷二一四：「開元二十九年，……平盧兵馬使安祿山，傾巧，善事人，人多譽之。上左右至平盧者，祿山皆厚賂之，由是上益以爲賢。御史中丞張利貞爲河北採訪使，至平盧。祿山曲事利貞，乃至左右皆有賂。利貞入奏，盛稱祿山之美。八月，乙未，以祿山爲營州都督，充平盧軍使，兩蕃、勃海、黑水四府經略使。」

※王鉷　侍御史（兼）

《舊書》卷一○五本傳：「王鉷，太原祁人也。……開元十年，爲鄠縣尉、京兆尹稻田判官。二十四年，再遷監察御史。二十九年，累除戶部員外郎，常兼侍御史。」

※王嶼　侍御史

《舊書》卷一三○本傳：「開元末，玄宗方尊道術，靡神不宗。嶼抗疏引

古今祀典，請置春壇，祀青帝於國東郊，玄宗甚然之，因遷太常博士、侍御
史，充祠祭使。」

張曉　監察御史

《舊書》卷一八七《忠義下‧張巡傳》：「兄曉，開元中監察御史，以文
行知名。」《新書》卷一九二《忠義中》：「張巡字巡，鄧州南陽人。……開元
末，擢進士第，時兄曉已位監察御史，皆以名稱重一時。」又《題名考》卷
三「碑右側題名」載：「 張曉，見監察。」凡二見。

唐玄宗開元年間待考証御史：

※李濬　御史大夫（攝，開元初）

《舊書》卷一一二《李麟傳》：「李麟，皇室之疏屬，太宗之從孫也。父
濬，開元初置十道按察使，……以濬爲潤州刺史、江南東道按察使。轉虢潞
二州刺史，益州大都督府長史、攝御史大夫、劍南節度按察使。所歷以誠信
待物，稱爲良吏。」《舊書》卷一八五《良吏傳下‧李濬傳》：「開元初，置諸
道按察使，盛選能吏，授濬潤州刺史、江東按察使，累封眞源縣子。……濬
尋拜虢、潞二州刺史，又拜益州長史、劍南節度使，攝御史大夫。」

楊瑒　殿中侍御史（開元三年前）

《法書要錄》卷三載何延之《蘭亭記》：「辯才弟子玄素，俗姓楊氏，華
陰人也。漢太尉之後。六代祖佺期，爲桓玄所害，子孫避難，潛竄江東，遂
編貫山陰，即吾之外氏近屬，今殿中侍御史瑒之族。」又見《題名考》「殿中
侍御史」條。

霍按：楊瑒開元三年任侍御史，其任殿中侍御史應在此前，具體任職年
份待考。

楊軌臣（範臣）　殿中侍御史（開元四年後）

《題名考》卷二「碑陰題名」載楊軌臣資料如下：「【殿中侍御史兼內供
奉武后中至玄宗末】楊軌臣，見侍御，又監察。」

霍按：《郎考》卷三「吏部郎中」作楊範臣。楊軌臣開元四年爲監察御史，
則其任殿中侍御史當在開元四年後，待考。

楊軌臣（範臣）　侍御史（開元四年後）

《題名考》卷一「碑陰題名」載楊軌臣資料如下：【侍御史並內供奉武后中至玄宗末】「楊軌臣，見郎官吏中，作『範』。又殿中、監察。」

霍按：楊軌臣開元四年爲監察御史，則其任侍御史當在開元四年後，待考。

杜暹　殿中侍御史（開元四年後）

《題名考》卷二「碑陰題名」載杜暹資料如下：「【殿中侍御史兼內供奉武后中至玄宗末】杜暹，見侍御，又監察。」

霍按：據本書「開元四年」條，杜暹開元四年爲監察御史，則其任殿中侍御史當在開元四年後，待考。

杜暹　侍御史（開元四年後）

《題名考》卷一「碑陰題名」載杜暹資料如下：「【侍御史並內供奉武后中至玄宗末】杜暹，見侍御、殿中。《舊傳》：『開元四年，自大理評事遷監察御史，往磧西覆屯，累遷給事中。』《新傳》同。」

霍按：據本書「開元四年」條，杜暹開元四年爲監察御史，則其任侍御史當在開元四年後，待考。

宋宣遠　殿中侍御史（開元四年後）

《題名考》卷二「碑陰題名」載宋宣遠：【殿中侍御史兼內供奉武后中至玄宗末】「宋宣遠，見郎官左外，又監察。」

霍按：據本書「開元四年」條，宋宣遠開元四年任監察御史，其任殿中侍御史當在開元四年後，待考。

※劉沼　御史大夫

《新書》卷一一八《韓思復傳》：「韓思復開元初爲諫議大夫。山東大蝗，宰相姚崇遣使分道捕瘞。……崇又遣監察御史劉沼覆視，沼希宰相意，悉易故牒以聞，故河南數州賦不得蠲。崇惡之，出爲德州刺史。拜黃門侍郎。帝北巡，爲行在巡問賑給大使。遷御史大夫，性活澹，不喜爲繩察，徙太子賓客，進爵伯。」

翟璋　侍御史（開元七年後）

　　《題名考》卷一「碑陰題名」載翟璋資料如下：「【侍御史並內供奉武后中至玄宗末】翟璋，又監察。《通典·職官六》：『開元初，置御史裏使及侍御史裏使、殿中裏使、督察裏使等官，並無定員，議與裏行同。』穆思泰、元光謙、俱見監察。呂太一、見戶外。翟章（疑璋），並爲裏使，尋省。《會要》六十二：『開元元年正月，殿中侍御史出使盡，監察裏行翟璋知班，乃牒中書省，勘侍郎王琚及太子左庶子竇希瓘入晚，遂爲所擠，出授岐陽縣令。』又七年正月二十一日，上御紫宸殿，左臺御史翟璋監殿廷。《新·酷吏·周利貞傳》：『開元時爲左臺侍御史，劾敬讓越次奏事，不待監引，請行法。』孫逖《授翟璋將作少匠制》：『門下：滑州刺史翟璋等，精勤立志，果斷雄才，有吏道之能名，是郎官之後選。掄才考行，用掌百工之事；宰邑臨人，儜爲四方之則。可依前件。』《文苑英華》三百九十九。又授《崔璋等諸州刺史制》：『門下，中散大夫守將作少匠上柱國翟璋等，名跡修謹，藝能該博。或累升清秩，或久踐通班。三年有成，各呈才於外郡；庶官無曠，咸勵節於中朝。重寄所難，分憂是囑。宜膺稍遷之舉，用叶汝諧之命。可依前件。』又四百十。」

　　霍按：翟璋開元七年任監察御史，其任侍御史當在開元七年後，具體任職年份待考。又《冊府元龜》卷五二〇下《憲官部·彈劾》：「翟璋爲左臺侍御史，太和七年，帝御紫宸殿朝集使，魏州長史敬讓、辰州長史周利貞俱欲奏事，璋監殿庭。」「太和七年」爲「開元七年」之誤，今移正。

韓朝宗　殿中侍御史（開元八年後）

　　《題名考》卷二「碑陰題名」載韓朝宗：「【殿中侍御史兼內供奉武后中至玄宗末】韓朝宗，見郎官勳中，又監察。《新傳》：『睿宗時，歷左拾遺，累遷荊州長史。』《大詔令》：『玄宗慰問鹽夏兩州百姓詔稱，令御史韓朝宗等，分往慰問，』」

崔希逸　殿中侍御史（開元九年後）

　　見《題名考》「殿中侍御史」條。

咸廙業　殿中侍御史（開元十三年後）

　　《舊書》卷一八七《忠義傳下·李憕傳》：「……屬宇文融爲御史，括田

戶，奏知名之士崔希逸、咸廙業、宇文順、於孺卿、李宙及燈爲判官，攝監察御史，分路檢察，以課並遷監察御史。」《會要》卷六四：「開元十三年四月，監察御史咸廙業爲集賢院直學士。」《通志・氏族略四》：「開元中，殿中侍御史咸廙業世居東海監朐。」《全唐文》卷三六二徐季鴒《屯留令薛僅善政碑》：「自江陽丞，中丞宇文融、殿中侍御史咸廙業並引爲判官。」又見《題名考》「監察御史」及「殿中侍御史」條。

霍按：《會要》卷六四云開元十三年，咸廙業爲監察御史，其任殿中侍御史當在開元十三年之後。

李燈　殿中侍御史

《舊書》卷一八七《忠義傳下・李燈傳》：「父希倩，中宗神龍初右臺監察御史。……開元九年，爲長安尉，屬宇文融爲御史，括田戶，奏知名之士李燈等爲判官，攝監察御史，分路檢察，以課並遷監察御史，驟歷兵吏部郎中、給事中。」《會要》卷八五：「開元十二年，宇文融又奏加長安縣尉李燈充勸農判官。」又見《題名考》「監察御史」及「殿中侍御史」條。

梁昇卿　監察御史（開元十一年前）

霍按：據《題名考》，梁昇卿開元十一年任殿中侍御史，其任監察御史當在開元十一年之前，具體年份待考。

劉彥回　侍御史　殿中侍御史（開元十三年前）

《題名考》卷一「碑陰題名」載劉彥回資料如下：「【侍御史並內供奉武后中至玄宗末】劉彥回，見郎官左中，又殿中。蘇頲《御史大夫贈右丞相程行謀神道碑》：『凡厥所嗟，上之不隕，直清而美者，則侍御史彭城劉彥回、同郡宋詢。』（《文苑英華》八百八十九）《嘉定鎮江志》十六：『劉彥回，開元中自侍御史左遷金壇令，彥回以直貶，終守清節，琴樽自娛，吏民畏愛之。』玄宗《令侍御史劉彥回賑給同鄜等州詔》（《大詔令》）」。

霍按：程行諶開元十三年任御史大夫，則劉彥回任侍御史、殿中侍御史當在開元十三年前，具體任職年份待考。

※李尚隱　御史中丞（開元二十一年前）

《新書》卷一三〇《李尚隱傳》：「李尚隱，其先出趙郡，徙貫萬年。年

二十，舉明經，再調下邽主簿，……神龍中，左臺中丞侯令德爲關內黜陟使，尚隱佐之，以最擢左臺監察御史。崔湜、鄭愔典吏部選，附勢幸，銓疑不平，至逆用三年員闕，材廉者軋不進，俄而相踵知政事，尚隱與御史李懷讓顯劾其罪，湜等皆斥去。睦州刺史馮昭泰性鷙刻，人憚其彊，嘗誣擊桐盧令李師日二百餘家爲妖蠱，有詔御史覆驗，皆稱病不肯往。尚隱曰：善良方蒙枉，不爲申明，可乎？因請行，果推雪其冤。湜、愔復當路，乃出尚隱爲伊闕令，……尚隱以將作少監營橋陵，封高邑縣男。未幾，進御史中丞。……尚隱性剛亮，論議皆披心示誠，處事分明，御下不苛密。尤詳練故實，前後制令，誦記略無遺。代王丘爲御史大夫。……自開元二十二年置京畿採訪處置等使，用中丞盧奐爲之，尚隱以大夫不充使。永泰以後，大夫王翊、崔渙、李涵、崔寧、盧杞乃爲之。」

霍按：李尚隱開元二十一年任御史大夫，則其任御史中丞當在此前，具體年份待考。

袁楚客　侍御史（開元二十三年前）

《題名考》卷三「碑左側題名」載袁楚客資料如下：「《會要》卷七六：『開元元年，直言極諫科袁楚客及第。』《新書・魏元忠傳》：『神龍中，魏元忠輔政，天下傾望，冀干正王室，而稍憚權倖，不能賞善罰惡，譽望大減。陳郡男子袁楚客以書規之』。《新書・禮樂志》：『玄宗即位，命寧王主藩邸樂，以充太常。倡優之技，有諧謔而賜金帛朱紫者，酸棗尉袁楚客上疏極諫。』《新書・吳兢傳》：『上疏玄宗曰：陛下初即位，猶有褚無量、張廷珪、韓思復、辛替否、柳澤、袁楚客上疏，爭時政得失。』《會稽掇英總集》卷六李邕《秦望山法華寺碑》：『朝散大夫前侍御史今都府戶曹袁公，名楚客，其皎如日，其心如丹，負兼濟之雄才，託演成之雅意。』岑：碑無年月。《石錄目錄》云：『邕撰，並行書，開元二十三年。』」

羅文信　殿中侍御史（開元二十五年後）

《題名考》卷二「碑陰右棱題名」載羅文信資料如下：「羅文信，又右側侍御兼殿中。」

霍按：據本書「開元二十五年」條，羅文信開元二十五年任監察御史，其任殿中侍御史當在開元二十五年後。具體任職年份待考。

張烜　監察御史（開元十六後～天寶初）

見《題名考》卷二「碑陰題名」【監察御史並□□□】張烜資。

霍按：《元龜》：「開元十六年五月六日，唐昌公主出降，有司進儀注於紫宸殿，行五禮。右補闕施敬本、左拾遺張烜、右拾遺李銳等連名上疏。」又《會要》卷七四：「天寶元年冬，選六十四人判入等，時御史中丞張倚男奭判入高等，有下第者嘗爲蘇令，以白安祿山，遂奏之。來年正月二十一日，遂於勤政樓下上親自重試，惟二十人比類稍優，餘並下第，張奭不措一詞，時人謂之曳白。吏部侍郎宋遙貶武當太守，苗晉卿貶安康太守，考官禮部郎中裴朏、起居舍人張烜、監察御史宋昱、左拾遺孟國朝並貶官。」可知開張烜任監察御史在開元十六後年至天寶初，具體任職年份待考。

※楊仲昌　監察御史（開元中）

《新書》卷一二○《楊仲昌傳》：「楊元琰子仲昌，字蔓。以通經爲修文生。累調，不甚顯。以河陽尉對策，玄宗擢第一，授蒲州法曹參軍，判入異等，遷監察御史。坐累爲孝義令。」

※張齊丘　監察御史（開元初）

《新書》卷一九八《儒學上》：「張俊胤字嗣宗，……孫齊丘，歷監察御史、朔方節度使，終東都留守。」《唐方鎮文職僚佐考》考張齊丘天寶五載（746）至天寶九載（750）任朔方節度使，其任監察御史約在開元初，具體任職年份待考。

※楊瑊　監察御史　殿中侍御史　開元元年～十七年

《墓誌彙編》開元二九八《大唐故商州司馬楊府君墓誌銘》：「公諱瑊，宣議郎，初應制拜宋州襄邑主簿，後遷汴州俊儀縣丞，恩制拜監察御史，次殿中侍御史，出爲太原文水縣令，除商州司馬，未上而歿。……開元十七年二月十六日歿於文水縣官第。」

唐玄宗天寶年間

唐玄宗天寶元年（742）　壬午

※李适之　御史大夫（兼）

《舊書》卷九《玄宗下》：天寶元年「八月丁丑，刑部尚書、兼御史大夫李适之爲左相。……壬辰，吏部尚書兼右相李林甫加尚書左僕射，左相李适之兼兵部尚書。」《舊書》卷一○○《裴寬傳》：「天寶初，……范陽節度李适之入爲御史大夫，除寬范陽節度兼河北採訪使替之。其年，又加御史大夫。」

※裴寬　御史大夫

《舊書》卷一○○《裴灌傳・從祖弟附寬傳》：「灌從祖弟寬，……以文詞進，騎射、彈棋、投壺特妙。……後應拔萃，舉河南丞。再轉爲長安尉，……寬歷中書舍人、御史中丞、兵部侍郎。……天寶初，……范陽節度李适之入爲御史大夫，除寬范陽節度兼河北採訪使替之。其年，又加御史大夫。……（天寶）三載，……寬爲戶部尚書、兼御史大夫。」《舊書》卷一○六《李林甫傳》：「初，林甫嘗夢一白皙多鬚長丈夫逼己，接之不能去。既寤，言曰：「此形狀類裴寬，寬謀代我故也。」時寬爲戶部尚書、兼御史大夫，故因李适之黨斥逐之。」

※張倚　御史中丞

《會要》卷七四「選部上」：「天寶元年冬，選六十四人判入等，時御史

中丞張倚男奭判入高等，有下第者嘗爲蘇令，以白安祿山，遂奏之。來年正月二十一日，遂於勤政樓下上親自重試，惟二十人比類稍優，餘並下第，張奭不措一詞，時人謂之『曳白』。」

姚閎　侍御史

《舊書》卷一〇三《牛仙客傳》：「開元二十四年，（牛仙客）代信安王禕爲朔方行軍大總管。……其年十一月，九齡等罷知政事，遂以仙客爲工部尚書，同中書門下三品，仍知門下事。……初，仙客爲朔方軍使，以姚崇孫閎爲判官。及知政事，閎累遷侍御史。」《舊書‧姚奕傳》：「天寶元年，右相牛仙客薨，姚奕男閎爲侍御史、仙客判官，見仙客疾亟，逼爲仙客表，請以奕及盧奐爲相代己。其妻因中使奏之，玄宗怒，閎決死。」又見《題名考》卷三「碑右棱題名」載姚閎條。

※王鉷　侍御史（兼）

《通鑒》卷二一五：「天寶元年……三月……，及楊愼矜得倖，於是韋堅、王鉷之徒競以利進，百司有事權者，稍稍別置使以領之，舊官充位而已。堅，太子之妃兄也，爲吏以幹敏稱。上使之督江、淮租運，歲增鉅萬；上以爲能，故擢任之。王鉷，方翼之孫也，亦以善治租賦爲戶部員外郎兼侍御史。」

※楊錡　侍御史

《舊書》卷五一《后妃傳上‧玄宗楊貴妃傳》：「天寶初，（太眞）進冊貴妃。……錡，侍御史，尙武惠妃女太華公主。」

※韓洽　殿中侍御史

《舊書》卷九八《韓休傳》：「韓休……子洽，……天寶初爲殿中侍御史。」

※李彥允　殿中侍御史　天寶元年（742）～二年（743）

《會要》卷六五「宗正寺」：「天寶元年七月二十三日詔：『殿中侍御史李彥允等奏稱與朕同承涼武昭王後，請甄敘者。源流實同，譜牒猶著。』」《全唐文》卷三一玄宗《命李彥允等入宗正籍詔》：「殿中侍御史李彥允等奏稱，與朕同承涼武昭王後，……源流實同，譜牒猶著。」

※宋昱　監察御史

《會要》卷七四「選部上」：「天寶元年冬，選六十四人判入等，時御史中丞張倚男奭判入高等，有下第者嘗爲蘇令，以白安祿山，遂奏之。來年正月二十一日，遂於勤政樓下上親自重試，惟二十人比類稍優，餘並下第，張奭不措一詞，時人謂之『曳白』。吏部侍郎宋遙貶武當太守，苗晉卿貶安康太守，考官禮部郎中裴朏、起居舍人張烜、監察御史宋昱、左拾遺孟國朝並貶官。」天寶一〇四《唐故殿中省進馬宋公墓誌銘並序》：「天寶十四載歲次乙未四月庚寅朔八日丁酉殿中省進馬宋公卒，年始十九。……公名應，字用之，……父昱，朝議大夫，中書舍人。……初，舍人自監察御史貶桂陽尉，公始六歲，李夫人提臂而隨焉。公至桂陽，嘗嬰危疾，慈母願以身代，請命於天。……無何，父除大理評事，攝監察御史。」

楊釗（國忠）　監察御史

《會要》卷五九「出納使」：『天寶四載八月，殿中侍御史楊釗充司農出納錢物使。』《舊書·楊國忠傳》：「本名釗，天寶初，由劍南節度賓佐擢監察御史。」又見《題名考》卷三「碑陰下層題名」載楊釗。

※韋鎰　監察御史

《舊書》卷一一八《元載傳》：「天寶初，玄宗崇奉道教，下詔求明莊、老、文、列四子之學者。載策入高科，授邠州新平尉。監察御史韋鎰充使監選黔中，引載爲判官，載名稍著，遷大理評事。」

唐玄宗天寶二年（743）　癸未

※裴寬　御史大夫

《舊書》卷一〇〇《裴漼傳·從祖弟附寬傳》：「漼從祖弟寬，……以文詞進、騎射、彈棋、投壺特妙。……後應拔萃，舉河南丞。再轉爲長安尉，……寬歷中書舍人、御史中丞、兵部侍郎。……天寶初，……范陽節度李适之入爲御史大夫，除寬范陽節度兼河北採訪使替之。其年，又加御史大夫。……（天寶）三載，……寬爲戶部尚書、兼御史大夫。」

※張倚　御史中丞

《舊書》卷一一三《苗晉卿傳》：「時天下承平，每年赴選常萬餘人。李林甫爲尙書，專任廟堂，銓事唯委晉卿及同列侍郎宋遙主之。選人既多，每年兼命他官有識者同考定書判，務求其實。天寶二年春，御史中丞張倚男奭參選，晉卿與遙以倚初承恩，欲悅附之，考選人判等凡六十四人，分甲乙丙科，奭在其首。眾知奭不讀書，論議紛然。」又見《會要》卷七四「選部上」。

※蕭諒　御史中丞

《舊書》卷一〇五《楊愼矜傳》：「愼矜……二十六年服闋，累遷侍御史，仍知太府出納。…… 天寶二年，遷權判御史中丞，充京畿採訪使，知太府出納使並如故。時右相李林甫握權，愼矜以遷拜不由其門，懼不敢居其任，固讓之，因除諫議大夫，兼侍御史，仍依舊知太府出納。以鴻臚少卿蕭諒爲御史中丞，諒至臺，無所撝讓，頗不相能，竟出陝郡太守。」

楊愼矜　侍御史

《舊書》卷一〇五《楊愼矜傳》：「天寶二年，遷權判御史中丞，充京畿採訪使，知太府出納使並如故。時右相李林甫握權，愼矜以遷拜不由其門，懼不敢居其任，固讓之，因除諫議大夫，兼侍御史，仍依舊知太府出納。以鴻臚少卿蕭諒爲御史中丞，諒至臺，無所撝讓，頗不相能，竟出陝郡太守。林甫以愼矜屈於己，復擢爲御史中丞，仍充諸道鑄錢使。」又見《題名考》卷三「碑陰額題名・知雜御史自天寶元載已後。」載楊愼矜。

張瑄　殿中侍御史

《會要》卷五九「出納使」：「天寶二年六月，殿中侍御史張瑄充太府出納使。」又見《題名考》卷三「碑左側題名」載張瑄。

※宋昱　監察御史

《會要》卷七四「選部上」：「天寶元年多，選六十四人判入等，時御史中丞張倚男奭判入高等，有下第者嘗爲蘇令，以白安祿山，遂奏之。來年正月二十一日，遂於勤政樓下上親自重試，惟二十人比類稍優，餘並下第，張奭不措一詞，時人謂之曳白。吏部侍郎宋遙貶武當太守，苗晉卿貶安康太守，考官禮部郎中裴朏、起居舍人張烜、監察御史宋昱、左拾遺孟國朝並貶官。」

《墓誌彙編》天寶一○四《唐故殿中省進馬宋公墓誌銘並序》：「天寶十四載歲次乙未四月庚寅朔八日丁酉殿中省進馬宋公卒，年始十九。……公名應，字用之，……父昱，朝議大夫，中書舍人。……初，舍人自監察御史貶桂陽尉，公始六歲，李夫人提臂而隨焉。公至桂陽，嘗嬰危疾，慈母願以身代，請命於天。……無何，父除大理評事，攝監察御史。」據墓誌，宋應六歲，即天寶二年，宋昱由監察御史貶桂陽尉，亦可證《會要》之記載。

元撝　監察御史

《舊書》卷一○五《韋堅傳》：「李林甫以堅姜氏壻，甚狎之。……四月，進銀青光祿大夫、左散騎常侍、陝郡太守、水陸轉運使，勾當緣河及江淮南租庸轉運處置使並如故。又以判官元撝、豆盧友除監察御史。三年正月，堅又加兼御史中丞。」《新表》：「元氏綿州長史平叔子、挹弟撝，太常博士。」又見《題名考》卷三「碑陰下層題名」載元撝。

豆盧友　監察御史

《舊書》卷一○五《韋堅傳》：「李林甫以堅姜氏壻，甚狎之。……四月，進銀青光祿大夫、左散騎常侍、陝郡太守、水陸轉運使，勾當緣河及江淮南租庸轉運處置使並如故。又以判官元撝、豆盧友除監察御史。三年正月，堅又加兼御史中丞。」又見《題名考》卷三「碑陰下層題名」載豆盧友。

唐玄宗天寶三載（744）　甲申

正月丙申朔，改年為載。《舊書》本紀。

※裴寬　御史大夫（兼）

《舊書》卷一○○《裴漼傳·從祖弟附寬傳》：「漼從祖弟寬，……以文詞進，騎射、彈棋、投壺特妙。……寬歷中書舍人、御史中丞、兵部侍郎。……天寶初，……范陽節度李适之入為御史大夫，除寬范陽節度兼河北採訪使替之。其年，又加御史大夫。……（天寶）三載，……寬為戶部尚書、兼御史大夫。」《新書》卷一三○《裴亮傳》：「裴漼……從祖弟寬。性通敏，工騎射、彈棋、投壺，略通書記。景雲中，為潤州參軍事。……舉拔萃，為河南丞，遷長安尉。宇文融為侍御史，括天下田，奏為江東覆田判官。……三載，用

安祿山守范陽，召寬爲戶部尙書，兼御史大夫。……及韋堅獄起，寬復坐親，貶安陸別駕。林甫任羅希奭殺李适之也，亦使過安陸，將怖殺寬，寬叩頭祈哀，希奭乃去。寬懼終見殺。」

※楊愼矜　御史中丞

《舊書》卷一〇五本傳：「愼矜沉毅有才幹，任氣尙朋執。……玄宗訪其子堪委其父任者。宰臣以愼餘、愼矜、愼名三人皆勤恪清白有父風，而愼矜爲其最，因拜監察御史。……二十六年服闋，累遷侍御史，仍知太府出納。……天寶二年，遷權判御史中丞，充京畿採訪使，知太府出納使並如故。時右相李林甫握權，愼矜以遷拜不由其門，懼不敢居其任，固讓之，因除諫議大夫，兼侍御史，仍依舊知太府出納。以鴻臚少卿蕭諒爲御史中丞，諒至臺，無所撝讓，頗不相能，竟出陝郡太守。林甫以愼矜屈於己，復擢爲御史中丞，仍充諸道鑄錢使。」同書卷一〇五《韋堅傳》：「（天寶）三年正月，堅又加兼御史中丞。……九月，拜守刑部尙書，奪諸使，以楊愼矜代之。」同書卷一〇六《李林甫傳》：「林甫……耽寵固權，己自封植，朝望稍著，必陰計中傷之。初，韋堅登朝，以堅皇太子妃兄，引居要職，示結恩信，實圖傾之，乃潛令御史中丞楊愼矜陰伺堅隙。」《通鑒》卷二一五：「天寶三載，……李林甫以楊愼矜屈附於己，九月甲戌，復以愼矜爲御史中丞，充諸道鑄錢使。」

※韋堅　御史中丞（兼）

《舊書》卷一〇五本傳：「李林甫以堅姜氏壻，甚狎之。至是懼其詭計求進，承恩日深，堅又與李适之善，益怒之，恐入爲相，乃與腹心構成其罪。四月，進銀青光祿大夫、左散騎常侍、陝郡太守、水陸轉運使，勾當緣河及江淮南租庸轉運處置使並如故。又以判官元撝、豆盧友除監察御史。三年正月，堅又加兼御史中丞。」《舊書》卷一〇五《楊愼矜傳》：「（天寶三年），時散騎常侍、陝郡太守韋堅兼御史中丞，爲水陸漕運使，權傾宰相。」

※彭果　御史中丞（攝）

《全唐文》卷三二玄宗《流彭果詔》：「嶺南五府經略採訪使光祿少卿兼南海郡太守攝御史中丞彭果，……即就大理寺門決六十，除名長流湊溪郡。」
《元龜》卷三三：天寶三載「四月，光祿少卿彭果祭河瀆。」

李遇　御史中丞

《舊書》卷一四六《李說傳》：「李說，淮安王神通之裔也。父遇，天寶中爲御史中丞。」《新書·宗室表》：「大鄭王房太僕卿暈子、御史中丞東畿採訪使遇。又蔡王房復州刺史惻子遇。」《墓誌彙編》天寶○八一《大唐故廣陵郡海陵縣丞張府君墓誌銘並序》（天水趙推撰）：「府君諱俊，字文相，其先常山人。……父存知，皇起家殿中侍御史、兵部郎中。……時御史李遇廉問淮南，聞而多之。以天寶三載十月十三日道疾，終於陳留郡之客舍。」又見《題名考》「碑左側題名。」

※楊釗（國忠）　殿中侍御史

《舊書》卷四九《食貨志下》：「天寶三載，……楊釗以殿中侍御史爲水陸運使，以代韋堅。」

※蔣思之　殿中侍御史

《墓誌彙編》天寶○八○《大唐故汝陰郡汝陰縣令裴府君之墓誌並序》（殿中侍御史蔣思之撰）：「唐天寶三載夏六月廿日，汝陰縣令公卒。」

唐玄宗天寶四載（745）　乙酉

※王忠嗣　御史大夫（攝）

《舊書》卷一○三本傳：「（開元）二十八年，（王忠嗣）以本官兼代州都督，攝御史大夫，兼充河東節度。……天寶……四載，加攝御史大夫，充河東節度採訪使。」

※王鉷　御史中丞（天寶四載十月後）

《舊書》卷一○五本傳：「王鉷，太原祁人也。……開元十年，爲鄠縣尉、京兆尹稻田判官。二十四年，再遷監察御史。二十九年，累除戶部員外郎，常兼侍御史。天寶……四載，加勾戶口色役使，又遷御史中丞，兼充京畿採訪使。」《通鑑》卷二一五：「天寶四載……十月……丙子，以鉷爲御史中丞，京畿採訪使。」

※楊愼矜　御史中丞（兼）

《舊書》卷一〇五《楊愼矜傳》：「愼矜與鉷父瑨中外兄弟，鉷即表侄，少相狎，鉷入臺，愼矜爲臺端，亦有推引。及鉷遷中丞，雖與鉷同列，每呼爲王鉷，鉷恃與林甫善，漸不平之。」《舊書》卷一〇五《王鉷傳》：「初，鉷與御史中丞、戶部侍郎楊愼矜親，且情厚，頗爲汲引，及貴盛爭權，鉷附於李林甫，爲所誘，陷愼矜家。經五年而鉷至赤族，豈天道歟。」同書卷一〇六《楊國忠傳》記載同。《舊書》卷一〇五《王鉷傳》，王鉷於天寶四載任御史中丞，《楊愼矜傳》云「及鉷遷中丞，（愼矜）與鉷同列」，則楊愼矜本年仍在御史中丞任。

※王鉷　侍御史（兼）（天寶四載十月前）

《舊書》卷一〇五《楊愼矜傳》：「時散騎常侍、陝郡太守韋堅兼御史中丞，爲水陸漕運使，權傾宰相。侍御史王鉷推堅獄，愼矜引身中立以等候望，鉷恨之，林甫亦憾矣。」

王維　侍御史

《題名考》卷三「碑陰左棱題名」載王維資料如下：「王維，見陰下層，又右棱，又右側侍御兼殿中。」王士源《孟浩然集序》云：「丞相范陽張九齡、侍御史京兆王維……率以浩然爲忘形之交。……天寶四載徂夏，詔書徵謁京邑，與冢臣八座討論，……始知浩然物故。」陶翰《送惠上人還江東序》亦有「侍御史王公維」之語。王維任侍御史之事，兩《唐書》無載，陳鐵民《王維集校注》附錄《王維年譜》云：「天寶四載乙酉，……（王維）遷侍御史。」今從之。

楊釗（國忠）　殿中侍御史

《會要》五九「出納使」：「天寶四載八月，殿中侍御史楊釗充司農出納錢物使。」又見《題名考》卷三「碑陰下層題名」載楊釗。

裴冕　監察御史

《題名考》卷三「碑陰額題名知雜御史自天寶元載已後」載裴冕：「裴冕，《舊傳》：『天寶中，御史中丞王鉷充京畿採訪使，自渭南縣尉表爲判官，遷監察御史，歷殿中侍御史。』《舊書·王鉷傳》：『天寶十一載四月，楊國忠問

王焊反狀，侍御史裴冕恐，焊引鉷叱罵焊云云。』《新傳》略同。」

唐玄宗天寶五載（746）　丙戌

※郭虛己　御史大夫（兼）

《舊書》卷九《玄宗紀下》：「天寶五載八月，以戶部侍郎郭虛己為御史大夫、劍南節度使。」顏眞卿《鮮于少保碑》：「（天寶）五載，戶部侍郎兼御史大夫郭公虛己代章仇兼瓊節制，郭以庶務，一皆仗公。公素懷感激，竭誠受委，故幕府之事，無遺謂焉。六載，郭公將圖弱水西之八國，奏公入觀。」《顏魯公文集》五《河南府參軍贈祕書丞郭君（揆）神道碑銘》：「父虛己，銀青光錄大夫、守工部尙書、兼御史大夫、蜀郡大都督府長史、持節、充劍南節度度支營田副大使、本道並山南西道採訪處置使、上柱國，贈太子太師，諡曰獻。」

※王鉷　御史中丞

《舊書》卷九《玄宗紀下》：「天寶五載春正月癸酉，……丙子，遣禮部尙書席豫、左丞崔翹、御史中丞王鉷等七人分行天下，黜陟官吏。……十一月乙亥，戶部侍郎楊愼矜及兄少府少監愼餘與弟洛陽令愼名，並爲李林甫及御史中丞王鉷所構，下獄死。……夏四月，御史大夫兼京兆尹王鉷賜死，坐弟焊與凶人邢緯謀逆故也。」

※楊釗（國忠）　侍御史

《會要》卷六六「木炭使」：「天寶五載九月，侍御史楊釗充木炭使。」

鄭欽說　殿中侍御史

《舊書》卷一〇五《韋堅傳》：「天寶五載十月，殿中侍御史鄭欽說坐堅累，貶夜郎尉。」又見《題名考》卷三「碑左棱題名」鄭欽說。

羅希奭　監察御史

《通鑒》卷二一五：「天寶……五載……十二月甲戌，……別遣監察御史羅希奭往按李邕。」《舊書》卷一〇五《韋堅傳》：「天寶五載十月，使監察御史羅希奭殺韋堅。」又見《題名考》卷三「碑陰下層題名」羅希奭。《新書》

卷一三一《李适之傳》：「皇甫惟明、韋堅、裴寬、韓朝宗皆適之厚善，悉爲林甫所構得罪。適之懼不自安，乃上宰政求散職，以太子少保罷，欣然自以爲免禍。俄坐韋堅累，貶宜春太守。會御史羅希奭陰被詔殺堅等貶所，州縣震恐，及過宜春，適之懼，仰藥自殺。」

楊惠（楊慧）　監察御史

《舊書》卷一〇五《韋堅傳》：「天寶……五載……七月，堅又長流嶺南臨封郡，……至十月，使監察御史羅希奭逐而殺之。……殿中侍御史鄭欽說坐堅累，貶夜郎尉，監察御史豆盧友貶富水尉，監察御史楊惠貶巴東尉。」又見《題名考》卷三「碑陰下層題名」楊惠。

※豆盧友　監察御史

《舊書》卷一〇五《韋堅傳》：「天寶……五載……七月，堅又長流嶺南臨封郡，……至十月，使監察御史羅希奭逐而殺之。……殿中侍御史鄭欽說坐堅累，貶夜郎尉，監察御史豆盧友貶富水尉，監察御史楊惠貶巴東尉。」

※韋芝　御史

《題名考》卷三「碑左棱題名」載韋芝資料如下：「《舊·韋堅傳》：『天寶五載七月，堅弟兵部員外郎芝等並遠貶。十月，使監察御史羅希奭逐而殺之。』」韋芝爲韋堅弟，當爲開元天寶時期人，天寶五載任兵部員外郎，其任御史當在天寶五載前，暫錄於此，以俟高明。

唐玄宗天寶六載（747）　丁亥

※安祿山　御史大夫

《通鑑》卷二一五：「天寶……六載，……戊寅，以范陽、平盧節度使安祿山兼御史大夫。」《全唐文》卷二五《封安祿山東平郡王制》：「開府儀同三司兼右羽林軍大將軍員外置同正員御史大夫范陽大都督府長史柳城郡太守持節充范陽節度經略支度營田陸運押兩蕃渤海黑水等四府節度處置及平盧軍河北海運並管內採訪等事上柱國柳城郡開國公安祿山，……可封東平郡王。」

※王鉷　御史中丞

《舊書》卷九《玄宗紀下》：「（天寶）六載……十一月乙亥，戶部侍郎楊慎矜及兄少府少監慎餘與弟洛陽令慎名，並未李林甫及御史中丞王鉷所構，下獄死。」《會要》卷五九「尚書省諸司下」：「天寶六載三月，御史中丞王鉷兼長春宮使。」

※楊慎矜　御史中丞

《舊書》卷一一二《李巨傳》：「（天寶）六載，御史中丞楊慎矜爲李林甫、王鉷構陷得罪，其黨史敬忠亦伏法。以巨與敬忠相識，坐解官，於南賓郡安置。又起爲夷陵郡太守。」《通鑑》卷二一五：「天寶六載，……戶部侍郎兼御史中丞楊慎矜爲上所厚，李林甫浸忌之。慎矜與王鉷父晉，中表兄弟也，少與鉷狎，鉷之入臺，頗因慎矜推引。及鉷遷中丞，慎矜與語，猶名之；鉷自恃與林甫善，意稍不平。」《全唐文》卷三二玄宗《賜楊慎矜等自盡並處置詔》：「戶部侍郎兼御史中丞楊慎矜，……宜賜自盡。」

※高仙芝　御史中丞

《舊書》卷一〇四本傳：「天寶六載八月，仙芝虜勃律王及公主趣赤佛堂路班師。……其年十二月，制授仙芝鴻臚卿、攝御史中丞。（天寶十四載）十一月，安祿山據范陽叛。是日，以京兆牧、榮王琬爲討賊元帥，仙芝爲副。命仙芝領飛騎、彍騎及朔方、河西、隴右應赴京兵馬，並召募關輔五萬人，繼封常清出潼關進討，仍以仙芝兼御史大夫。」

※蕭諒　御史中丞

《會要》卷六七「員外官」：「天寶六載六月二十四日，御史中丞蕭諒奏：『近緣有勞人等，兼授員外官，多分半曹務，頗多煩擾。……」

※哥舒翰　御史中丞（攝）

《舊書》卷一〇四本傳：「天寶六載……其冬，玄宗在華清宮，王忠嗣被劾。敕召翰至，與語悅之，遂以爲鴻臚卿，兼西平郡太守，攝御史中丞。」

※楊釗（國忠）　侍御史

《通鑑》卷二一五：「林甫知鉷與慎矜有隙，密誘使圖之。鉷乃遣人以飛語告『慎矜隋煬帝孫，與凶人往來，家有讖書，謀復祖業。』上大怒，收慎

矜繫獄，命刑部、大理與侍御史楊釗、殿中侍御史盧鉉同鞫之。……李林甫屢起大獄，別置推事院於長安。以楊釗有掖廷之親，出入禁闥，所言多聽，乃引以爲援，擢爲御史。事有微涉東宮者，皆指擿使之奏刻，付羅希奭、吉溫鞫之。釗因得逞其私志，所擠陷誅夷者數百家，皆釗發之。」《舊書》卷一〇五《楊愼矜傳》：「時天寶六載十一月，玄宗在華清宮，林甫令人發之。玄宗震怒，繫之於尚書省，詔刑部尚書蕭隱之、大理卿李道邃、少卿楊璹、侍御史楊釗、殿中侍御史盧鉉同鞫之。……又使鉉與御史崔器入城搜愼矜宅，無所得，拷其小妻韓珠團，乃在豎櫃上作一暗函盛讖書等，鉉於袖中出而納之，詐以示愼矜。」

※嚴武　侍御史

《舊書》卷一一七本傳：「嚴武，中書侍郎挺之子也。神氣雋爽，敏於聞見。……弱冠以門蔭策名，隴右節度使哥舒翰奏充判官，遷侍御史。至德初，肅宗興師靖難，大收才傑，……既收長安，以武爲京兆少尹、兼御史中丞，時年三十二。」又《全唐詩》卷二五一劉方平《寄嚴八判官》：「洛陽新月動秋砧，瀚海沙場天半陰。出塞能全仲叔策，安親更切老萊心。漢家宮裏風雲曉，羌笛聲中雨雪深。懷袖未傳三歲字，相思空作隴頭吟。」又《寄隴右嚴判官》：「副相西征重，蒼生屬望晨。還同周薄伐，不取漢和親。虜陣摧枯易，王師決勝頻。高旗臨鼓角，太白靜風塵。赤狄爭歸化，青羌已請臣。遙傳闈外美，盛選幕中賓。玉劍光初發，冰壺色自眞。忠貞期報主，章服豈榮身。邊草含風綠，征鴻過月新。胡笳長出塞，隴水半歸秦。絕漠多來往，連年厭苦辛……」嚴八判官、嚴判官，即嚴武，參見岑仲勉《唐人行第錄》。哥舒翰天寶六載至天寶十五載任隴右節度使（參見戴偉華《唐方鎮文職僚佐考》「隴右」條），嚴武任侍御史在此期間，姑繫於此。

※盧鉉　殿中侍御史

《舊書》卷一〇五《楊愼矜傳》：「時天寶六載十一月，玄宗在華清宮，林甫令人發之。玄宗震怒，繫之於尚書省，詔刑部尚書蕭隱之、大理卿李道邃、少卿楊璹、侍御史楊釗、殿中侍御史盧鉉同鞫之。……又使鉉與御史崔器入城搜愼矜宅，無所得，拷其小妻韓珠團，乃在豎櫃上作一暗函盛讖書等，鉉於袖中出而納之，詐以示愼矜。」《通鑒》卷二一五：「林甫知鉉與愼矜有隙，密誘使圖之。鉉乃遣人以飛語告『愼矜隋煬帝孫，與凶人往來，家有讖

書，謀復祖業。』上大怒，收愼矜繫獄，命刑部、大理與侍御史楊釗、殿中侍御史盧鉉同鞫之。」

崔寓　殿中侍御史

《舊書》卷一〇五《楊愼矜傳》：「天寶六載十一月……二十五日，詔楊愼矜、愼餘、愼名並賜自盡；史敬忠決重杖一百；鮮于賁、范滔並決重杖，配流遠郡；愼矜外甥前通事舍人辛景湊決杖配流。……其張瑄、万俟承暉、鮮于賁等準此配流。乃使臨察御史顏眞卿送敕至東京，殿中侍御史崔寓引愼名，令河南法曹張萬頃宣敕示之。」又見《題名考》「碑陰下層題名」。

※羅希奭　監察御史

《舊書·李适之傳》：「御史羅希奭奉使殺韋堅、盧幼臨、裴敦復、李邕等於貶所，……希奭過宜春郡，适之聞其來，仰藥而死。」孟啓《本事詩》云：「适之疏直坦夷，爲相，時譽甚美。爲李林甫所構，及罷免，朝客雖知無罪，謁問甚稀。适之意憤，日飲醇酎恣，且爲《罷相詩》：『避嫌初罷相，樂聖且銜杯。爲問門前客，今朝幾個來？』……林甫愈怒，終遂不免。」

平洌　監察御史

《舊書》卷一〇五《楊愼矜傳》：「……乃使監察御史顏眞卿送敕至東京，殿中侍御史崔寓引愼名，令河南法曹張萬頃宣敕示之。愼名見愼矜賜自盡，初尙撫膺，及聞愼餘及身皆爾，……遂縊而死。監察御史平洌齎敕至大理寺，愼餘聞死，合掌指天而縊。」又見《題名考》卷三「碑右側題名」載平洌，《題名考》「監察御史」條「平□」，疑即平洌。

※崔器　監察御史

《舊書》卷一一五本傳「器有吏才，性介而少通，舉明經，歷官清謹。天寶六載，爲萬年尉，逾月拜監察御史。中丞宋渾爲東畿採訪使，引器爲判官。」同書卷一〇五《楊愼矜傳》：「時大寶六載十一月，玄宗在華清宮，林甫令人發之。玄宗震怒，繫之於尙書省，詔刑部尙書蕭隱之、大理卿李道邃、少卿楊璹、侍御史楊釗、殿中侍御史盧鉉同鞫之。」

顏眞卿　監察御史

《舊書》卷一二八本傳：「顏眞卿，字清臣，琅邪臨沂人也。……開元中，

舉進士，登甲科。事親以孝聞，四命爲監察御史，充河西隴右軍試覆屯交兵使。……遷殿中侍御史、東都畿採訪判官，轉侍御史、武部員外郎。楊國忠怒其不附己，出爲平原太守。」《舊書》卷一〇五《楊愼矜傳》：「天寶六載十一月……二十五日，詔楊愼矜、愼餘、愼名並賜自盡；史敬忠決重杖一百；鮮于賁、范滔並決重杖，配流遠郡；愼矜外甥前通事舍人辛景湊決杖配流。……其張瑄、万俟承暉、鮮于賁等準此配流。乃使臨察御史顏眞卿送敕至東京，殿中侍御史崔寓引愼名，令河南法曹張萬頃宣敕示之。」又見《題名考》卷二「碑陰題名」監察御史載顏眞卿。

鮮于仲通　監察御史

顏眞卿《中散大夫京兆尹漢陽郡太守贈太子少保鮮于公神道碑銘》：「公諱向，字仲通，以字行，漁陽人也。開元二十年，年近四十，舉鄉貢進士高第。自左衛兵曹無何攝監察御史，充劍南、山南兩道山澤使，遷大理評事，充西山督察使。六載，拜監察御史。公誅羌豪董哥羅等數十人，以靖八州之地。郭公將圖弱水西之八國，奏公入觀，玄宗駭異之，即日拜尙書屯田員外郎兼侍御史、蜀郡司馬、劍南行軍司馬。」又見《題名考》卷一「碑陰題名」侍御史並內供奉載鮮于仲通。

唐玄宗天寶七載（748）　戊子

※王鉷　御史中丞（兼）

《舊書》卷一〇五本傳：「王鉷，太原祁人也。……開元十年，爲鄠縣尉、京兆尹稻田判官。二十四年，再遷監察御史。二十九年，累除戶部員外郎，常兼侍御史。天寶……四載，加勾戶口色役使，又遷御史中丞，兼充京畿採訪使。……七載，又加檢察內作事，遷戶部侍郎，仍兼御史中丞，賜紫金魚袋。」

※楊釗（國忠）　御史中丞

《會要》卷五九「別官判度支」：「天寶七載，楊釗除給事中，兼御史中丞，權判度支。」《舊書》卷一〇六本傳：「楊國忠本名釗，……天寶初，太眞有寵，劍南節度使章仇兼瓊引國忠爲賓佐，既而擢授監察御史。去就輕率，驟履清貫，朝士指目嗤之。……上春秋高，意有所愛惡，國忠探知其情，動

契所欲。驟遷檢校度支員外郎，兼侍御史，……不期年，兼領十五餘使，轉給事中、兼御史中丞，專判度支事。是歲，貴妃姊虢國、韓國、秦國三夫人同日拜命。同書卷一一二《李麟傳》：「……天寶七載，（麟）遷兵部侍郎。同列楊國忠專權，不悅麟同職，宰臣奏麟以本官權知禮部貢舉。俄而國忠為御史大夫，麟複本官。」

※榮□　御史中丞

《墓誌彙編》貞元一三四《唐清河張府君墓誌銘》（柳宗元撰）：「貞元二十年六月一日，清河張公諱曾，寢疾……享年七十六。……公……早歲有節，……逮夫弱冠，遵道秉義，……時蘇州刺史御史中丞榮公□□公才最以從事情以道契，三揖而進，受靜塞軍營田判官。」《墓誌》云張曾弱冠，即天寶七載（748），榮公任蘇州刺史御史中丞在此時。榮公，名不詳，《唐刺史考全編》失載。此可補其不足。

顏真卿　監察御史

《新書》卷一五三《顏真卿傳》：「開元中，（顏真卿）遷監察御史，使河、隴。時五原有冤獄久不決，天且旱，真卿辨獄而雨，郡人呼『御史雨』。」據朱關田《顏真卿年譜》，顏真卿天寶七載任監察御史。八月，充河西、隴右軍試覆屯交兵使，平反五原郡冤獄。又見《題名考》卷二「監察御使並□□□□」。

※任瑗　監察御史（攝）

《墓誌續編》天寶○四四《大唐故右威衛兵曹參軍吳府君墓誌銘並序》：「夫子諱異，字晉卿，濮陽人。……父欣，倜儻不羈之才，官至侍御史。夫子即侍御史之次子。……遂因調集，俯授蜀郡雙流尉。……郡將兼御史大夫章仇公深器異之，……歲滿錄功，拜右威衛兵曹參軍。……以天寶六載三月廿八日卒於親仁之里第，時載卅八。……以天寶七載十月廿四日葬於京兆府會昌縣銅人原，禮也。……大理評事攝監察御史任瑗而述銘曰：太伯崇讓，延陵秉節。德盛義高，代與明哲……」

唐玄宗天寶八載（749）　己丑

※哥舒翰　御史大夫（攝）

《舊書》卷一〇四本傳：「（天寶）八載，以朔方、河東群牧十萬眾委翰總統攻石堡城。翰使麾下將高秀岩、張守瑜進攻，不旬日而拔之，上錄其功，……加攝御史大夫。……十三載，……又兼御史大夫。」《全唐文》卷二五玄宗《加哥舒翰爵賞制》：「授鉞登壇，所以理兵用武；益封命職，所以裒德疇庸。才傑者建希代之功，績茂者有非常之賞。哲王令典，無或逾之。開府儀同三司兼鴻臚卿員外置同正員西平郡王判武部事攝御史大夫持節充隴右河西節度使支度營田長行轉運九姓等副大使知節度事赤水軍使上柱國涼國公哥舒翰，挺生朔陲，干城隴外。」

※楊釗（國忠）　御史中丞

《舊書》卷九《玄宗下》：「天寶八載……十一月丁巳，幸御史中丞楊釗莊。」《通鑑》卷二一六：「天寶七載，……度支郎中兼侍御史楊釗善窺上意所愛惡而迎之，以聚斂驟遷，歲中領十五餘使。甲辰，遷給事中，兼御史中丞，專判度支事，恩倖日隆。」

※王鉷　御史中丞

《通鑑》卷二一六：「天寶八載，五月，癸酉，李林甫奏停折衝府上下魚書；是後府兵徒有官吏而已。……太白山人李渾等上言見神人，言金星洞有玉板石記聖主福壽之符；命御史中丞王鉷入仙遊谷求而獲之。……六月，戊申，上聖祖號曰大道玄元皇帝，上高祖諡曰神堯大聖皇帝，大宗諡曰文武大聖皇帝，高宗諡曰天皇大聖皇帝，中宗諡曰孝和大聖皇帝，睿宗諡曰玄眞大聖皇帝，竇太后以下皆加諡曰順聖皇后。」

※宋渾　御史中丞

《舊書》卷九六《宋璟傳》：「（宋璟）子……渾，與右相李林甫善，引為諫議大夫、平原太守、御史中丞、東京採訪使。」《新書》卷三八《地理志二》：「縣東故道濱河，不井汲，馬多渴死，天寶八載，館驛使、御史中丞宋渾開新路，自稠桑西由晉王斜。」《新書》卷一二四《宋璟傳》：「璟六子：升、尚、渾、恕、華、衡。……渾，與李林甫善，歷諫議大夫、平原太守、御史中丞、東京採訪使。」

顏眞卿　殿中侍御史（八月後）

霍按：據朱關田《顏眞卿年譜》，顏眞卿天寶八載任監察御史。八月，遷殿中侍御史。尋因援救御史中丞宋渾，爲幸臣楊國忠所忌，出爲東都畿採訪判官。

※岑參　監察御史（兼）

《全唐文》卷四九《岑嘉州集序》：「轉右威衛錄事參軍，又遷大理評事兼監察御史，充安西節度判官。」聞一多《岑嘉州繫年》考岑參入安西高仙芝幕在本年，今從之。

唐玄宗天寶九載（750）　庚寅

※王鉷　御史大夫

《通鑒》卷二一六：「天寶九載，……上命御史大夫王鉷鑿華山路，設壇場於其上。是春，關中旱，辛亥，岳祠災；制罷封西嶽。」

※宋渾　御史中丞（二月前）

《舊書》卷九《玄宗下》：「（天寶）九載……二月壬午，御史中丞宋渾坐贓及奸，長流高要郡。」同書卷九〇《李懷遠傳·景伯子彭年附傳》：「彭年有吏才，……天寶初，又爲吏部侍郎，……後以贓污爲御史中丞宋渾所劾，長流嶺南臨賀郡。」《通鑒》卷二一六云「御史大夫宋渾坐贓鉅萬，流潮陽。」係誤記，宋渾時爲御史中丞。

鮮于仲通　御史中丞（兼）

《四川成都志》：「天寶八載，鮮于仲通以京兆尹、檢校太子太傅、領劍南節度、山南邛犍越巂等五十四州按察制置採訪使、蜀郡大都督府長史。十載夏，統軍數萬征雲南，敗績。」又見《題名考》卷一「碑陰題名」侍御史並內供奉載鮮于仲通。

吉溫　殿中侍御史

《舊書·酷吏傳》：「天寶中，自京兆府士曹擢戶部郎中，常帶御史。「又見《題名考》卷二「碑陰題名」載吉溫。

霍按：《新書・顏眞卿傳》云「御史吉溫以私怨構中丞宋渾。」宋渾天寶九載任御史中丞，吉溫任殿中侍御史應在本年。

顏眞卿　殿中侍御史

據朱關田《顏眞卿年譜》，顏眞卿天寶九載八月，再任殿中侍御史。十二月，升侍御史。又見《題名考》卷三「碑陰額題名知雜御史」顏眞卿。

裴周南　監察御史

《舊書》卷一〇四《高仙芝傳》：「（天寶）九載，將兵討石國，平之，獲其國王以歸。……其載，入朝，拜開府儀同三司，尋除武威太守、河西節度使，代安思順。思順諷群胡割耳剺面請留，監察御史裴周南奏之，制復留思順，以仙芝爲右羽林大將軍。」又見《題名考》卷三「碑右側題名」裴周南。

※儲光羲　監察御史

《舊書》開元十五年中進士。開元、天寶之際，隱於終南山。天寶六七載間，任太祝，天寶九載，任監察御史。《全唐文》卷五二八有顧況《監察御史儲公集序》，儲公即儲光羲。

唐玄宗天寶十載（751）　辛卯

※王鉷　御史大夫

《通鑒》卷二一六：「天寶十載，……是時，楊國忠爲御史中丞，方承恩用事。祿山登降殿階，國忠常扶掖之。祿山與王鉷俱爲大夫，鉷權任亞於李林甫。」

※安祿山　御史大夫

《通鑒》卷二一六：「天寶十載，……祿山與王鉷俱爲大夫，鉷權任亞於李林甫。」

※楊釗（國忠）　御史中丞

《舊書》卷九《玄宗下》：「天寶……十載……十一月乙未，幸楊國忠宅。丙午，兵部侍郎、兼御史中丞楊國忠兼領劍南節度使。」《通鑒》卷二一六：「天寶十載，……是時，楊國忠爲御史中丞，方承恩用事。」

※顏眞卿　侍御史

《墓誌續編》天寶〇六九《大唐故冠軍將軍左羽林軍大將軍東莞郡開國公上柱國減府君墓誌銘並序》（朝議郎行侍御史顏眞卿撰）：「君諱懷充，　字懷亮，　木海木羌人……夫人樂安郡太夫人任氏，　……以天寶二載八月廿七日，　籠於君之正寢。……以天寶十載四月廿一日，　附窆於三原之故塋。」據朱關田《顏眞卿年譜》，顏眞卿天寶九載十二月轉侍御史，本年三月由侍御史改任武部員外郎。

吉溫　侍御史知雜

《題名考》卷三「碑陰額題名知雜御史自天寶元載以後」載吉溫文獻如下：「吉溫，見殿中。」

霍按：《舊書》卷一八六下本傳：「（天寶）十載，祿山加河東節度，因奏溫爲河東節度副使，……尋復奏爲魏郡太守，兼侍御史。」此「侍御史」應爲「侍御史知雜」。

王端　監察御史

《全唐文》卷五〇六權德輿《唐故尙書工部員外郎贈禮部尙書王公改葬墓誌銘》：「王公諱端，……乾元二年也。娶隴西李氏隋太師申國公穆五代孫吏部郎中問政之孫城門郎韶之女。」《墓誌彙編》「天寶〇一二」《大唐故右金吾衛冑曹參軍隴西李府君墓誌銘並序》：「公諱符彩，字粲……父問政，和州刺史，咸有令德，代高文儒。公即和州府君第二子也。弱冠，南郊輦腳，解褐洺州龍興縣尉。時太守齊公崔日用許其明敏，因遺和州府君書曰：公嘗爲詩云：『五文何彩彩，十影忽昂昂。今於符彩見之矣。』……以開元二十有九年冬十有二日丙午終於西京永寧里之私第，春秋五十有八。……以天寶元年秋七月辛酉歸葬於洛陽縣平陰鄉邙山之北原。」又見《題名考》卷三「碑右側題名」載王端。

唐玄宗天寶十一載（752）　壬辰

※王鉷　御史大夫

《舊書》卷九《玄宗下》：「（天寶）十一載……夏四月，御史大夫兼京兆尹王鉷賜死。」《通鑑》卷二一六：「天寶十一載，……戶部侍郎兼御史大夫、

京光尹王鉷，權寵日盛，領二十餘使。宅旁爲使院，文案盈積，吏求署一字，累日不得前。」《全唐文》卷三三玄宗《賜王鉷自盡詔》：「銀青光祿大夫御史大夫兼京兆尹殿中監閑廐使隴右群牧監使及天下戶口色役和市和糴坊作園苑長春宮栽接並京畿及關內採訪等使鉷，性本凶愎，行惟艱險。……宜於朝堂，集眾杖殺。」

※楊釗（國忠）　御史大夫

　　《舊書》卷九《玄宗下》：「天寶……十一載……十一月……庚申，御史大夫兼蜀郡長史楊國忠爲右相兼文部尚書。」《舊書》卷一〇六本傳：「……初，楊慎矜希林甫旨，引王鉷爲御史中丞，同構大獄，以傾東宮。……京兆尹蕭炅、御史中丞宋渾皆林甫所親善，國忠皆誣奏譴逐，林甫不能救。……會邢縡事泄，乃陷鉷兄弟誅之，因代鉷爲御史大夫，權京兆尹，賜名國忠。……國忠本性疏躁，強力有口辯，既以便佞得宰相，剖決機務，居之不疑。立朝之際，或攘袂扼腕，自公卿已下，皆頤指氣使，無不譬憚。……國忠自侍御史以至宰相，凡領四十餘使，又專判度支、吏部三銓，事務軮掌。」《新書》卷六二《宰相表中》：「天寶十一載十一月庚申，御史大夫判度支事、劍南節度使楊國忠爲右相兼文部尚書。」《通鑒》卷二一六：「天寶十一載……五月……丙辰，京兆尹楊國忠加御史大夫、京畿、關內採訪等使，凡王鉷所綰使務，悉歸國忠。……十一月……庚申，以楊國忠爲右相，兼文部尚書，其判使並如故。」《全唐文》卷二五《授楊國忠右相制》：「銀青光祿大夫御史大夫判度支事權知太府卿兼蜀郡長史持節劍南節度使支度營田等副大使本道兼山南西道採訪處置使……上柱國弘農縣開國伯楊國忠……」

※封常清　御史中丞

　　《舊書》卷一〇四本傳：「（天寶）十一載，正見死，乃以常清爲安西副大都護，攝御史中丞，持節充安西四鎮節度、經略、支度、營田副大使，知節度事。十三載入朝，攝御史大夫。」

※吉溫　御史中丞

　　《舊書》卷一〇六《楊國忠傳》：「是時，祿山已專制河北，聚幽、并勁騎，陰圖逆節，動未有名，伺上千秋萬歲之後，方圖叛換。及見國忠用事，慮不利於己，祿山遙領內外閑廐使，遂以兵部侍郎吉溫知留後，兼御史中丞、

京畿採訪使，內伺朝廷動靜。」《舊書》卷一八六下本傳：「楊國忠入相，素與溫交通，追入爲御史中丞。」《舊書》卷一〇六《楊國忠傳》：「（天寶）十一載，……會林甫卒，（國忠）遂代爲右相。」楊國忠入相在天寶十一載，其年吉溫「追入爲御史中丞。」

※盧奕　御史中丞

《舊書》卷一三五《盧杞傳》：「盧杞，字子良，故相懷愼之孫。父奕，天寶末爲東臺御史中丞；洛城爲安祿山所陷，奕守司而遇害。」《舊書》卷一二八《顏眞卿傳》：「……祿山既陷洛陽，殺留守李憕、御史中丞盧奕、判官蔣清，以三首遣段子光來徇河北。」《舊書》卷一八七《忠義傳下·盧奕傳》：「（天寶）十一載，爲御史中丞。」《新書》卷一九一《李憕傳》：「安祿山反，玄宗遣封常清募兵東京，（李）憕與留臺御史中丞盧弈、河南尹達奚珣繕城壘，綏勵士卒，將遏賊西鋒。帝聞，擢禮部尚書。……憕收殘士數百，袞斷弦折矢堅守，人不堪鬥。憕約弈：吾曹荷國重寄，雖力不敵，當死官。部校皆夜追去，憕坐留守府，弈守臺。城陷，祿山鼓而入，殺數千人，矢著闕門，執憕、弈及官屬蔣清，害之。」《新書》卷一九一《忠義上》：「盧弈，黃門監懷愼少子也。……謹重寡欲，斤斤自修。……天寶初爲鄠令，所治輒最，積功擢給事中，拜御史中丞。自懷愼、奐及弈，三居其官，清節似之，時傳其美。俄留臺東都，兼知武部選。」

※程千里　御史中丞

《舊書》卷一八七《忠義傳下·程千里傳》：「天寶十一載，授御史中丞。」

鄭昂　侍御史

《新書·外戚·楊國忠傳》：「國忠雖當國，常領劍南召募使，遣戍瀘南，歲遣鄭昂等以御史迫促郡縣召募。」《舊書》卷一〇六《楊國忠傳》：「天寶十一載，楊國忠兼吏部尚書，所昵侍御史鄭昂等諷選省門立碑，頌國忠銓綜之能。……國忠求安祿山陰事，圍捕其宅，得李超、安岱等，使侍御史鄭昂縊殺於御史臺。」

霍按：《題名考》卷三「碑陰額題名」有鄭昂之，《通鑒》卷二一七天寶十四載引《肅宗實錄》有「侍御史鄭昂之」，疑與鄭昂爲一人。

裴冕　侍御史知雜

《題名考》卷三「碑陰額題名知雜御史自天寶元載以後」載裴冕文獻：「裴冕，《舊傳》：『天寶中，御史中丞王鉷充京畿採訪使，自渭南縣尉表爲判官，遷監察御史，歷殿中侍御史。』《舊・王鉷傳》：『天寶十一載四月，楊國忠問王焊反狀，侍御史裴冕恐，焊引鉷叱罵焊云云。』《新傳》略同。」

※來瑱　殿中侍御史

《舊書》卷一一四本傳：「瑱少尙名節，慷慨有大志，頗涉書傳。天寶初，四鎮從職。十一載，爲左贊善大夫、殿中侍御史，充伊西、北庭行軍司馬。」

※魏仲犀　殿中侍御史

《通鑒》卷二一六：「天寶十一載……冬，十月，……己亥，改通訓門曰鳳集門；魏仲犀遷殿中侍御史。」

李華　監察御史

《題名考》卷三「碑左側題名」載李華資料如下：「李華，見郎官吏外補。《新・文藝傳下》：『天寶十一載，遷監察御史。宰相楊國忠支婭所在橫猾，華出使，劾按不撓，州縣肅然。爲權倖見疾，徙右補闕。』」《舊書》卷一九〇《文苑傳下・李華傳》：「天寶中，登朝爲監察御史。累轉侍御史，禮部、吏部二員外郎。」又見《全唐文》卷三一四小傳。

※崔夐　監察御史（攝，天寶十一載～十四載）

《墓誌彙編》乾元〇一〇《大唐宣議郎行左衛騎曹參軍攝監察御史賜緋魚袋四鎮節度判官崔君墓誌銘》：「維唐乾元二年七月八日，清河崔君諱夐字光遠，終於東京思恭里之私第，享年以五十有九。……天寶中，邊垂警急，職務塡委，……以左衛騎曹參軍攝監察御史賜緋魚袋四鎮節度判官。與能也。乾元初，幣錢藏未殷，沃饒在鹽，監察御史李公首薦君于相國第五公，省鹽池事。……尋以病歸，奄然不祿，司御李公臨哭淒慟，喪事資之。」《全唐詩》卷一九九岑參《熱海行送崔侍御還京》之崔侍御，任職時間與《墓誌》合，疑即一人。

唐玄宗天寶十二載（753） 癸巳

※吉溫　御史中丞

《舊書》卷九二《韋安石傳·子陟附傳》：「（天寶）十二年入考，……右相楊國忠惡其才望，恐踐臺衡，乃引河東人吳象之謂曰：『子能使人告陟乎？吾以子爲御史。』乃告陟與御史中丞吉溫結託，欲謀陷朝廷。」《會要》卷二四「朔望朝參」：「至（天寶）十二載十一月十三日，御史中丞吉溫奏請京官朔望朝參，著朱衣蔥褶，五品以上，著珂傘，制曰：『可』。」

※盧奕　御史中丞

霍按：《舊書》卷一八七《忠義傳下·盧奕傳》：「（天寶）十一載，爲御史中丞。」天寶十四載，「安史之亂」中被安祿山所殺。知自天寶十一載至十四載，盧奕任御史中丞。

※李宓　侍御史

《舊書》卷一九七《南詔蠻傳》：「（天寶）十二載，劍南節度使楊國忠執國政，仍奏徵天下兵，俾留後、侍御史李宓將十餘萬，輦餉者在外，涉海瘴死者相屬於路，天下始騷然苦之。」

※裴冕　侍御史

《通鑒》卷二一六：「天寶十二載，……秋，八月，戊戌，……（哥）翰表侍御史裴冕爲河西行軍司馬。」

※敬括　殿中侍御史

《舊書》卷一一五本傳：「敬括，河東人也。少以文詞稱。鄉舉進士，又應制登科，再遷右拾遺、內供奉、殿中侍御史。……大曆初，叛臣周智光伏誅，詔選循良爲近輔，以括爲同州刺史。歲餘，入爲御史大夫。」《墓誌續編》天寶〇八九《大唐故朝議郎行河南府士曹參軍敦煌張公墓誌銘并序》（殿中侍御史敬括撰）：「公諱□□，字仲暉，敦煌人也。……以天寶十二載二月九日終於安興私第。」據墓誌知，天寶十二載敬括爲殿中侍御史。

※吳象之　監察御史

《舊書》卷九二《韋安石傳·子陟附傳》：「（天寶）十二年入考，……右

相楊國忠惡其才望，恐踐臺衡，乃引河東人吳象之謂曰：『子能使人告陟乎？吾以子爲御史。』乃告陟與御史中丞吉溫結託，欲謀陷朝廷。」

唐玄宗天寶十三載（754） 甲午

※哥舒翰 御史大夫（攝）

《舊書》卷一〇四本傳：「（天寶）八載，以朔方、河東群牧十萬眾委翰總統攻石堡城。翰使麾下將高秀岩、張守瑜進攻，不旬日而拔之，上錄其功，……加攝御史大夫。……十三載，……又兼御史大夫。」

※封常清 御史大夫

《舊書》卷一〇四本傳：「（天寶）十一載，正見死，乃以常清爲安西副大都護，攝御史中丞，持節充安西四鎮節度、經略、支度、營田副大使，知節度事。十三載入朝，攝御史大夫。」《全唐詩》有岑參《走馬川行奉送封大夫出師西征》，封大夫即爲封常清，時任御史大夫。

※吉溫 御史中丞

《會要》卷二四「朔望朝參」：「（天寶）十三載九月，御史中丞吉溫奏：『朔望朝參，望自今以後，除仗衛官外，餘官不到兩人以上者，及本司官長，各奪一季祿，五人以上者，奏聽處分。至冬令仍著蔥褶並珂傘，若不具者，請準敕彈奏。從之。」《通鑑》卷二一七：「天寶十三載，……春，正月，……壬戌，……祿山奏以御史中丞吉溫爲武部侍郎，充閑廄逼使。……十一月，己未，……河東太守兼本道採訪使韋陟，斌之兄也，文雅有盛名，楊國忠恐其入相，使人告陟贓污事，下御史按問陟賂中丞吉溫。」

※盧奕 御史中丞

《舊書》卷一八七《忠義傳下·盧奕傳》：「（天寶）十一載，爲御史中丞。」天寶十四載，「安史之亂」中被安祿山所殺。知自天寶十一載至十四載，盧奕任御史中丞。

李宓 侍御史

《舊書·玄宗紀》：「天寶十三載六月，侍御史、劍南留後李宓率兵擊雲

南蠻於西洱河，糧盡軍旋，馬足陷橋，爲合羅鳳所擒，舉軍皆沒。」《南詔蠻傳》：「天寶十二載，劍南節度使楊國忠奏徵天下兵，俾留後、侍御史李宓將十餘萬，軍餉者在外，涉海瘴死者相屬於路，天下苦之。宓復敗於太和城北，死者十八九。」又見《題名考》卷三「碑右側題名」載李宓。

※張通儒　殿中侍御史

《會要》卷七二「馬」：「天寶……十三載六月一日，隴右群牧都使奏：『……殿中侍御史張通儒、群牧副使、平原太守鄭遵意等，就群牧交點，總六十萬五千六百三頭匹口。』」

王端　殿中侍御史

《題名考》卷三「碑右側題名」載王端資料如下：「王端，又見下。權德輿《唐故尚書工部員外郎贈禮部尚書王公神道碑銘》：『公諱端，字某，太原人。舉進士，宏詞連中甲科，授崇文館校書郎，累遷監察御史、殿中侍御史、工部員外郎。』《權載之文集》十七。又《唐故尚書工部員外郎贈禮部尚書王公改葬墓誌銘》：『天寶十年，拜監察御史。十三年，轉殿中侍御史。俄以本官內供奉贊東京畿採訪之重。十四年，遷工部員外郎。』」

※岑參　監察御史（攝）

《全唐詩》卷一九九岑參《優缽羅花歌序》：「天寶庚申歲，參忝大理評事，攝監察御史，領伊西北庭度支副使。自公多暇，乃於府庭內，栽樹種藥，爲山鑿池，婆娑乎其間，足以寄傲。」聞一多《岑嘉州繫年考證》考岑參天寶十三載至十五載爲大理評事，攝監察御史，充安西北庭節度判官。今從之。

唐玄宗天寶十四載（755）　乙未

※高仙芝　御史大夫（兼）

《舊書》卷一〇四本傳：「天寶六載八月，仙芝虜勃律王及公主趣赤佛堂路班師。……其年十二月，制授仙芝鴻臚卿、攝御史中丞。（天寶十四載）十一月，安祿山據范陽叛。是日，以京兆牧、榮王琬爲討賊元帥，仙芝爲副。命仙芝領飛騎、彍騎及朔方、河西、隴右應赴京兵馬，並召募關輔五萬人，繼封常清出潼關進討，仍以仙芝兼御史大夫。」

※郭子儀　御史大夫（加）

《通鑑》卷二一七：「天寶十四載，……十二月，……安祿山大同軍使高秀岩寇振武軍，朔方節度使郭子儀擊敗之，子儀乘勝拔靜邊軍。大同兵馬使薛忠義寇靜邊軍，子儀使左兵馬使李光弼、右兵馬使高濬、左武鋒使僕固懷恩、右武鋒使渾釋之等逆擊，大破之，坑其騎七千。……甲辰，加子儀御史大夫。」

※張倚　御史大夫

《全唐文》卷三一六李華《御史大夫廳壁記》：「明年，樂成公自尚書左丞兼文部遷，崇德也。……天寶十四載六月十五日記。」張公，即張倚，兩《唐書》無傳，見嚴耕望《唐僕尚丞郎表》卷七（第427頁）。

※封常清　御史大夫

《舊書》卷九《玄宗下》：「天寶……十四載……十一月……癸酉，以郭子儀爲靈武太守、朔方節度使。封常清自安西入奏，至行在。甲戌，以常清爲范陽、平盧節度使、兼御史大夫，令募兵三萬以禦逆胡。」

※張光奇　御史中丞（攝）

《全唐文》卷三七六任華《桂林送前使判官蘇侍御歸上都序》：「桂林，秦所置郡也，……連帥之任，朝廷難其人。往年命御史中丞張公，公號爲稱職，去年又命我以佐之。初，張公受命之日，……乃薦武功蘇浣，自秘書省校書郎除金吾掾攝監察御史以佐焉。浣在幕中，多所匡輔。自張公家艱去職，浣統其留務，凜其正色，操持紀綱，而十州之地晏如也。」御史中丞張公，即張光奇。《舊書‧羅希奭傳》：天寶十四載，「復令張光奇替爲始安太守。」

※庾光先　御史中丞

《全唐文》卷三一六李華《御史中丞廳壁記》：「以尚書左丞張公爲大夫，少府大卿庾公爲中丞。……天寶十四載九月十日記。」庾公，即庾光先，「安史之亂」起，自御史中丞出爲荊州長史，見《宋高僧傳》卷一七《神邕傳》。

※盧奕　御史中丞

《通鑑》卷二一七：「天寶十四載，……十二月，……河南尹達奚珣降於祿山。留守李憕謂御史中丞盧奕曰：『吾曹荷國重任，雖知力不敵，必死之！』

奕許諾。憕收殘兵數百，欲戰，皆棄憕潰去；憕獨坐府中。弈先遣妻子懷印間道走長安，朝服坐臺中，左右皆散。祿山屯於閒廄，使人執憕、奕及採訪判官蔣清，皆殺之。奕罵祿山，數其罪，顧賊黨曰：『凡爲人當知逆順。我死不失節，夫復何恨！』」《舊書》卷九《玄宗紀下》：「天寶……十四載……十二月……丁酉，祿山陷東京，殺留守李憕、中丞盧奕、判官蔣清。」《新書》卷一九一《忠義傳上》：「御史中丞、留臺東都、知武部選盧弈。」

※崔光遠　御史中丞（兼）

《舊書》卷一九六《吐蕃傳上》：「天寶十四載，贊普乞黎蘇籠獵贊死，……玄宗遣京兆少尹崔光遠兼御史中丞，持節齎國信冊命弔祭之。

※田良丘　御史中丞

《通鑑》卷二一七：「天寶十四載，……十二月，河西、隴右節度使哥舒翰病廢在家，上藉其威名，且素與祿山不協，召見，拜兵馬副元帥，將兵八萬以討祿山；仍敕天下四面進兵，會攻洛陽。翰以病固辭，上不許，以田良丘爲御史中丞，充行軍司馬，起居郎蕭昕爲判官，蕃將火拔歸仁等各將部落以從，並仙芝舊卒，號二十萬，軍於潼關。」《舊書》卷一○四《哥舒翰傳》：「及安祿山反，上以封常清、高仙芝喪敗，召翰入，拜爲皇太子先鋒兵馬元帥，以田良丘爲御史中丞，充行軍司馬。」

※呂諲　侍御史（天寶十四載～天寶十五載）

《舊書》卷一八五《良吏傳下·呂諲傳》：「諲性謹守，勤於吏職，……累兼虞部員外郎、侍御史。……祿山之亂，……肅宗即位於靈武，諲馳赴行在。內官朱光輝、李遵驟薦有才，帝深遇之，超拜御史中丞。」《通鑑》卷二一八：「天寶十五載……八月甲子，肅宗即位於靈武……己卯，…侍御史呂諲、右拾遺楊綰、奉天令安平崔器相繼詣靈武；以諲、器爲御史中丞，綰爲起居舍人、知制誥。」

韋誠奢　殿中侍御史（天寶中）

霍按：「誠」，《新表》作「誠」，岑仲勉考證作「誠」。又見《題名考》卷二碑陰題名「韋誠奢」。

※崔衆　監察御史

《舊書》卷四八《食貨志上》：「及安祿山反於范陽，……乃使御史崔衆於河東納錢度僧尼道士，旬日間得錢百萬。」同書卷一一〇《李光弼傳》：「光弼以范陽祿山之巢穴，將先斷之，……時節度王承業軍政不修，詔御史崔衆交兵於河東。衆侮易承業，或裹甲持槍突入承業廳事玩譴之。光弼聞之素不平。至是，交衆兵於光弼。衆以麾下來，光弼出迎，旌旗相接而不避。光弼怒其無禮，又不即交兵，令收擊之。頃中使至，除衆御史中丞，懷其敕問衆所在。光弼曰：『衆有罪，擊之矣！』中使以敕示光弼，光弼曰：『今只斬侍御史。若宣制命，即斬中丞。若拜宰相，亦斬宰相。』中使懼，遂寢之而還。」

※高適　監察御史

《舊書》卷一一一本傳：「祿山之亂，徵翰討賊，拜適左拾遺，轉監察御史，仍佐翰守潼關。及翰兵敗，適自駱谷西馳，奔赴行在，及河池郡，謁見玄宗，因陳潼關敗亡之勢……，玄宗嘉之，尋遷侍御史。」

※岑參　監察御史（攝）

《全唐詩》卷一九九岑參《優缽羅花歌序》：「天寶庚申歲，參忝大理評事，攝監察御史，領伊西北庭度支副使。自公多暇，乃於府庭內，栽樹種藥，爲山鑿池，婆娑乎其間，足以寄傲。」

聞一多《岑嘉州繫年考證》考岑參天寶十三載至十五載爲大理評事，攝監察御史，充安西北庭節度判官。今從之。

※蘇浣　監察御史（攝）

《全唐文》卷三七六任華《桂林送前使判官蘇侍御歸上都序》：「桂林，秦所置郡也，……連帥之任，朝廷難其人。往年命御史中丞張公，公號爲稱職，去年又命我以佐之。初，張公受命之日，……乃薦武功蘇浣，自秘書省校書郎除金吾掾攝監察御史以佐焉。浣在幕中，多所匡輔。自張公家艱去職，浣統其留務，凜其正色，操持紀綱，而十州之地晏如也。」御史中丞張公，即張光奇。《舊書·羅希奭傳》：天寶十四載，「復令張光奇替爲始安太守。」張光奇本年爲始安太守兼御史中丞，蘇浣帶監察御史銜入張光奇幕。

※喬琳　監察御史（天寶十四載～乾元二年）

《舊書》卷一二七本傳：「喬琳，太原人。少孤貧志學，以文詞稱。天寶初，舉進士，補成武尉，累授興平尉。朔方節度郭子儀辟爲掌書記，尋拜監察御史。」《唐方鎮文職僚佐考》考郭子儀天寶十四載至乾元二年爲朔方節度使，喬琳任監察御史在此期間。

※畢耀　監察御史（天寶十四載～乾元二年）

《舊書》卷一二七《喬琳傳》：天寶初，……琳倜儻疏誕，好談諧，侮謔僚列，頗無禮檢。同院御史畢耀初與琳嘲誚往復，因成釁隙，遂以公事互相告訴，坐貶巴州員外司戶。」

※竇□　御史

《全唐詩》卷二一四高適《和竇侍御登涼州七級浮圖之作》：「化塔屹中起，孤高宜上躋。鐵冠雄賞眺，金界寵招攜。空色在軒戶，邊聲連鼓鼙。天寒萬里北，地豁九州島西。清興揖才彥，峻風和端倪。」同卷有高適《陪竇侍御泛靈雲池》、《陪竇侍御靈雲南亭宴，詩得雷字》詩。《全唐文》卷三五七高適《送竇侍御知河西和糴還京序》：「天子務西州之實，歲糴億計，何始於貴取，而終以耗稱，……廟堂精思其故，表竇公自憲闈而董之，開釋叢脞之病。發軍鹵莽之極，政之大者，不其然與？……八月既望，公於是領錢穀之要，歸奏朝廷。副節制郎中裴公、軍司馬員外李公，追臺閣之舊遊，惜軒車之遠別，席樓船於池上，泛雲物於城下。……有若司直崔公之逸韻，嘉其廷評數賢之間作，適忝斯人之後，敢拜首而序云。」竇侍御，失其名，俟考。

唐玄宗天寶十五載（756）　丙申

安祿山攻京師。《新書》本紀。

八月甲子，肅宗即位靈武，尊玄宗爲上皇天帝。大赦天下，改元至德。《冊府元龜》、《通鑑》卷二一八。

※李光弼　御史大夫（攝）

《舊書》卷一一○本傳：「（天寶）十五載正月，以光弼爲雲中太守，攝御史大夫，充河東節度副使、知節度事。」同書卷九《玄宗下》：「三月壬午

朔，以河東節度使李光弼爲御史大夫、范陽節度使。」

※魏方進　御史大夫（天寶十五載六月）

《舊書》卷一〇六《楊國忠傳》：「自祿山兵起，國忠以身領劍南節制，乃布置腹心於梁、益間，以圖自全之計。六月九日，潼關不守。十二日淩晨，上率龍武將軍陳玄禮、左相韋見素、京兆尹魏方進，國忠與貴妃及親屬，擁上出延秋門，……翌日，至馬嵬，……是日，貴妃既縊，韓國、虢國二夫人亦爲亂兵所殺，御史大夫魏方進死。」《舊書》卷一〇八《韋見素傳》：「十五年六月，哥舒翰兵敗桃林，潼關不守。是月，玄宗蒼黃出幸，莫知所詣。楊國忠以身領劍南旄鉞，請幸成都。見素與國忠、御史大夫魏方進遇上於延秋門，便扈從之咸陽。」同書卷九七、卷一〇七同。《通鑒》卷二一八：「天寶十五載……六月，……甲午，百官朝者什無一二。上御勤政樓，下制，云欲親征，聞者皆莫之信。以京兆尹魏方進爲御史大夫兼置頓使。……丙申，至馬嵬驛，將士饑疲，皆憤怒。……國忠走至西門內，軍士追殺之，屠割支體，……御史大夫魏方進曰：『汝曹何敢害宰相！』眾又殺之。」

※韋陟　御史大夫

《舊書》卷九二《韋陟傳》：「二子陟、斌，並早知名。陟……開元初丁父憂，自此杜門不出八年，於時才名之士王維，崔顥、盧象等，常於陟唱和遊處。……潼關失守，肅宗即位於靈武，……會江東永王擅起兵，令陟招諭，除御史大夫，兼江東節度使。……因與淮南節度使高適、淮西節度使來瑱等同至安州，……陟……登壇誓眾曰：『淮西節度使、兼御史大夫瑱，江東節度使、御史大夫陟，淮南節度使、御史大夫適等，銜國威命，各鎮方隅，糾合三垂，翦除凶慝，……』陟等辭旨慷慨，血淚俱下，三軍感激，莫不隕泣。……無何，有詔令陟赴行在。……謁見肅宗，肅宗深器之，拜御史大夫。拾遺杜甫上表論房琯有大臣度，眞宰相器，聖朝不容，辭旨迂誕，肅宗令崔光遠與陟及憲部尚書顏眞卿同訊之。陟因入奏曰：『杜甫所論房琯事，雖被貶黜，不失諫臣大體。』上由此疏之。……乃罷陟御史大夫，顏眞卿代，授吏部尚書。……陟早有臺輔之望，間被李林甫、楊國忠所擠。及中原兵起，天下事殷，陟常自謂負經緯之器，遭後生騰謗，明主見疑，常鬱鬱不得志，……因遘疾，上元元年八月，卒於虢州，時年六十五。」《王右丞集箋注》有《送韋大夫東京留守》詩，韋大夫，即韋陟，至德元年任御史大夫。又有《奉寄

韋太守陟》詩。

※崔光遠　御史大夫

《通鑑》卷二一八：「天寶十五載……八月甲子，肅宗即位於靈武……，
尊玄宗爲上皇天帝。大赦天下，改元。……以光遠爲御史大夫兼京兆尹。」

※房琯　御史大夫（兼）

《通鑑》卷二一九：「至德元載，……冬，十月，……房琯喜賓客，好談
論，多引拔知名之士，而輕鄙庸俗，人多怨之。北海太守賀蘭進明詣行在，
上命管以爲南海太守，兼御史大夫，充嶺南節度使；琯以爲攝御史大夫。」

※高適　御史大夫（至德元年十二月，兼）

《舊書》卷九二《韋陟傳》：「……潼關失守，肅宗即位於靈武，……會
江東永王擅起兵，令陟招諭，除御史大夫，兼江東節度使。……因與淮南節
度使高適、淮西節度使來瑱等同至安州，……陟……登壇誓眾曰：『淮西節度
使、兼御史大夫瑱，江東節度使、御史大夫陟，淮南節度使、御史大夫適等，
銜國威命，各鎮方隅，糾合三垂，翦除凶慝，……』陟等辭旨慷慨，血淚俱
下，三軍感激，莫不隕泣。」傅璇琮《唐五代文學編年史·中唐卷》考至德
元年十二月，「肅宗命高適爲廣陵長史、淮南節度兼採訪使。」高適任御史大
夫應在此時。

※來瑱　御史大夫（至德元年，兼）

《舊書》卷九二《韋陟傳》：「……潼關失守，肅宗即位於靈武，……會
江東永王擅起兵，令陟招諭，除御史大夫，兼江東節度使。……因與淮南節
度使高適、淮西節度使來瑱等同至安州，……陟……登壇誓眾曰：『淮西節度
使、兼御史大夫瑱，江東節度使、御史大夫陟，淮南節度使、御史大夫適等，
銜國威命，各鎮方隅，糾合三垂，翦除凶慝，……』陟等辭旨慷慨，血淚俱
下，三軍感激，莫不隕泣。」

※顏眞卿　御史大夫（至德元載，兼）

《通鑑》卷二一八：「至德元載，八月，……顏眞卿以蠟丸達表於靈武。
以眞卿爲工部尙書兼御史大夫，依前河北招討、採訪、處置使，並致敕書，
亦以蠟丸達之。眞卿頒下河北諸郡，又遣人頒於河南、江、淮。由是諸道始

知上即位於靈武，徇國之心益堅矣。」

※李峘　御史大夫

　　《舊書》卷一一二本傳：「（天寶）十四載，入計京師。屬祿山之亂，玄宗幸蜀，峘奔赴行在，除武部侍郎，兼御史大夫。……乾元初，兼御史大夫，持節都統淮南、江南、江西節度、宣慰、觀察處置等使。」

※劉客奴　御史大夫（攝）

　　《舊書》卷一四五《劉全諒傳》：「劉全諒，父客奴，……少有武藝。（天寶）十五載四月，授客奴柳城郡太守、攝御史大夫、平盧節度支度營田陸運、押兩蕃渤海墨水四府、經略及平盧軍使，仍賜名正臣。」

※崔光遠　御史大夫（八月後）

　　《舊書》卷一一一本傳：「（天寶）十五載五月，……潼關失守，玄宗幸蜀，詔留光遠爲京兆尹、兼御史中丞，充西京留守採訪使。八月，……於京西號令百姓，赴召者百餘人，夜過咸陽，遂達靈武。上喜之，擢拜御史大夫，兼京兆尹。

※侯希逸　御史大夫（兼）

　　《新書》卷一四四《侯希逸傳》：「侯希逸，營州人。……天寶末爲州裨將，守保定城。安祿山反，使中人韓朝敗傳命，希逸斬以徇。祿山又以親將歸道爲節度使，希逸率兵與安東都護王玄志斬之，遣使上聞，詔拜玄志平盧節度使。玄志卒，……有詔就拜節度使，兼御史大夫。」

※程千里　御史大夫（兼）

　　程千里本年因軍功加御史大夫銜，見本年「程千里御史中丞」條。

※李巨　御史大夫（五月後）

　　《舊書》卷七六《信安王禕傳》：「天寶……十五載二月……，又加兼御史中丞，……五月，詔以爲太僕卿，遣御史大夫虢王巨代之。」虢王巨即李巨。

※李祗　御史中丞（兼，二月～五月）

《舊書》卷七六《信安王禕傳·附弟祗傳》：「天寶……十五載二月，……授祗靈昌太守，……其月，又加兼御史中丞，……五月，詔以爲太僕卿，遣御史大夫虢王巨代之。」

※李成式　御史中丞（兼）

《舊書》卷一〇七《盛王琦傳》：「盛王琦，玄宗第二十一子也。……玄宗幸蜀，在路……以前江陵大都督府長史劉彙爲之副，以廣陵長史李成式爲副大使、兼御史中丞。」

※程千里　御史中丞（攝）

《舊書》卷一八七《忠義下》：「（天寶）十五載正月，遷上黨郡長史、特進，攝御史中丞，以兵守上黨。……賊來攻城，屢爲千里所敗，以功累加開府儀同三司、禮部尙書、兼御史大夫。至德二年九月，……爲嚴莊所害。」

※王玄志　御史中丞（攝）

《舊書》卷一四五《劉全諒傳》：「（天寶）十五載四月，授客奴柳城郡太守、攝御史大夫、平盧節度支度營田陸運、押兩蕃渤海墨水四府、經略及平盧軍使，仍賜名正臣。又以王玄志爲安東副大都護、攝御史中丞、保定軍及營田使。」

※崔光遠　御史中丞（兼，五月～八月）

《舊書》卷一一一本傳：「光遠即汪之子，雖無學術，頗有祖風，勇決任氣，……（天寶）十五載五月，……潼關失守，玄宗幸蜀，詔留光遠爲京兆尹、兼御史中丞，充西京留守採訪使。八月，……於京西號令百姓，赴召者百餘人，夜過咸陽，遂達靈武。上喜之，擢拜御史大夫，兼京兆尹。

※崔圓　御史中丞

《新書》卷一三九《崔圓傳》：「崔圓字有裕，貝州武城人，……少孤貧，志向卓邁，喜學兵家。開元中，詔舉遺逸，以鈐謀對策甲科，歷京兆府參軍，……遷會昌丞。楊國忠遙領劍南節度，引圓爲左司馬，知留後。玄宗西出，次扶風，遷御史中丞、劍南節度副大使。」玄宗西出扶風在至德元年六月，崔圓任御史中丞應在此時。

※韋諤　御史中丞

《舊書》卷九《玄宗下》：「丁酉，將發馬嵬驛，朝臣唯韋見素一人，乃命見素子京兆府司錄諤爲御史中丞，充置頓使。」《舊書》卷一〇八《韋見素傳》：「（天寶）十五年六月，哥舒翰兵敗桃林，潼關不守。……翌日，次馬嵬驛，盡誅楊氏。……是日……上命見素子京兆府司錄參軍諤爲御史中丞，充置頓使。」《通鑒》卷二一八：「天寶十五載……六月丁酉，上將發馬嵬，朝臣惟韋見素一人，乃以韋諤爲御史中丞，充置頓使。」又見《新書》卷一一八《韋見素傳·附諤傳》。

宋若思　御史中丞（天寶十五載六月後）

《舊書》卷一一一《房琯傳》：「琯請自選參佐，乃以御史中丞鄧景山爲副，戶部侍郎李揖爲行軍司馬，中丞宋若思……爲參謀。」《新傳》同。《李太白全集》卷二六《爲宋中丞請都金陵表》，王琦注：「宋名若思，爲御史中丞。」同書另有《爲宋中丞自薦表》。《王右丞集箋注》有《和宋中丞夏日遊福賢觀天長寺即陳左相宅所施之作》，《全詩人名碑證》：「宋中丞：宋若思。」《姓纂》卷二「宋」：「太原尹、益州長史、河南劍南節度宋之悌生若恩，疑〔思〕。御史中丞，弘農人。」又見《題名考》卷二「碑陰題名」宋若思。

※裴冕　御史中丞

《通鑒》卷二一八：「天寶十五載……八月甲子，肅宗即位於靈武……，尊玄宗爲上皇天帝。大赦天下，改元。丁卯，上皇制：『以太子享充天下兵馬元帥，領朔方、河東、河北、平盧節度都使，南取長安、洛陽。以御史中丞裴冕兼左庶子。』」

※蘇震　御史中丞

《通鑒》卷二一八：「天寶十五載……八月甲子，肅宗即位於靈武……，尊玄宗爲上皇天帝。大赦天下，改元。……以震爲中丞。震，瓌之孫也。」《新書》卷一二五《蘇詵傳》詵子震，以蔭補千牛。十餘歲，彊學有成人風。頲曰：吾家有子。累遷殿中侍御史、長安令。安祿山陷京師，震與尹崔光遠殺開遠門吏，棄家出奔。會肅宗興師靈武，震晝夜馳及行在，帝嘉之，拜御史中丞，遷文部侍郎。」蘇瓌諸子有蘇頲、蘇詵等，蘇詵子蘇震，時爲御史中丞。

※呂諲　御史中丞

《通鑑》卷二一八：「天寶十五載……八月甲子，肅宗即位於靈武……，尊玄宗爲上皇天帝。大赦天下，改元。……己卯，至靈武，上以光遠爲御史大夫兼京兆尹，……以震爲中丞。……侍御史呂諲、右拾遺楊綰、奉天令安平崔器相繼詣靈武；以諲、器爲御史中丞，綰爲起居舍人、知制誥。」

※崔器　御史中丞

《通鑑》卷二一八：「天寶十五載……八月甲子，肅宗即位於靈武……，尊玄宗爲上皇天帝。大赦天下，改元。……己卯，至靈武，上以光遠爲御史大夫兼京兆尹，……以震爲中丞。……侍御史呂諲、右拾遺楊綰、奉天令安平崔器相繼詣靈武；以諲、器爲御史中丞，綰爲起居舍人、知制誥。」

※鄧景山　御史中丞

《通鑑》卷二一九：「至德元載冬，十月，……房琯上疏，請自將兵復兩京；上許之，……琯請自選參佐，以御史中丞鄧景山爲副，戶部侍郎李揖爲行軍司馬，給事中劉秩爲參謀。」《舊書》卷一〇七《豐王珙傳》：「……天寶十五年六月，玄宗幸蜀，至扶風郡，授珙武威郡都督，仍領河西隴右安西北庭等路節度支度採訪使。以隴右太守鄧景山爲之副，兼武威長史、御史中丞，充都副大使。珙竟不行。」同書卷一一一《房琯傳》：「尋抗疏自請將兵以誅寇孽，收復京都，肅宗望其成功，許之。詔加持節、招討西京兼防禦蒲潼兩關兵馬節度等使，乃與子儀、光弼等計會進兵。琯請自選參佐，乃以御史中丞鄧景山爲副，戶部侍郎李揖爲行軍司馬，中丞宋若思……爲參謀。」

※郭英義　御史中丞

《舊書》卷一一七本傳：「……至德初，肅宗興師朔野，英義以將門子特見任用，遷隴右節度使、兼御史中丞。既收二京，徵還闕下，掌禁兵。……朝廷方討史思明，選任將帥，乃起英義爲陝州刺史，充陝西節度、潼關防禦等使，尋加御史大夫，兼神策軍節度。」

※廣琛　御史中丞（至德元年）

《舊書》卷九二《韋陟傳》：「……潼關失守，肅宗即位於靈武，……會江東永王擅起兵，令陟招諭，除御史大夫，兼江東節度使。陟……乃有表請

拜廣琛爲丹陽太守、兼御史中丞，緣江防禦使。」

※張光奇　御史中丞（攝）

《全唐文》卷三七六任華《桂林送前使判官蘇侍御歸上都序》：「桂林，秦所置郡也，……連帥之任，朝廷難其人。往年命御史中丞張公，公號爲稱職，去年又命我以佐之。初，張公受命之日，……乃薦武功蘇浣，自秘書省校書郎除金吾掾攝監察御史以佐焉。浣在幕中，多所匡輔。自張公家艱去職，浣統其留務，凜其正色，操持紀綱，而十州之地晏如也。」御史中丞張公，即張光奇。《舊書・羅希奭傳》：天寶十四載，「復令張光奇替爲始安太守。」《全唐文》卷三七六賈至《授予張光奇光祿少卿制》：「始安充經略使張光奇……可兼光祿少卿。」胡可先考賈至《授予張光奇光祿少卿制》在天寶末，參《唐九卿考》卷三《光祿寺》「張光奇」條。則張光奇本年仍爲始安太守兼御史中丞。

※顏杲卿　御史中丞（兼）　未之任

《新書》卷一九一《忠義傳上》：「恒州刺史、衛尉少卿、兼御史中丞顏杲卿。」《舊書》卷一八七《忠義傳下・顏杲卿傳》：「玄宗尋知杲卿之功，乃加衛尉卿、兼御史大夫。……乾元元年五月，詔曰：『故衛尉卿、兼御史中丞、恒州刺史顏杲卿，……」《通鑑至德元載》：正月，「徵杲卿爲衛尉卿，朝命未至，常山已陷。」《全唐文》卷四二蕭宗《追贈顏杲卿太子太保詔》：「故衛尉卿兼御史丞恒州刺史顏杲卿，……可贈太子太保。」又見《全唐文》卷三四〇顏眞卿《攝常山郡太守兼御史丞贈太子太保諡忠節京兆顏公（杲卿）神道碑銘》：「……拜公衛尉卿兼御史中丞。」《舊書・忠義傳》云兼御史大夫，蓋誤。

※崔衆　侍御史

《通鑑》卷二一八：「至德元載，八月，……先是，河東節度使王承業軍政不修，朝廷遣待御史崔衆交其兵，尋遣中使誅之；衆侮易承業，光弼素不平。至是，敕交兵於光弼，衆見光弼，不爲禮，又不時交兵，光弼怒，收斬之，軍中股栗。

※崔器　侍御史

《通鑑》卷二一八：「天寶十五載……八月甲子，肅宗即位於靈武……，尊玄宗爲上皇天帝。大赦天下，改元。……己卯，至靈武，上以光遠爲御史大夫兼京兆尹，……以震爲中丞。……侍御史呂諲、右拾遺楊綰、奉天令安平崔器相繼詣靈武。」

※蔣將明　侍御史

《新書》卷一三二《蔣乂傳》：「蔣乂……父將明，天寶末，辟河中使府。安祿山反，以計佐其帥，全并、潞等州。兩京陷，被拘，乃陽狂以免。虢王巨引致幕府，歷侍御史，擢左司郎中、國子司業、集賢殿學士。」《唐方鎮文職僚佐考》考蔣將明本年在虢王巨幕府任侍御史，今從之。

※高適　侍御史（六月後）

《舊書》卷一一一本傳：「祿山之亂，徵翰討賊，拜適左拾遺，轉監察御史，仍佐翰守潼關。及翰兵敗，適自駱谷西馳，奔赴行在，及河池郡，謁見玄宗，因陳潼關敗亡之勢……，玄宗嘉之，尋遷侍御史。至成都，八月，制曰：『侍御史高適，立節貞峻，植躬高朗，感激懷經濟之略，紛綸贍文雅之才。才策遠圖，可云大體。讜言義色，實謂忠臣。宜回糾逖之任，俾超諷諭之職。可諫議大大，賜緋魚袋。』適負氣敢言，權倖憚之。」《舊書·玄宗紀下》載，玄宗於六月丙午至河池郡，高適遷侍御史應在此時。

※劉瓛　至德元載（756）～乾元元年（758）

《墓誌彙編》貞元〇八九《唐故行涿州司馬金紫光祿大夫彭城郡劉公墓誌銘並序》：「府君諱建，字建，……故順化州刺史兼侍御史諱瓛，即其先人。」劉建貞元十四年卒。慶州，至德元載改爲順化郡，乾元元年復改爲慶州。

※嚴武　殿中侍御史

《舊書》卷一一七本傳：「嚴武，中書侍郎挺之子也。神氣儁爽，敏於聞見。……弱冠以門蔭策名，隴右節度使哥舒翰奏充判官，遷侍御史。至德初，肅宗興師靖難，大收才傑。」《岑嘉州集》卷一《與獨孤漸道別長句兼呈嚴八侍御》：「輪臺客舍春草滿，潁陽歸客腸堪斷。窮荒絕漠鳥不飛，萬磧千山夢猶懶。……臺中嚴公於我厚，別後新詩滿人口。自憐棄置天西頭，因君爲問

相思否。」岑參云嚴武爲「嚴八侍御」，知其爲殿中侍御史，見傅璿琮《唐五代文學編年史・中唐卷》天寶十五載。

※敬羽　監察御史

《舊書》卷一八六下《酷吏傳》：「敬羽，寶鼎人也，……天寶九載爲康成縣尉，……及肅宗於靈武即大位，羽尋擢爲監察御史，以苛刻徵剝求進。及收兩京後，轉見委任。……臥囚於地，以門關碾其腹，號爲『肉棒陀』。掘地爲坑，實以棘刺，以敗席敷上，領囚臨坑迅之，必墜其中，萬刺攢之。又捕逐錢貨，不減毛若虛。上元中，擢爲御史中丞。」

※權皋　監察御史

《舊書》卷一四八本傳：「權德輿字載之，天水略陽人。父皋，字士繇，……安祿山以幽州長史充河北按察使，假其才名，表爲薊縣尉，署從事。……天寶十四年，祿山使皋獻戎俘，自京師回，過福昌。……皋時微服匿跡，候母於淇門，既得侍其母，乃奉母晝夜南去，及渡江，祿山已反矣。由是名聞天下。……玄宗在蜀，聞而嘉之，除監察御史。」《新書》卷一九四《權皋傳》：「權皋字士繇，秦州略陽人，……永王舉兵，脅士大夫，皋詭姓名以免。玄宗在蜀聞之，拜監察御史。」

※劉景溫　監察御史

《舊書》卷一○八《韋見素傳》：「（天寶）十五年六月，……上至扶風郡，從駕諸軍各圖去就，頗出醜言。陳玄禮不能制，上聞之憂懼。會益州貢春綵十萬疋，乃以其綱使蒙陽尉劉景溫爲監察御史，其綵悉陳於廷，召六軍將士等入，上謂之曰……」

※韓滉　監察御史

《舊書》卷一二九本傳：「至德初，青齊節度鄧景山辟爲判官，授監察御史、兼北海郡司馬，以道路阻絕，因避地山南。……鄧景山移鎮淮南，又表爲賓佐，未行，除殿中侍御史，追赴京師。」

宋若思　監察御史

《舊書・房琯傳》：「天寶十五載，房琯主收復京都，自選參佐，以中丞宋若思爲判官。」又見《題名考》卷二「碑陰題名」宋若思。

※李勉　監察御史

《舊書》卷一三一本傳：「至德初，從至靈武，拜監察御史。……勉不爲之屈，竟爲所抑，出歷汾州、虢州刺史，改京兆尹、檢校右庶子、兼御史中丞、都畿觀察使。……大曆二年，來朝，拜京兆尹、兼御史大夫，政尚簡肅。」《新書》卷一三一《李勉傳》：「李勉字玄卿，鄭惠王元懿曾孫。……勉少喜學，內沈雅，外清整。始調開封尉，汴州水陸一都會，俗厖錯，號難治，勉摧奸決隱爲有名。從肅宗於靈武，擢監察御史。時武臣崛興，無法度，大將管崇嗣背闕坐，笑語嘩縱，勉劾不恭，帝歎曰：『吾有勉，乃知朝廷之尊！』遷司膳員外郎。」《會要》卷六〇《御史臺上》：「貞元……四年八月，檢校司徒、兼太子太保李勉薨。至德初，從至靈武，拜監察御史。屬朝廷用武，勳臣背闕而坐，勉舉劾不敬……」《通鑑》卷二一八：「至德元載，八月，……時塞上精兵皆選入討賊，惟餘老弱守邊，文武官不滿三十人，披草萊，立朝廷，制度草創，武人驕慢。大將管崇嗣在朝堂，背闕而坐，言笑自若，監察御史李勉奏彈之。」

※第五琦　監察御史

《通鑑》卷二一八：「至德元載，八月，……北海太守賀蘭進明遣錄事參軍第五琦入蜀奏事，……上皇悅，即以琦爲監察御史、江淮租庸使。」《舊書》卷一二三本傳：「第五琦，京兆長安人。……天寶初，事韋堅，堅敗貶官。累至須江丞，時太守賀蘭進明甚重之。會安祿山反，進明遷北海郡太守，奏琦爲錄事參軍。祿山已陷河間、信都等五郡，進明未有戰功，玄宗大怒，遣中使封刀促之曰：「收地不得，即斬明之首。」進明惶懼，莫知所出，琦乃勸令厚以財帛募勇敢士，出奇力戰，前收所陷之郡，令琦奏事，至蜀中，琦得謁見，……玄宗大喜，即日拜監察御史，勾當江淮租庸使。」《會要》卷八四「租庸使」：「至德元年十月，第五琦除監察御史，除江淮租庸使。」《全唐詩》卷三四九歐陽詹《題第五司戶侍御》：「曾稱野鶴比群公，忽作長松向府中。驄馬不騎人不識，泠然三尺別生風。」

※高適　監察御史（三月～六月）

《舊書》卷一一一本傳：「祿山之亂，徵翰討賊，拜適左拾遺，轉監察御史，仍佐翰守潼關。及翰兵敗，適自駱谷西馳，奔赴行在，及河池郡，謁見玄宗，因陳潼關敗亡之勢……，玄宗嘉之，尋遷侍御史。」傅璿琮《唐五代

《文學編年史‧中唐卷》考高適天寶十五載三月遷監察御史。今從之。

※岑參　監察御史（攝）

《全唐詩》卷一九九岑參《優鉢羅花歌序》：「天寶庚申歲，參忝大理評事，攝監察御史，領伊西北庭度支副使。自公多暇，乃於府庭內，栽樹種藥，為山鑿池，婆娑乎其間，足以寄傲。」景申，即丙申，避唐高祖李淵父諱，天寶十五載。聞一多《岑嘉州繫年考證》考岑參天寶十三載至十五載為大理評事，攝監察御史，充安西北庭節度判官。今從之。

※蘇浣　監察御史（攝）

《全唐文》卷三七六任華《桂林送前使判官蘇侍御歸上都序》：「桂林，秦所置郡也，……連帥之任，朝廷難其人。往年命御史中丞張公，公號為稱職，去年又命我以佐之。初，張公受命之日，……乃薦武功蘇浣，自秘書省校書郎除金吾掾攝監察御史以佐焉。浣在幕中，多所匡輔。自張公家艱去職，浣統其留務，凜其正色，操持紀綱，而十州之地晏如也。」御史中丞張公，即張光奇。《舊書‧羅希奭傳》：天寶十四載，「復令張光奇替為始安太守。」《全唐文》卷三七六賈至《授予張光奇光祿少卿制》：「始安充經略使張光奇……可兼光祿少卿。」胡可先考賈至《授予張光奇光祿少卿制》在天寶末，參《唐九卿考》卷三《光祿寺》「張光奇」條。則張光奇本年仍為始安太守兼御史中丞，蘇浣帶監察御史銜入張光奇幕。

※李棲筠　監察御史（攝）

《新書》卷一四六《李棲筠傳》：「李棲筠字貞，……有遠度，莊重寡言，體貌軒特。喜書，多所通曉，為文章勁迅有體要。……遷安西封常清節度府判官。常清被召，表攝監察御史，為行軍司馬。肅宗駐靈武，發安西兵，棲筠料精卒七千赴難，擢殿中侍御史。」《全唐詩》卷二〇〇岑參《敬酬李判官使院即事見呈》，李判官，即李棲筠。又同書同卷有《使院中新栽柏樹呈李十五棲筠》。

賈賁　監察御史

《舊書》卷一八七《忠義傳下‧張巡傳》：「……祿山之亂，……巡與單父尉賈賁各招募豪傑，同為義舉。……吳王祗承制授賁監察御史。」《新書》

卷一九二《忠義中》:「安祿山反,天寶十五載正月,……有單父尉賈賁者,……賁引軍進至雍丘,巡與之合,有眾二千。是時雍丘令令狐潮舉縣附賊,遂自將東敗淮陽兵,虜其眾,反接在廷,將殺之,暫出行部。淮陽囚更解縛,起殺守者,迎賁等入。潮不得歸,巡乃屠其妻子,磔城上。祇聞,承制拜賁監察御史。」又見《題名考》卷三「碑陰右棱題名」賈賁。

顏允臧　監察御史

顏眞卿《朝請大夫行江陵少尹兼侍御史荊南行軍司馬上柱國顏君神道碑銘》:「君諱允臧,字季寧,京兆長安人。授延昌令。肅宗聞君誠,至德初,追赴彭原行在所,拜監察御史,賜緋魚袋。遂承任使,推劾不避強禦,中官邢延恩等皆得罪焉。尋充朔方兵健衣資使,郭公子儀請為判官。二年秋八月,遷殿中侍御史,眞卿表謝,肅宗批答曰:卿昆季連擢,才聲並振,俱守寒松之操,允執後雕之心。久冒艱危,大知難奪。委以憲臺之長,克申白簡之威。厥弟之遷亦為官擇,宜相勸勉,各樹能名,當代榮之。京城收,與崔禕銜命宣撫,都人大悅,出為櫟陽令。遷侍御史,以當為郎,以兄在南省,君遂搆揖牢讓,轉大理正。寶應中,復拜侍御史兼太子中允。廣德三年冬十月,拜江陵少尹,又兼侍御史、荊南行軍司馬。」又見《題名考》卷三「碑左側題名」顏允臧。

※馬炫　監察御史

《舊書》卷一三四《馬燧傳·燧兄炫附傳》:「炫字弱翁,燧之仲兄,少以儒學聞於時,隱居蘇門山,不應辟召。至德中,李光弼鎮太原,辟為掌書記、試大理評事、監察御史,歷侍御史。……貞元七年卒,時年七十九。」《隋唐五代墓誌彙編》洛陽卷第十二冊《唐故銀青光祿大夫、兵部尚書、上柱國、漢陽郡公、贈太子少保馬公(炫)墓誌銘並序》:「公諱炫,字抱元,……會天寶末,禍起河朔,因避地汾會間,於時故太尉李公光弼鎮太原,素聞其名,表授孝義尉,且為戎幕管記。軍府之務,悉以咨之。其後太尉剪強寇於嘉山,杆大患於孟津,累遷殿中御史、太子中允,比部、刑部二郎中。」「至德」和「天寶末」,兩個年號同為丙申年(756年)。丙申年七月,肅宗即位靈武,改元至德,尊玄宗為太上皇。《舊唐書·李光弼傳》載:天寶十五年「六月,與賊將蔡希德、史思明、尹子奇戰於常山郡之嘉山(今河北曲陽),大破賊黨,斬首萬計,生擒四千,(史)思明露髮跣足,奔於博陵,河北歸順者十餘郡」。

※張延賞　監察御史

《舊書》卷一二九本傳：「肅宗在鳳翔，擢拜監察御史，賜緋魚袋，轉殿中侍御史。」《通鑑》卷二一八：「至德元年……己亥，上至岐山。或言賊前鋒且至，上遽過，宿扶風郡。……敕改扶風郡爲鳳翔郡。」

※韋倫　監察御史

《舊書》卷一三八本傳：「會安祿山反，車駕幸蜀，拜倫監察御史、劍南節度行軍司馬，兼充置頓使判官，尋改屯田員外、兼侍御史。」

※韋津　監察御史（攝）

《全文補編》卷二五四《唐故朝議郎試太子左贊善大夫兼彭州別駕賜緋魚袋上柱國韋府君之墓誌銘》：「天寶中，非罪左遷澧州慈禮縣尉。……屬太上皇南巡，復資授大理□□，俄攝監察御史，充山南採訪判官。」玄宗幸蜀在至德元年六月，韋津攝監察御史當在其時。

※杜亞　監察御史

《舊書》卷一四六本傳：「至德初，於靈武獻封章，言政事，授校書郎。其年，杜鴻漸爲河西節度，辟爲從事，累授評事、御史。」唐方鎮幕中僚佐，一般大理評事兼監察御史。

※鄭叔清　御史

《舊書》卷四八「食貨上」：「肅宗建號於靈武后，用雲間鄭叔清爲御史，於江淮間豪族富商率貸及賣官爵，以裨國用。」

唐玄宗天寶年間待考証御史：

※盧暐　監察御史（攝）

《墓誌彙編》永貞○○二《唐故朝散大夫濠郢二州刺史上柱國盧府君夫人隴西李氏墓誌銘並序》：「府君……父暐，大理司直，攝監察御史，府君即監察之長子也。」盧大曆九年卒，享年六十三，其父任監察御史約在開元末、天寶初。

裴冕　殿中侍御史（天寶五載～天寶十載）

《題名考》卷三「碑陰額題名知雜御史自天寶元載以後」載裴冕文獻如下：「裴冕，《舊傳》：『天寶中，御史中丞王鉷充京畿採訪使，自渭南縣尉表爲判官，遷監察御史，歷殿中侍御史。』《舊‧王鉷傳》：『天寶十一載四月，楊國忠問王焊反狀，侍御史裴冕恐，焊引鉷叱罵焊云云。』《新傳》略同。」據上文考證，裴冕於天寶四載任監察御史，天寶十一載任侍御史知雜，其任殿中侍御史應在天寶五載～天寶十載。

鄭欽說　殿中侍御史

《題名考》卷三「碑右側題名」載鄭欽說資料如下：「鄭欽說，見左棱。」
霍按：《題名考》載鄭欽說兩見爲殿中侍御史，具體任職年份待考。

平洌　監察御史（天寶六載之後）

《題名考》卷三「碑右側題名」云：「石刻顏眞卿《東方先生畫贊碑陰記》：『眞卿去歲拜此郡，屬殿中侍御史平公洌以河北採訪使、東平王判官巡視押至。』天寶十三載。山東陵縣。」

霍按：平洌天寶六載任監察御史，其任殿中侍御史應在天寶六載後，具體任職年份待考。

※吳欣　侍御史（天寶六載前）

《墓誌續編》天寶〇四四《大唐故右威衛兵曹參軍吳府君墓誌銘並序》：「夫子諱異，字晉卿，濮陽人。……父欣，偶儻不羈之才，官至侍御史。夫子即侍御史之次子。……遂因調集，俯授蜀郡雙流尉。……郡將兼御史大夫章仇公深器異之，……歲滿錄功，拜右威衛兵曹參軍。……以天寶六載三月廿八日卒於親仁之里第，時載卅八。」吳異天寶六載卒，其父吳欣任侍御史，至遲在天寶六載前，具體任職年份待考。

※李華　侍御史（天寶十一載後）

《舊書》卷一九〇《文苑傳下‧李華傳》：「天寶中，登朝爲監察御史。累轉侍御史，禮部、吏部二員外郎。」又見《全唐文》卷三一四小傳。《新書‧文藝傳下》云李華「天寶十一載，遷監察御史。」李華任侍御史當在天寶十一載後。具體任職年份待考。

薛榮先　監察御史（天寶十一載～十五載）

《題名考》卷二「碑陰題名」載薛榮先資料如下：「【監察御史並□□□武后中至玄宗末】薛榮先，《新表》：『薛氏西祖房皓子榮先。』不詳歷官。《新韋溫傳》：『天寶九載，詔發掘韋氏墳墓，長安尉薛榮先往視。』《舊王鉷傳》：『天寶十一載四月，令捕賊官萬年尉薛榮先等捕邢縡，榮先等至縡門，等十餘人持弓刃突出，榮先等逐與格戰。』」

※李涵　侍御史（天寶十四載前後）

《舊書》卷一二六本傳：「李涵，高平王道立曾孫。……涵簡素恭慎，有名宗室，累授贊善大夫、兼侍御史。朔方節度郭子儀奏爲關內鹽池判官」《舊書・肅宗紀》：「上在平涼，數日之間未知所適，會朔方留後杜鴻漸、魏少游、崔漣漪等遣判官李涵奉箋迎上，備陳兵馬召集之勢，倉儲庫甲之勢數，上大悅。」郭子儀天寶十四載（755）至乾元二年（759）任朔方節度使，李涵任侍御史當在此前後，待考。

鄧景山　監察御史（天寶中）

《舊書》卷一一○本傳：「鄧景山，曹州人也。文吏見稱。天寶中，自大理評事至監察御史。」《新書》卷一四○《鄧景山傳》：「鄧景山，曹州人。本以文吏進，累至監察御史。至德初，擢拜青齊節度使，徙淮南。爲政簡肅。」

呂需　殿中侍御史

《舊書》卷一五四《呂元膺傳》：「呂元膺，字景夫，鄆州東平人。……祖需，殿中侍御史，父長卿，右衛倉曹參軍。」呂元膺爲貞元、元和時人，其祖父任殿中侍御史似應在盛唐，姑繫於此，待考。

※源洧　御史中丞（天寶中）

《舊書》卷九八《源乾曜傳・光裕子洧附傳》：「……光裕子洧，亦早有美稱，閨門雍睦，士友推之，歷踐清要。天寶中，攝御史中丞。」

※元輿　監察御史（天寶中）

《舊書》卷一六九《舒元輿傳》：「初，天寶中，玄宗祭祀九宮壇，次郊壇行事，御署祝版。元輿爲監察，監祭事。」

※羅秀　御史大夫（兼，天寶中）

《唐故御史大夫贈工部尙書長沙郡羅公神道之碑》：「……先府君尙書諱讓，字修己。……王父諱秀，魏博節度押衙，左山河都知兵馬使兼御史大夫；（公）乾符三年六月十一日，遘疾薨於寬仁坊之私第，享齡六十九。」羅讓爲咸通、乾符時人，其祖羅秀約爲活動於天寶時期，暫繫於此，待考。

王縉　侍御史（天寶中）

《新書》卷一四五《王縉傳》：「王縉字夏卿，本太原祁人，後客河中，少好學，與兄維俱以名聞。舉草澤、文辭清麗科上第，歷侍御史、武部員外郎，祿山亂，擢太原少尹，佐李光弼，以功加憲部侍郎，遷兵部。……拜黃門侍郎、中同書門下平章事。」《新表》：「河東王氏汾州司馬處廉子、尙書左丞維弟見吏中。縉，字夏卿，相代宗。」又見《題名考》「碑陰左棱題名」條。

※邵瓊之　殿中侍御史（玄宗朝）

《新書》卷二〇三《文藝傳下》：「邵說，相州安陽人，擢進士第。……德宗立，擢吏部侍郎。說因自陳：『家本儒，……先臣殿中侍御史瓊之，逮事玄宗。」

※趙濟　侍御史（兼）（玄宗朝）

《墓誌彙編》「元和〇〇九」《大唐故將作監丞清河郡張府君墓誌銘並序》：「公享年卅有三……夫人趙氏先遇疾。……貞元九年，壽軍元帥、御史大夫兼左散騎常侍楊公，以公名家子，才可理戎，乃補軍職。……故太中大夫、兵部郎中、兼侍御史濟，即夫人之曾祖矣。」於元和二年二月一日，遷祔於壽春崇義原。

※崔著　監察御史　天寶中？

《墓誌彙編》元和〇五三《劍南東川節度推官殿中侍御史內供奉盧公夫人崔氏墓誌銘並序》：「大人諱元二，姓崔氏，清河貝人也。……祖著，皇監察御史。」夫人元和五年八月十三日卒，春秋卅四，其祖父約天寶間人。

參考文獻

一、基本古籍文獻

1. 〔唐〕殷璠：《河嶽英靈集》，見《唐人選唐詩》，上海古籍出版社 1978 年版。
2. 〔唐〕芮挺章：《國秀集》，見《唐人選唐詩》，上海古籍出版社 1978 年版。
3. 〔唐〕元傑：《篋中集》，見《唐人選唐詩》，上海古籍出版社 1978 年版。
4. 〔唐〕杜佑：《通典》，中華書局 1984 年版。
5. 〔五代〕劉昫等：《舊唐書》，中華書局 1975 年版。
6. 〔宋〕歐陽修等：《新唐書》，中華書局 1975 年版。
7. 〔宋〕王溥：《唐會要》，上海古籍出版社 2006 年版。
8. 〔宋〕司馬光等：《資治通鑒》，中華書局 1999 年版。
9. 〔宋〕李昉等：《文苑英華》，中華書局 1996 年版。
10. 〔宋〕王欽若：《冊府元龜》，中華書局 1960 年版。
11. 〔宋〕李昉等：《太平廣記》，中華書局 1960 年版。
12. 〔宋〕計有功：《唐詩紀事》，上海古籍出版社 2008 年版。
13. 〔宋〕薛居正《舊五代史》，中華書局 1976 年版。
14. 〔宋〕陳振孫：《直齋書錄解題》，上海古籍出版社 1990 年版。
15. 〔宋〕晁公武：《郡齋讀書志》，上海古籍出版社 1990 年版。
16. 〔清〕陸增祥：《八瓊室金石補正》，文物出版社 1985 年版。
17. 〔清〕黨金衡等撰：《東陽縣志》，影印道光八年本。
18. 〔清〕趙鉞、勞格撰，張忱石點校：《唐御史臺精舍題名考》，中華書局 1997 年版。

19. 〔清〕趙鉞、勞格：《唐尚書省郎官石柱題名考》，中華書局 1992 年版（簡稱《郎考》）。

20. 〔清〕王昶：《金石萃編》，中國書店 1985 年版。

21. 〔清〕吳廷燮：《唐方鎮年表》，中華書局 1980 年版。

22. 〔清〕紀昀：《歷代職官表》上海古籍出版社 1989 年版。

23. 〔清〕徐松撰、孟二冬補正：《登科記考補正》，北京燕山出版社 2003 年版。

24. 《千唐誌齋藏誌》影印本，文物出版社 1983 年版。

25. 張維：《隴右金石錄》，影印民國三十二年版。

26. 周紹良、趙超主編：《唐代墓誌彙編》，上海古籍出版社 1997 年版。

27. 周紹良、趙超主編：《唐代墓誌彙編續集》，上海古籍出版社 2001 年版。

二、筆記史料及地方志

1. 〔唐〕劉肅撰，許德楠、李鼎霞點校《大唐新語》，中華書局 1984 年版。

2. 〔唐〕劉餗撰、程毅中點校：《隋唐嘉話》，中華書局 1979 年版。

3. 〔唐〕張鷟撰、趙守儼點校：《朝野僉載》，中華書局 1979 年版。

4. 〔唐〕封演撰，趙貞信校注：《封氏聞見記校注》，中華書局 1985 年版。

5. 〔唐〕李肇撰：《國史補》，上海古籍出版社 1979 年版。

6. 〔唐〕趙璘：《因話錄》，上海古籍出版社 1979 年版。

7. 〔唐〕缺名撰：《大唐傳載》，上海古籍出版社 1987 年版。

8. 〔唐〕李綽：《尚書故實》，上海古籍出版社 1987 年版。

9. 〔唐〕張固：《幽閒鼓吹》，文淵閣四庫全書本。

10. 〔唐〕裴廷裕：《東觀奏記》，中華書局 1994 年版。

11. 〔五代〕王定保：《唐摭言》，上海古籍出版社 1978 年版。

12. 〔五代〕孫光憲撰、賈二強點校：《北夢瑣言》，中華書局 2002 年版。

13. 〔五代〕劉崇遠撰：《金華子雜編》，上海古籍出版社 1986 年版。

14. 〔宋〕王讜撰、周勳初校正《唐語林校正》，中華書局 1987 年版。

15. 〔宋〕贊寧纂、范祥雍點校：《宋高僧傳》，中華書局 1987 年版。

16. 〔宋〕錢易：《南部新書》，文淵閣四庫全書本。

17. 丁如明、李宗爲、李學穎點校：《唐五代筆記小説大觀》，上海古籍出版社 2000 年版。

18. 〔宋〕宋敏求撰修：《長安志》，中華書局 1990 年版。

19. 〔宋〕范成大撰修：《吳郡志》，中華書局 1990 年版。

20. 〔宋〕史彌堅修：《嘉定鎮江志》，中華書局 1990 年版。

21. 〔宋〕周琮纂修：《乾道臨安志》，中華書局 1990 年版。
22. 〔宋〕張鉉纂修：《至正金陵新志》，中華書局 1990 年版。
23. 〔宋〕謝公應修：《咸淳玉峰續志》，中華書局 1990 年版。
24. 〔宋〕沈作賓纂修：《嘉泰會稽志》，中華書局 1990 年版。
25. 〔宋〕梁克家纂修：《淳熙三山志》，中華書局 1990 年版。

三、詩文總集、作家別集

1. 〔唐〕劉禹錫撰、卞孝萱校訂：《劉禹錫集》，中華書局 1990 年版。
2. 〔唐〕柳宗元：《柳河東集》，上海人民出版社 1974 年版。
3. 〔唐〕元稹：《元稹集》，中華書局 1982 年版。
4. 〔唐〕獨孤及：《毗陵集》，四庫全書本，上海古籍出版社 1987 年版。
5. 〔唐〕李華：《李遐叔文集》，四庫全書本，上海古籍出版社 1987 年版。
6. 〔唐〕李翱：《李文公集》，四庫全書本，上海古籍出版社 1987 年版。
7. 〔唐〕陸贄：《陸贄集》，中華書局 2006 年版。
8. 〔清〕董誥等編：《全唐文》，山西教育出版社 2003 年版。
9. 〔清〕彭定求等：《全唐詩》，中華書局 1960 年版。
10. 〔清〕王琦輯注：《李太白全集》，中華書局 1977 年版
11. 〔清〕仇兆鰲：《杜詩詳注》，中華書局 1979 年版。
12. 陳尚君輯校：《全文補編》，中華書局 2005 年版。
13. 陳尚君輯校：《全詩補編》，中華書局 1992 年版。
14. 李景白校注：《孟浩然詩集校注》，巴蜀書社 1988 年版。
15. 陳鐵民：《王維集校注》，中華書局 1997 年版。
16. 陳鐵民、侯忠義校注：《岑參集校注》，上海古籍出版社 1981 年版。
17. 陳鐵民、侯忠義校注：《高適詩集編年箋注》，中華書局 1981 年版。
18. 李雲逸注：《王昌齡詩注》，上海古籍出版社 1984 年版。
19. 萬競君注：《崔顥詩注、崔國輔詩注》，上海古籍出版社 1982 年版。

四、近、今人著作

1. 岑仲勉：《唐人行第錄》，上海古籍出版社 1978 年版。
2. 岑仲勉：《郎官石柱題名新考訂》，上海古籍出版社 1981 年版。
3. 陳寅恪：《隋唐制度淵源略論稿》，生活・讀書・新知三聯書店 2000 年版。
4. 陳寅恪：《唐代政治史述論稿》，生活・讀書・新知三聯書店 2000 年版。
5. 嚴耕望：《唐僕尚丞郎表》，上海古籍出版社 2007 年版。
6. 章士釗：《柳文指要》，文匯出版社 2000 年版。

7. 孫望：《元次山年譜》，古典文學出版社 1957 年版。

8. 夏承燾：《唐宋詞人年譜》，上海古籍出版社 1979 版。

9. 繆鉞：《杜牧年譜》，河北教育出版社 1999 年版。

10. 黃永年：《唐史史料學》，上海書店出版社 2002 年版。

11. 雷家驥：《武則天傳》，人民出版社 2008 年版。

12. 傅璿琮主編：《唐五代文學編年史》，遼海出版社 1998 年版。

13. 傅璿琮《唐翰林學士傳論》，遼海出版社 2005 年版。

14. 傅璿琮、張忱石、許逸民：《唐五代人物傳記資料綜合索引》，中華書局 1982 年版。

15. 傅璿琮主編：《唐才子傳校箋》，中華書局 1987 年版。

16. 傅璿琮：《唐代詩人叢考》，中華書局 1980 年版。

17. 傅璿琮：《李德裕年譜》，中華書局 2013 年版。

18. 郁賢皓、胡可先：《唐九卿考》，中國社會科學出版社 2003 年版。

19. 郁賢皓：《唐刺史考全編》，安徽大學出版社 2000 年版。

20. 雷家驥：《武則天傳》，人民出版社 2008 年版。

21. 胡戟、榮新江主編：《大唐西市博物館藏墓誌》，北京大學出版社 2012 年版。

22. 孫映逵：《唐才子傳校注》，中國社會科學出版社 2013 年重印本。

23. 陶敏：《全詩人名考證》，陝西人民教育出版社 1996 年版。

24. 吳汝煜、胡可先：《全詩人名考》，江蘇教育出版社 1990 年版。

25. 董乃斌：《李商隱傳》，陝西人民出版社 1985 年版。

26. 陳尚君：《唐代文學叢考》，中國社會科學出版社 1997 年版。

27. 戴偉華：《唐方鎮文職僚佐考》，廣西師範大學 2007 年版。

28. 朱關田：《顏真卿年譜》，西泠印社出版社 2008 年版。

29. 張國剛：《唐代官制》，三秦出版社 1987 年版。

30. 呂慧娟、劉波、盧達：《中國歷代著名文學家評傳》，山東教育出版社 1983 年版。

31. 傅紹良：《唐代諫議制度與文人》，中國社會科學出版社 2003 年版。

32. 戴偉華：《唐代使府與文學研究》，廣西師範大學出版社 1998 年版。

33. 馬自力：《中唐文人的社會角色與文學活動》，中國社會科學出版社 2005 年版。

34. 彭勃、龔飛：《中國監察制度史》，中國政法大學出版社 1989 年版。

35. 邱永明：《中國監察制度史》，華東師範大學出版社 1992 年版。

36. 關文發、于波：《中國監察制度研究》，中國社會科學出版社 1998 年版。
37. 賈玉英：《中國古代監察制度發展史》，人民出版社 2004 年版。
38. 胡滄澤：《唐代御史制度研究》，福建教育出版社 2000 年版。
39. 胡寶華：《唐代監察制度研究》，商務印書館 2005 年版。
40. 霍志軍：《唐代御史制度與文人》，中國社會科學出版社 2013 年版。
41. 霍志軍：《唐代御史與文學》，臺灣花木蘭文化出版社 2015 年版。

五、西人著作

1. 〔日〕池田溫：《唐研究論文選集》，中國社會科學出版社 1999 年版。

人名索引

說明：

一、爲方便讀者查閱，特編製本索引。

二、本索引僅收本書中的歷任唐御史臺職官的人名。

三、本索引所收各御史臺職官人名按姓氏筆畫多少爲排列次序。凡姓氏筆
畫相同者，按起筆 一 丨 、丿 ¬爲序。

四、凡闕姓者，以名字筆畫排列。

五、本索引先列人名，人名後數字爲本書的頁碼。

【魚】

十五畫

後　記

　　中國古代御史制度，伴隨封建制的產生而萌發，隨封建專制主義中央集權的建立而誕生，又隨封建君主專制的不斷強化而發展。早在夏商時期，就已經開始對百官的糾察式監督。〔註1〕春秋戰國時期，在諸侯各國的政府機構中，行政、司法、監察等系統已經有了初步的劃分。唐代是我國封建社會的繁榮期，唐代御史制度不惟澤被後世，還影響至周邊朝鮮、日本、琉球、越南等漢文化圈國家。

　　2007 年，我負篋東下，在終南山下的陝西師範大學開始了一段專注而難忘的求學生涯。當時以「唐代御史與文學」爲題撰寫博士論文的過程中，經常翻閱兩《唐書》、《唐御史臺精舍題名考》等文獻，發現清人勞格、趙鉞撰《唐御史臺精舍題名考》收錄御史從時間上來講，主要集中在高宗武后玄宗三朝，其它時期則較少收錄；從官職上來講，主要收錄侍御史、殿中侍御史、監察御史等，對於高級御史如御史中丞、御史大夫等則極少收錄。顯然，尚有相當數量的唐代御史未能收錄在《唐御史臺精舍題名考》之中。當時我想，唐代中央至地方的重要官員，自清代以來，有許多學者進行過專門考證，頗有助於唐代文史的研究。至今尚未系統、全面考證的唐代官員中，只有五監長官、御史臺官員等。如果在《唐御史臺精舍題名考》基礎上，利用學界考證成果，對有唐一代御史臺官員作全面的補充考證，無疑便於學人翻檢，有利於唐代文史研究的深入。

　　獲得博士學位後，我進入陝西師範大學中國史博士後流動站繼續從事唐

〔註 1〕張晉藩主編：《中國古代監察法制史》，江蘇人民出版社 2007 年版，第 15 頁。

代御史領域的相關研究，便開始唐代御史的考證工作。當時設想對有唐一代全部文獻進行翻檢，對唐代御史進行全部考證。在接下來的研究中，眞可謂焚膏油以繼晷、恒兀兀以窮年，幾年時間完成了約 50 餘萬字的書稿，本書就是其中的初盛唐部分。近十年來，我一直從事唐代御史制度與文學課題的研究，它伴隨我人生走過最寶貴的年華。如果說早於此前我的學術積累還不夠，若再以後，或許我已經沒有這樣充沛的精力夜以繼日地工作了。回想起來，感慨良多！

　　需要說明的是，本書尚只能說是一部暫定稿，還有不少問題有待解決。唐代御史臺官員除授制度複雜，除御史臺之外，還有東都留臺御史。御史的授官中，不但有「知雜事」、「內供奉」、「裏行」等，還有虛位加官時的「兼」、「檢校」、「試」等字樣。如《舊書》卷九三《婁師德傳》：「萬歲通天二年，兼檢校右肅政御史大夫，仍知左肅政臺事。」特別是「安史之亂」後，諸道方鎮節度常兼御史大夫、御史中丞，方鎮幕府僚佐及度支、鹽鐵巡院官員亦常帶御史銜，可以行使部分糾彈之職。如此複雜的制度演進情況都要考慮進去，稍有不慎，便會造成錯誤。在撰寫中，我力求準確，然自己水平有限，錯誤肯定不少，謹請批評指正。

　　地處隴右的天水師範學院給我的研究提供了諸多便利，本人謹以虔誠之心感恩天水師院這一塊風水極好的土地。長期以來，臺灣花木蘭文化出版社孜孜於優秀傳統文化的傳播傳承，這種精神尤爲使人感動。的確，傳承傳統國學的文化命脈，乃是海峽兩岸華夏兒女共同的責任，在此，謹對花木蘭文化出版社同仁的辛勤工作致以崇高的敬意和衷心的感謝！

　　我生於苦甲天下的隴上，長於貧困，當年中學畢業後上了一所中專學校，這一路走來，年屆不惑，才初窺治學門徑，自知起步已晚。在今後的日子裏，希望能夠取得一定成績，無愧於前輩師長的提攜與勉勵。

霍志軍

2015 年夏於古秦州心遠齋